道路交通事故防治工程论坛参会人员合影（2012. 9. 13）

道路交通事故防治对策

DAOLU JIAOTONG SHIGU FANGZHI DUICE

APPROACHES TO ROAD TRAFFIC CRASH PREVENTION

高等教育出版社·北京
HIGHER EDUCATION PRESS BEIJING

内容提要

2012 年由中国工程院工程管理学部主办，国家车辆驾驶安全工程技术研究中心等单位承办的“道路交通事故防治工程论坛”，有来自中国工程院、美国国家工程院、美国国家科学院及国内有关高等院校、科研院所、公安系统、交通系统的中、美、日等国内外专家 100 余人出席。在本次论坛上，美国《科学》杂志总编、美国国家科学院院士 Bruce Alberts，美国国家工程院院士 Kumares C. Sinha、Leonard Evans，日本东京大学教授荒记俊一，中国工程院院士王正国，国家车辆驾驶安全工程技术研究中心主任金会庆，国家智能交通系统工程技术研究中心研究员王笑京，中华预防医学会伤害预防与控制分会主任委员王声湧等多位专家分别做了精彩的发言和学术报告。

为了更好地向社会各界介绍本次论坛的成果，特将各位专家的学术报告进行编撰和中英文互译，收录至《道路交通事故防治对策》一书并促成出版，希望本书能为相关专业技术人员和政策制定者提供有益的参考。

图书在版编目(CIP)数据

道路交通事故防治对策 ：汉英对照 / 王陇德，金会庆主编. -- 北京 ：高等教育出版社，2013.9
ISBN 978-7-04-037261-8

Ⅰ. ①道… Ⅱ. ①王… ②金… Ⅲ. ①道路-交通事故-防治-文集-汉、英 Ⅳ. ①U491.3-53

中国版本图书馆 CIP 数据核字(2013)第 075100 号

策划编辑 黄慧靖　　责任编辑 沈晓晶　　封面设计 顾　斌　　责任印制 韩　刚

出版发行 高等教育出版社
社　　址 北京市西城区德外大街 4 号
邮政编码 100120
印　　刷 北京汇林印务有限公司
开　　本 850mm × 1168mm
印　　张 15.25
字　　数 278 千字
插　　页 1
购书热线 010-58581118
咨询电话 400-810-0598
网　　址 http://www.hep.edu.cn
　　　　 http://www.hep.com.cn
网上订购 http://www.landraco.com
　　　　 http://www.landraco.com.cn
版　　次 2013 年 9 月第 1 版
印　　次 2013 年 9 月第 1 次印刷
定　　价 80.00 元

物 料 号 37261-00

前　言

交通伤害已日益成为威胁人类生命安全的一种世界性公害。据世界卫生组织《预防道路交通伤害世界报告》，全球每年约有120万人死于交通伤害，大约5000万人受伤，伤亡人数相当于全球五个大城市人口的总和。如何有效地减少交通事故的发生，最大限度地保障民众的生命财产安全，既是人类社会面临的严峻挑战，也是世界各国的共同责任和义务。

2012年9月13日，由中国工程院工程管理学部主办，国家车辆驾驶安全工程技术研究中心、中国人类工效学学会交通工效学专业委员会、安徽三联学院和上海竹稞信息科技研究院承办的“道路交通事故防治工程论坛”在京成功举行。此次论坛集世界道路交通事故防治领域之群贤，围绕道路交通事故防治对策、道路交通事故防治工程技术与方法、道路交通事故防治模式与应用等全球共同关注的主题，开展了广泛研讨和深入交流。

在本次论坛上，美国《科学》杂志总编、美国国家科学院院士 Bruce Alberts，美国国家工程院院士 Kumares C. Sinha、Leonard Evans，日本东京大学教授荒记俊一，中国工程院院士王正国，国家车辆驾驶安全工程技术研究中心主任金会庆教授，国家智能交通系统工程技术研究中心王笑京研究员，中华预防医学会伤害预防与控制分会主任委员王声湧教授，交通运输部公路交通安全研究中心周荣贵研究员等15位专家分别做了精彩的发言和学术报告。各位专家畅所欲言，各抒己见，针对道路交通事故的防治提出了宝贵的意见和建议。可以说，此次论坛具有战略性、区域性、工程性和应用性的特点，是一次道路交通安全发展思路的大交流、大讨论。论坛从世情、国情、现实、未来等多视角、多层次，阐述了对今后国内外道路交通事故防治的见解和主张，对于预防交通事故的发生和减少伤害，促进世界范围内的广泛合作具有重要的意义。

为了更好地给社会各界介绍本次论坛的成果，特将各位专家的学术报告进行编撰和中英文互译，收录至《道路交通事故防治对策》一书并促成出版。希望此书能为相关专业技术人员和政策制定者提供有益的参考。

本次论坛的举办及本书的出版，承蒙中国工程院工程管理学部的组织领导，各位供稿专家的鼎力相助，并得到了国家车辆驾驶安全工程技术研究中心、安徽三联学院等单位的大力支持。对此，一并表示诚挚的谢意。

在本书的编写过程中，由于文稿数量多，编辑工作量大，时间紧，尽管未敢稍有疏虞，但纰缪和不足之处仍在所难免，敬请报告专家和读者指正。

王陇德

论坛组委会主席、中国工程院院士

Preface

Traffic injuries have increasingly become a worldwide threat to human life safety. According to the world report on traffic injury prevention of World Health Organization, each year about 1.2 million people died from traffic injuries, about 50 million people were injured, the number of casualties is equivalent to the total population of five big cities in the world. How to effectively reduce traffic accidents, to maximumly guarantee people's life and property security, is not only the serious challenges facing the human society, but also the common responsibilities and obligations of the countries all over the world.

On September 13th, 2012, "The Forum of Road Traffic Accident Prevention Engineering" organized by division of engineering management of the Chinese Academy of Engineering, sponsored by National Center of Engineering and Technology for Vehicle Driving Safety, Traffic Ergonomics Special Committee of China Ergonomics Society, Anhui Sanlian University, Shanghai Zhuke Academy of Information Technology was successfully held in Beijing. The experts from the field of road traffic accident prevention of the world focus on the global topics of common concern, as countermeasures, techniques and approaches, and preventive mode and application of road traffic accident prevention, carriying out extensive research and in-depth communication.

In this forum, 15 experts including editor-in-chief of "Science" magazine of USA and academician of the National Academy of Sciences, Bruce Alberts, American Academy of Engineering Kumares C. Sinha and Leonard Evans, former professor at the University of Tokyo, Japan, Araki Shunichi, academician of Chinese Academy of Engineering, Wang Zhengguo, director of National Center of Engineering and Technology for Vehicle Driving Safety, Professor Jin Huiqing, National Center of ITS Engineering and Technology, researcher Wang Xiaojing, committee member of prevention & control branch of Chinese Preventive Medical Association, professor Wang Shengyong, director of the Road Safety Research Center, researcher Zhou Ronggui made great speeches and academic report respectively. Experts in view of the road traffic accident prevention put forward valuable opinions and suggestions. In other words, it can be said that the forum has the characteristics of strategic, regional, engineering and applied, and has significant exchanges and discussions of road traffic safety development. The forum from the perspective of global and national conditions, reality, and the future, illustrates the ideas and proposals for road traffic accidents prevention, at home and abroad, which has important significance in promoting the wider cooperation of the world and in preventing traffic accidents and reducing the damage.

In order to better introduce the achievements of this forum to all walks of society, we here compile each expert's academic report and translation in both English and Chinese, and publish the book named "*Approaches to Road Traffic Crash Prevention*". We hope this book can provide related professional and technical personnel and policymakers with beneficial reference.

The forum and the publication of the book were supported by the leaders from division of engineering management of CAE, National Center of Engineering and Technology for Vehicle Driving Safety, and Anhui Sanlian University. We would like to extend sincere thanks to all of them.

During the compilation of the book, due to the huge manuscript number, editorial workload, tight schedule, the book may have some faults and mistakes. Welcome experts and readers to point out mistakes for us.

Wang Longde

President of the forum organizing committee

Academician of Chinese Academy of Engineering

目　录

CONTENTS

中国交通医学

王正国

第三军医大学

摘要:自伦敦发生第一起致死性的交通伤以来,100 多年间约有 3200 万人死于车轮之下,远远超过一般战争或自然灾难的死亡人数。世界卫生组织(WHO)估计,全世界每年至少有 120 万人死于道路交通伤,受伤人数将达到 5000 万。至 2020 年,道路交通伤亡人数将比 1990 年增加 65% 左右,其中,85% 的死亡和 90% 的致残发生在低/中收入国家。本文介绍了中国自 1978 年改革开放以来道路交通伤的发生情况和特点,分析了超速驾车、醉酒驾车、违章超车、未按规定让车、疲劳驾车等危险驾驶因素,着重介绍了中国交通医学研究发展的历程和主要成果,以及临床救治的新进展。文章最后指出尽管我国在交通安全方面已取得了不少成绩,但距先进国家还有很大差距,特别是在数据的统计和透明方面还要尽最大努力做到真实准确。

关键词:道路交通伤;超速驾车;醉酒驾车;违章驾车

自 1886 年 8 月 17 日,在伦敦发生第一起致死性的交通伤以来,100 多年间约有 3200 万人死于车轮之下,远远超过一般战争或自然灾难的死亡人数[1]。预计今后相当长的时间内,交通伤亡仍然是全球关注的重大社会问题之一。在一些欠发达地区,这种悲剧还会有增无减。

一、全球情况

世界卫生组织(WHO)估计,全世界每年至少有 120 万人死于道路交通伤,即每天平均有近 3300 人死亡,相当于 10 架大型客机坠毁,每年受伤人数为 3000 万 ~5000 万。今后 10 年,道路交通伤亡人数将比 1990 年增加 65% 左右[2],其中 85% 的死亡和 90% 的致残发生在低/中收入国家。WHO 预计至 2020 年,高收入国家道路交通伤死亡人数将下降约 27%，而低/中收入国家将增加约 83%（表 1），道路交通伤将居全球疾病和伤害的第 3 位（表 2）[2]。

表 1 全球各地区 1990—2020 年道路交通事故死亡预期变化

地区*	国家数目	道路交通事故死亡预期/万				增长率（2000－2020）/%	死亡率/（人/10 万人）	
		1990 年	2000 年	2010 年	2020 年		2000 年	2020 年
东亚及太平洋地区	15	112	188	278	337	79.8	109	16.8
欧洲及中亚	9	30	32	36	38	18.2	19.0	21.2
拉丁美洲及加勒比地区	31	90	122	154	180	48.1	26.1	31.0
中东及北非	13	41	56	73	94	67.5	19.2	22.3
南亚	7	87	135	212	330	143.9	10.2	18.9
非洲南部（撒哈拉以南）	46	59	80	109	144	79.8	12.3	14.9
小计	121	419	613	862	1 124	83.3	13.3	19.0
高收入国家	35	123	110	95	80	－27.8	11.8	7.8
合计	156	542	723	957	1 204	66.4	13.0	17.4

*结果依据世界银行区域分类。

资料来源：Kopits E, Cropper M. Traffic fatalities and economic growth. Washington D C, The World Bank, 2003. With minor amendments.

表 2 全球前 10 位致死性疾病（创伤）排名预期变化[2]

1990 年		2020 年	
排名	疾病（伤害）名称	排名	疾病（伤害）名称
1	下呼吸道感染	1	缺血性心脏病
2	腹泻病	2	抑郁症
3	围产期疾病	3	道路交通伤
4	抑郁症	4	脑血管疾病
5	缺血性心脏病	5	慢性阻塞性肺病
6	脑血管疾病	6	下呼吸道感染
7	肺结核	7	肺结核
8	麻疹	8	战争
9	道路交通伤	9	腹泻病
10	先天畸形	10	艾滋病

二、中国情况

（一）一般情况

自 1978 年中国政府实行了改革开放政策，在此后的 30 余年中，全国的经济得到了飞速发展。与此同时，机动车辆数猛增，交通事故及其所致伤亡也相应增多(图 1、图 2)。2002 年以后，尽管机动车数量仍逐年增加，道路交通事故和伤亡却呈现缓慢下降趋势，恶性发展势头得到了较好的遏制(表 3、表 4)[3]。

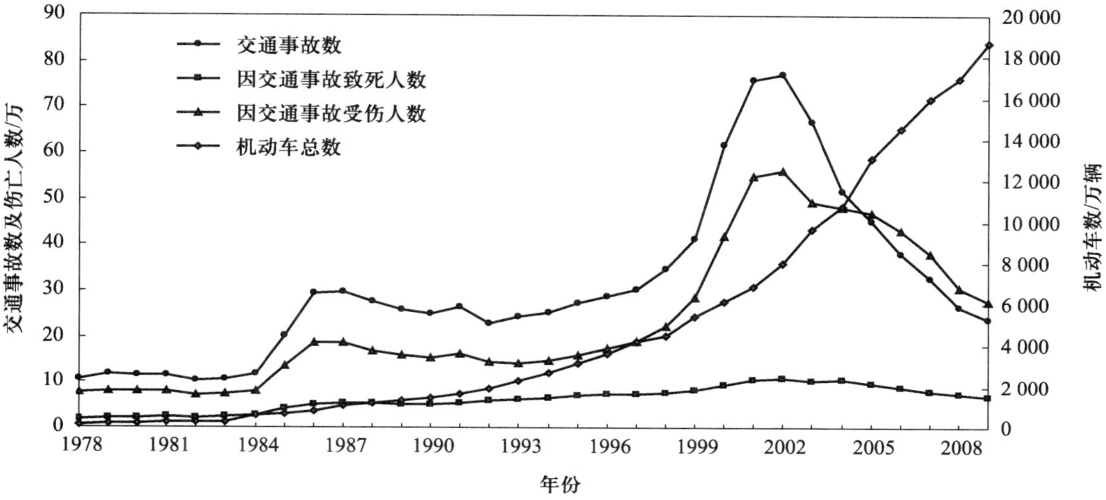

图 1　1978－2008 年中国机动车数、交通事故数、交通事故伤亡人数变化

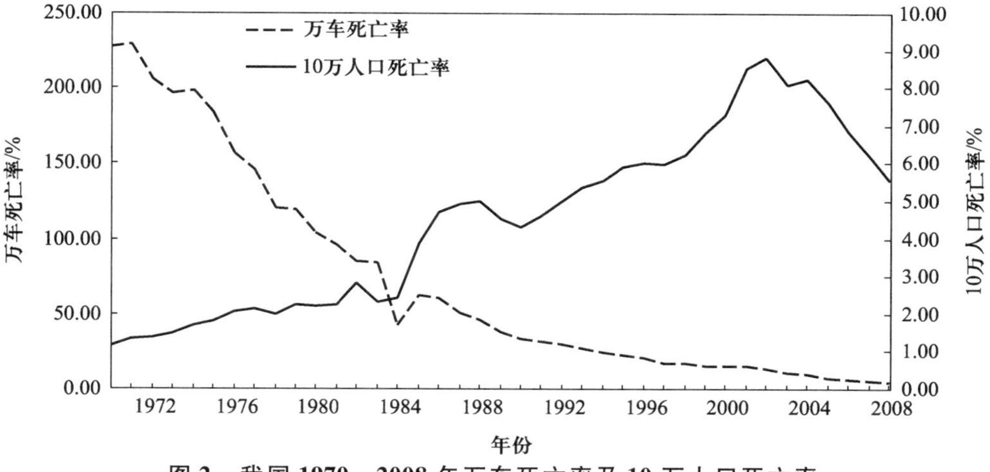

图 2　我国 1970－2008 年万车死亡率及 10 万人口死亡率

表 3　1978 年与 2002 年全国机动车数、道路交通事故数及伤亡人数比较

年份	全国机动车数	道路交通事故数	死亡人数	受伤人数
1978	1 588 700	107 251	19 096	77 471
2002	79 756 763	773 137	109 381	562 074
2002/1978	50.20	7.21	5.73	7.62

表 4　2002 年与 2009 年全国机动车数、道路交通事故数及伤亡人数比较

年份	全国机动车数	道路交通事故数	死亡人数	受伤人数
2002	79 756 763	773 137	109 381	562 074
2009	186 580 700	238 357	67 751	275 125
2009/2002	2. 34	0. 30	0. 62	0. 49

由表 3 可知,2002 年与 1978 年相比,机动车总数为后者的 50. 20 倍,道路交通事故为 7. 21 倍,死亡人数为 5. 73 倍,受伤人数为 7. 62 倍;而 2009 年与 2002 年相比,尽管机动车总数仍然不断增加,为后者的 2. 34 倍,但道路交通事故数、死亡人数和受伤人数却降至 2002 年的 0. 30、0. 62 和 0. 49 倍(表 4)[3],呈现了交通安全明显好转的趋势。

(二)流行病学特征

1. 机动车数、公路里程数和驾驶员数

2009 年全国机动车总数为 18 658. 07 万辆,其中汽车总数为 7619. 31 万辆,公路通车里程为 386. 08 万公里,驾驶人数量为 19 976. 59 万人(表 5)[3]。与 30 年前的 1980 年相比,分别为后者的 89. 35 倍、42. 74 倍和 4. 35 倍(驾驶人人数无数据),其中,1980 – 1989 年 10 年间分别增加 5. 31 倍、1. 87 倍、0. 14 倍(无驾驶人数据);1990 – 1999 年 10 年间分别增加 2. 66 倍、1. 67 倍、0. 31 倍和 2. 98 倍;2000 – 2009 年 10 年间分别增加 2. 11 倍、3. 73 倍、1. 27 倍和 0. 68 倍。

表 5　30 年间全国机动车总数、汽车总数、公路里程总数和驾驶人总数

年份	机动车总数/万	汽车总数/万	公路里程总数/万	驾驶人总数/万
1980	208. 84	178. 29	88. 83	
1989	1 318. 53	511. 32	101. 43	1 577. 99
1989/1980	6. 31	2. 87	1. 14	
1990	1 476. 26	551. 36	102. 83	1 635. 85
1999	5 404. 73	1 473. 72	135. 17	6 504. 38
1999/1990	3. 66	2. 67	1. 31	3. 98
2000	6 000. 49	1 609. 80	140. 27	7 479. 26
2009	18 658. 07	7 619. 31	386. 08	19 976. 59
2009/2000	3. 11	4. 73	2. 27	1. 68
2009/1980	89. 35	42. 74	4. 35	—

2. 人员肇事情况

由图 3 可知,机动车驾驶人所致事故比例逐渐升高,行人和乘客所致事故比例逐年下降[3]。

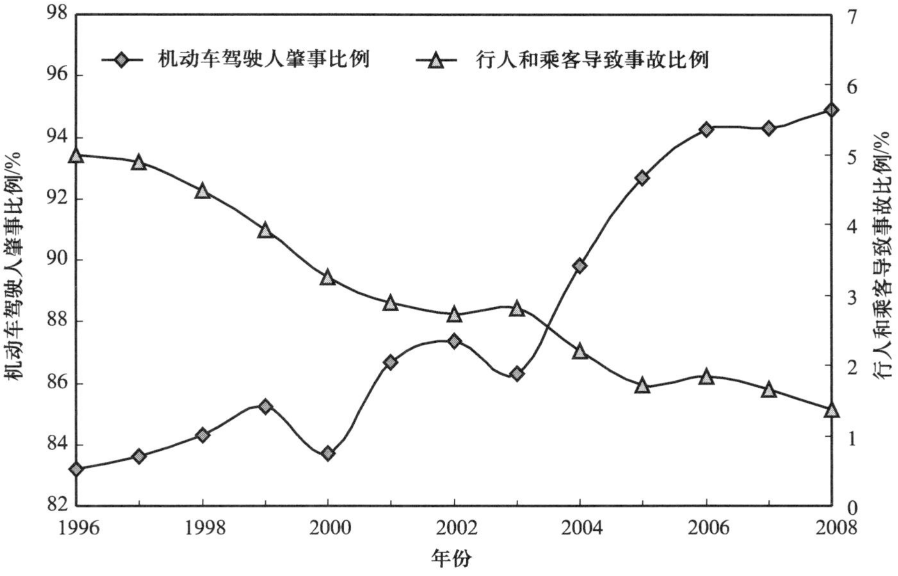

图 3　不同交通人肇事情况

3. 伤亡人员分布特点

图 4 显示机动车驾驶人占死亡人数比例较高,并有逐年上升之势,行人、非机动车驾驶人和乘客所占的比例较稳定或缓慢降低[3]。

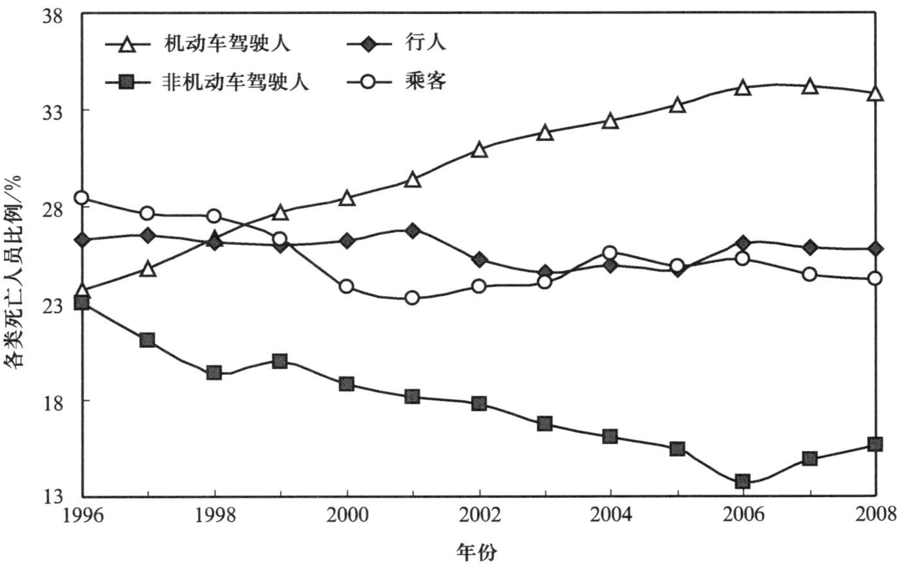

图 4　历年各类死亡人员百分比

图 5 表明受伤人员中,机动车驾驶人最多,其次是乘客,非机动车驾驶人和行人较少。

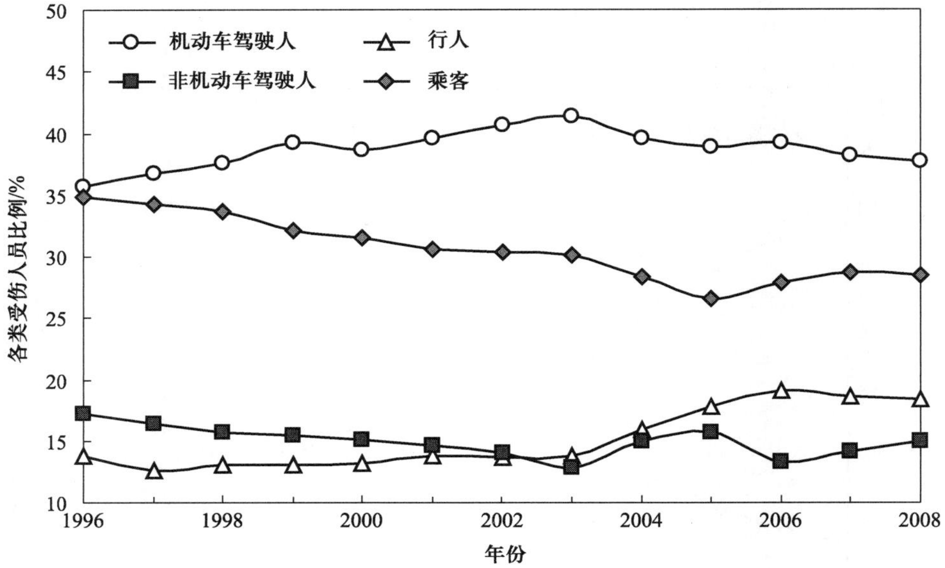

图 5 历年各类受伤人员百分比

4. 地区分布特点

图 6 欠发达地区(西藏)的百事故死亡率和事故烈度明显高于中东部经济发达地区(广东)[3]。

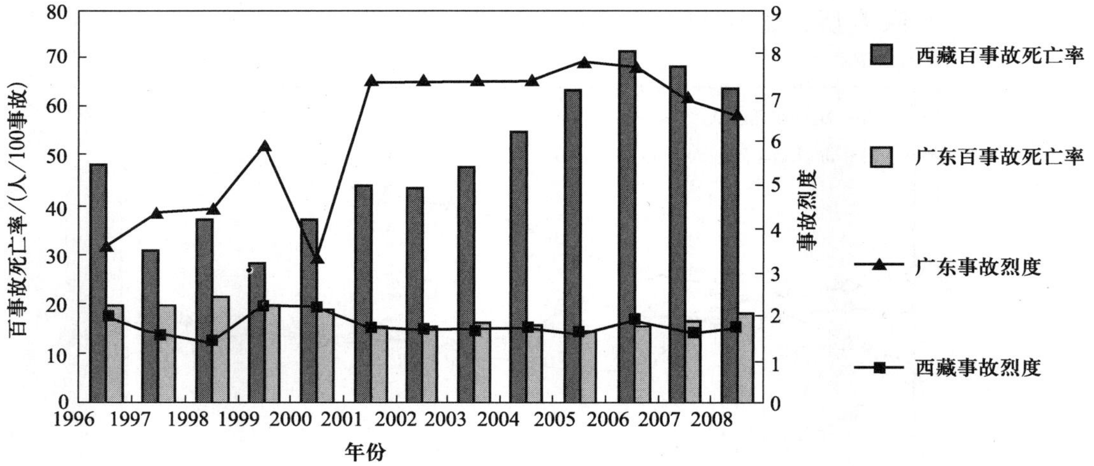

图 6 不同发达程度地区的事故比

(三) 交通肇事原因

分析了各种肇事的原因(表 6)后可以看出,机械故障、意外事故、自然灾害及道路等因素仅占3% ~5%，人的因素占90%以上。其中机动车驾驶员肇事约占83% ~90%，绝大多数驾驶人肇事的原因都是因违反了交通法规造成的。交通管理部门执法未能坚持严格执法也是主要原因。2009年以来，全国先后组织开展了集中整治严重交通违法行为，例如，6月20日至8月31日机动车涉牌涉证交通违法行为集中整治期间，因无证驾驶导致的交通事故起数、死亡人数同比分别下降18.3%和18.7%，一次死亡10人以上特大道路交通事故同比减少6起；7月4日至10月10日“迎国庆·保安全·促和谐”活动期间，全国道路交通事故数、死亡人数分别比同期减少11.3%和12.3%，一次死亡10人以上特大交通事故同比减少4起。8月15日开展严厉整治酒后驾车违法行为专项行动以来，全国因酒后驾车肇事导致死亡人数同比下降39.60%，高于同期全部事故死亡人数平均降幅28.8%。

表6　道路交通伤事故原因分析（%）

年份	机械故障	机动车驾驶人	非机动车驾驶人	行人	道路	其他
2000	4.94	83.72	2.98	3.25	0.14	4.97
2001	2.55	86.69	3.08	2.90	0.14	4.64
2002	2.70	87.37	2.87	2.74	0.12	4.20
2003	2.89	86.32	2.75	2.81	0.15	5.09
2004	3.41	89.80	2.76	2.20	0.26	1.56
2005	2.57*	92.69	2.75	1.71	0.00	0.11
2006	0.32*	85.46	3.52	1.85	0.01	0.04
2007	4.97*	89.35	3.81	1.66	0.01	0.002
2008	4.22*	90.86	3.58	1.37	0.00	0.15
2009	3.79*	90.93	4.01	1.13	0.01	0.13

*包括意外事故、自然灾害等。

2009年以来，依法加大了对交通违法行为的查处力度，超速行驶、酒后驾驶、疲劳驾驶等严重交通违法行为导致的死亡人数同比分别下降10.2%、12.9%和14.8%。

以上事实说明驾驶人违章驾车是交通肇事最主要的原因，提高所有交通人，特别是机动车驾驶人的安全意识，增强遵纪守法观念，同时对违犯者依法进行严惩，常能起到立竿见影的效果。

机动车驾驶常见的违章肇事行为有以下几种。

1. 超速驾车

由表7、图7可见，1993年以前机动车总数在2 330万辆以内，每年因超速驾车的道路交通事故数大约在 9 000 以内，但占交通事故总数的 23.50% ~ 32.69%，即占 1/4 ~ 1/3；1994 年后，机动车数不断增加，事故数达 30 000 起以上，2004 年达最高峰（图 7），事故数为 64 474 起，但仅占总事故的 20% 以内（图 8），死亡人数为 18 410 人。2005 年以后，事故数和死亡人数均呈缓慢下降。2009 年事故数降至 23 990 起，为 2004 年的 37.2%，死亡人数 9 504 人，为 2004 年的 51.63%。说明超速驾驶的情况已有较大的改善。

表 7　超速驾车所致道路交通事故及死亡情况

年份	事故数量	比例/%	死亡数量	比例/%	年份	事故数量	比例/%	死亡数量	比例/%
1987	8 632	32.69	9 469	32.70	1998	31 721	9.20	9 885	12.70
1988	8 966	29.28	9 977	29.30	1999	33 813	8.19	9 681	11.59
1989	7 619	27.36	8 696	27.90	2000	39 979	6.48	8 001	8.53
1990	7 589	27.45	8 774	28.20	2001	44 878	5.94	9 242	8.72
1991	7 809	26.64	9 071	27.10	2002	44 311	5.73	9 672	8.84
1992	8 286	24.89	9 566	25.10	2003	55 515	8.32	12 107	11.60
1993	8 794	23.50	10 185	23.60	2004	64 474	12.45	18 410	17.19
1994	32 407	12.78	9 681	15.59	2005	52 655	11.69	16 015	16.22
1995	31 374	11.5	9 748	13.63	2006	36 586	9.66	11 828	13.22
1996	32 463	11.3	10 081	13.70	2007	33 187	10.23	11 478	14.06
1997	31 022	10.2	9 741	13.20	2008	26 966	10.17	10 584	14.40
					2009	23 990	10.06	9 504	14.03

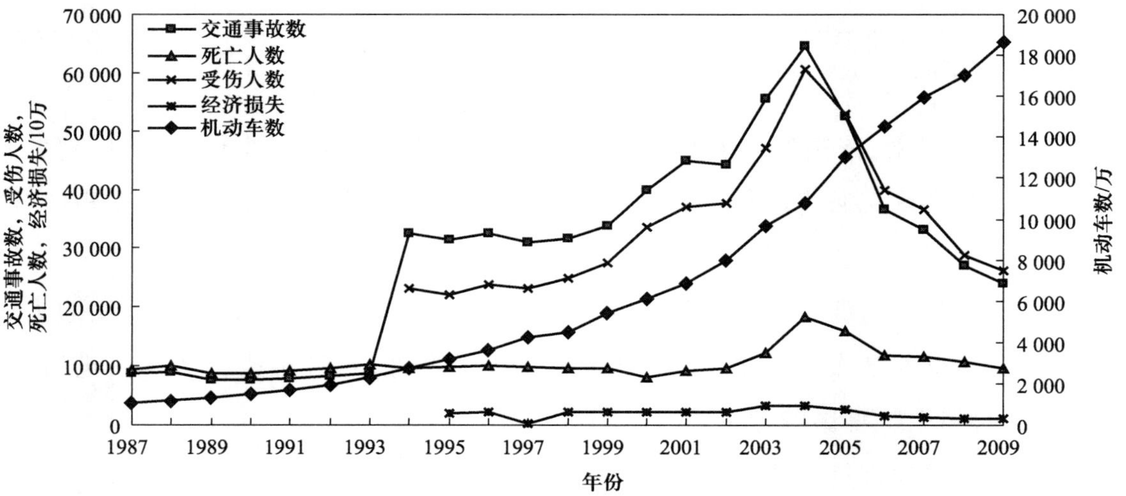

图 7　近年来我国机动车数、超速行驶致道路交通事故数、人员伤亡及经济损失变化趋势

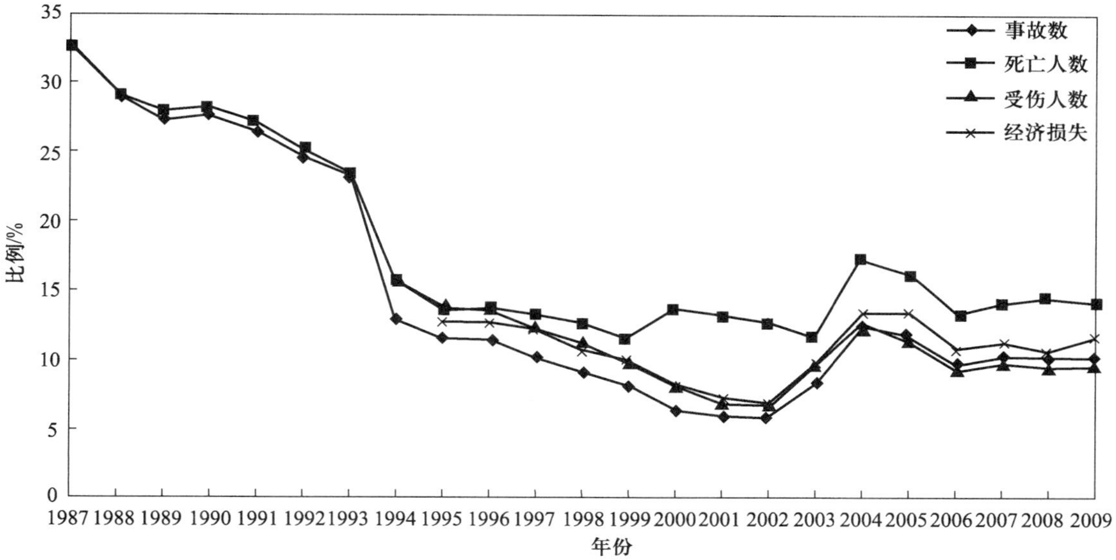

图 8 近年来我国超速行车所致道路交通事故数、人员伤亡及经济损失占总数比例的变化趋势

2. 醉酒驾车

20 世纪 90 年代,因醉酒引发的交通事故数在 1 000 起以内,死亡人数波动于 1 000 人左右。1991 年以后,事故数及死亡人数节节攀升,至 2001 年事故数已达 10 525 起,死亡人数达 3 280 人,2005 年达最高峰,事故数为 12 250 起,死亡人数为 4 715 人。2006 年起出现明显回落趋势(图 9)。2009 年,事故数降至 5 969 起,为 2004 年的 48.73%,死亡 2 665 人,为 2004 年的 26.65%。死亡人员所占的

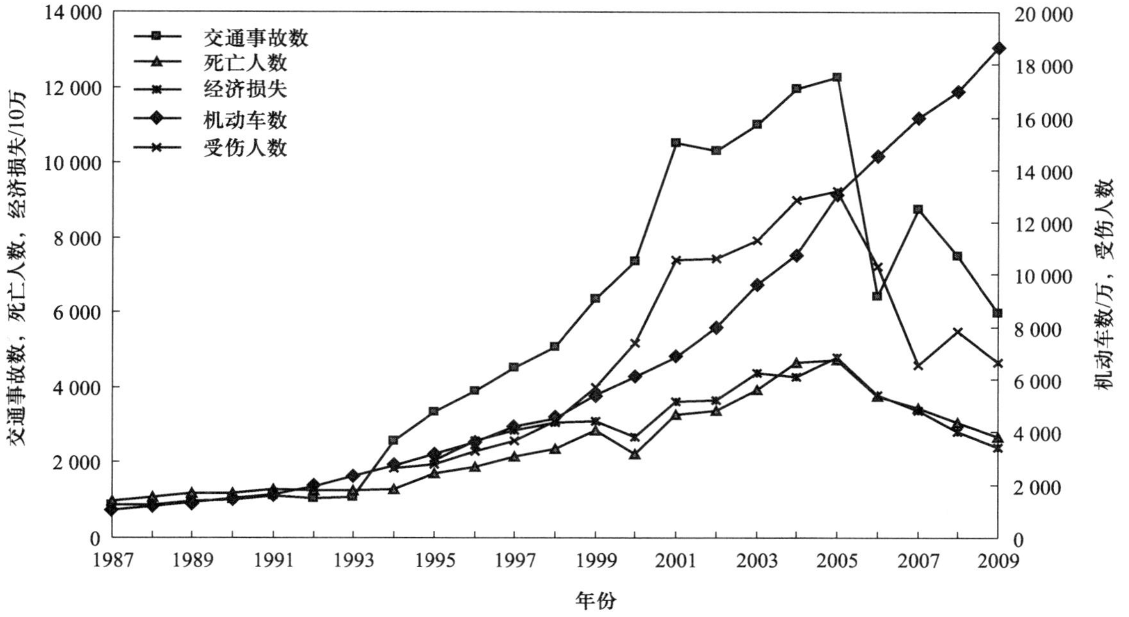

图 9 近年来我国机动车数、醉酒驾车致道路交通事故数、人员伤亡及经济损失变化趋势

比例也有一定的降低,事故总数、受伤人数、经济损失等指标变化不大(图10)。说明醉酒驾车经过严厉打击惩罚后效果是非常明显的。

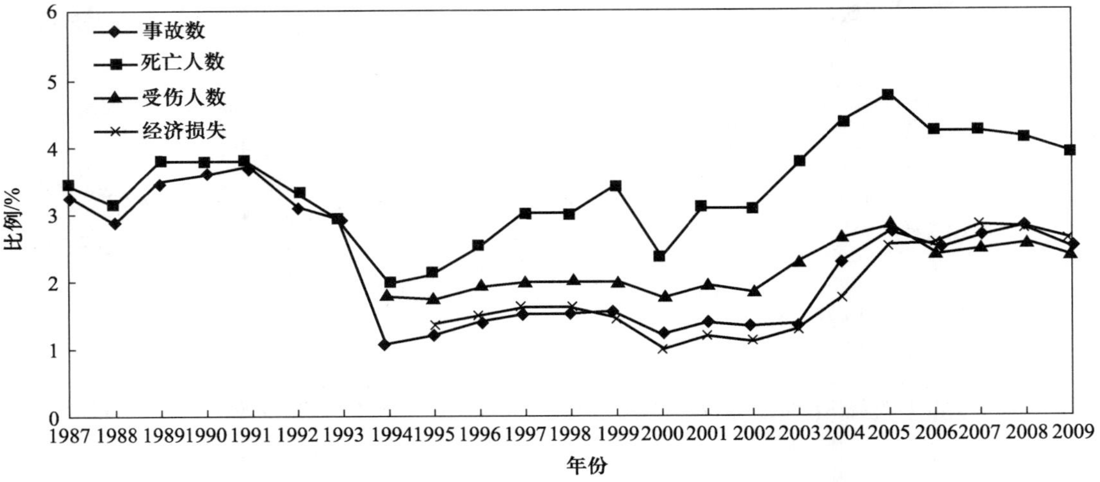

图10 近年来我国醉酒驾车所致道路交通事故数、人员伤亡及经济损失占总数比例的变化趋势

3. 违章超车

违章超车是交通安全的重大隐患,是驾车人法纪观念不足的表现。1993年以前,因违章超车而发生的道路交通事故约在4 200起以内。1994－2007年猛增至1万起以上,2001年达最高峰,共31 732起,死亡人数以2004年最多,为4 554人。2009年,事故数降至7 508起,为2001年的23.66%,死亡人数降至2 122人,为2004年的46.60%(图11)。在机动车和驾车人不断增加的情况下,违章超车数却大幅度降低,说明遵纪守法观念总体上有明显提高。

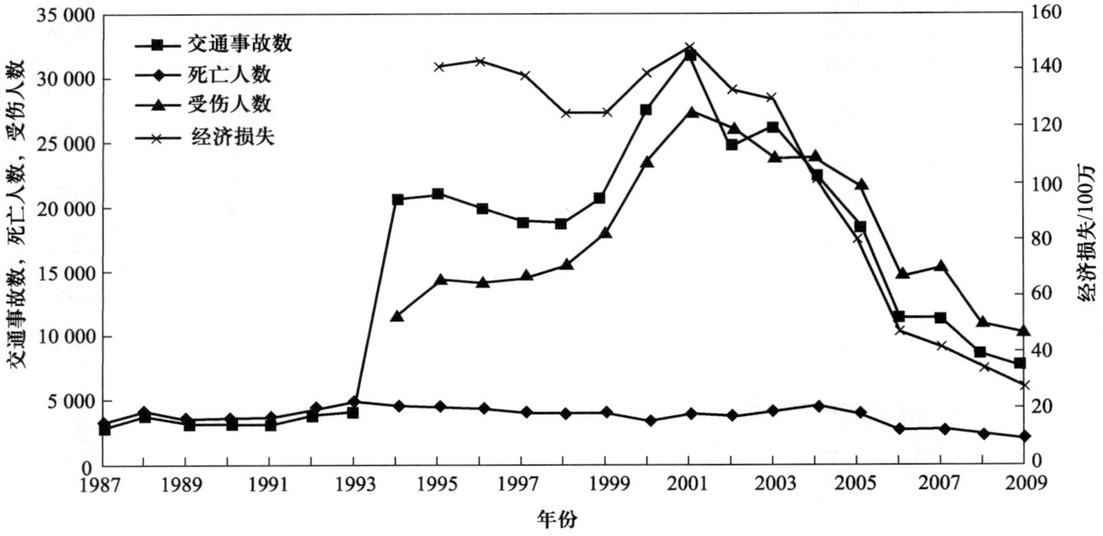

图11 近年来我国违章超车致道路交通事故数、人员伤亡及经济损失变化趋势

4. 未按规定让车

按规定让车是驾车人应具备的职业道德和法规观念。1997 年以前,未按规定让车引发的车祸数约在 3 万起以下,死亡人数在 2 038 人以内,1998 年后不断飙升,2002 年为事故数高峰期,高达 88 989 起,死亡人数高峰在 2007 年,达 10 226 人。2009 年事故数降至 41 867 起,为 2002 年的 47.05%,死亡人数降至 8 192 人,为 2007 年的 80.11%(图 12)。

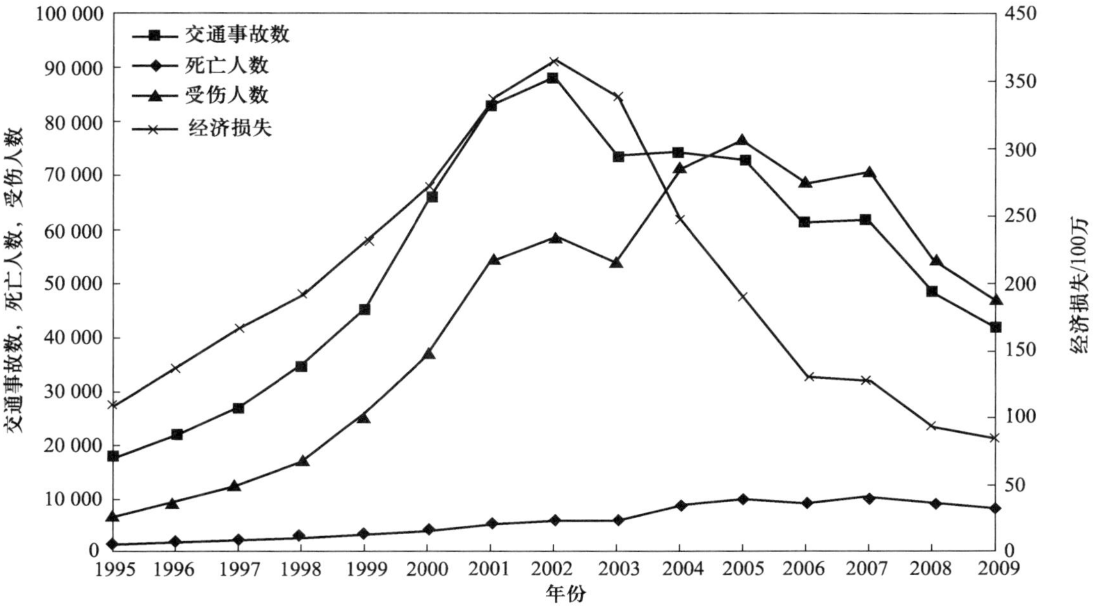

图 12　近年来我国未按规定让车致道路交通事故数、人员伤亡及经济损失变化趋势

以上数据表明,未按规定让车仍是一个严重影响交通安全的重大问题:一是违章致车祸的数量大,死亡人数多;二是虽有减少,但呈波动性,尚不能形成稳步下降的趋势,说明不少驾车人的交通安全意识和法纪观念相当差,急需加强安全教育和加大惩罚力度。

5. 疲劳驾车

1999 年以前,每年因疲劳驾车而致的交通事故在 5 000 起以内,死亡人数最高为 2 106 人(1995 年)。2000 年,事故数飙升至 6 000 起以上,2004 年达高峰,为 7 927 起,死亡 3 056 人,以后的 5 年中呈缓慢下降趋势。2009 年降至 1 966 起,死亡 1 153 人,分别为 2004 年的 24.80% 和 37.73%(图 13)。下降的幅度是显著的,但情况仍很严重。

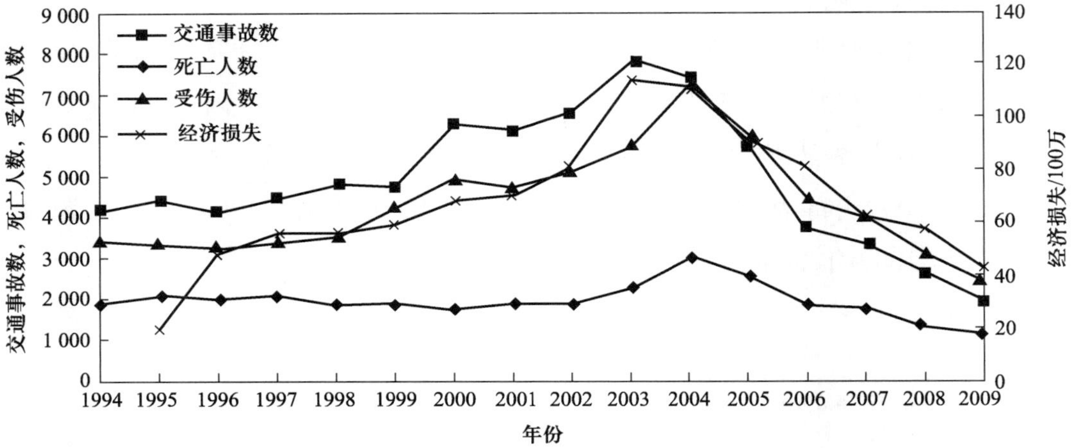

图 13　近年来我国疲劳驾车致道路交通事故数、人员伤亡及经济损失变化趋势

（四）基础研究

1. 车辆/生物碰撞安全重庆市市级重点实验室

主要用于开展汽车碰撞试验和生物台车实验。其技术指标满足汽车行业现行国际标准和国内法规的要求，关键测控设备（假人、车载式记录仪、高速摄像设备、电机控制系统）处于国内先进水平。在实验车辆重 1500 kg 时，最大碰撞速度可达到 120 km/h。

2. 事故倾向性（accident proneness）

对不同地区、不同时期 1545 名事故驾驶人做了分析（图 14），将驾驶年资满 5 年或以上，连续 5 年内驾车，其间共发生了 3 次或以上责任事故的驾驶人定为有事故倾向的驾驶人（accident prone person）[4]。结果显示，各地区和不同时期间无明显差别，6% ~8% 的驾驶人属事故倾向性驾驶人。

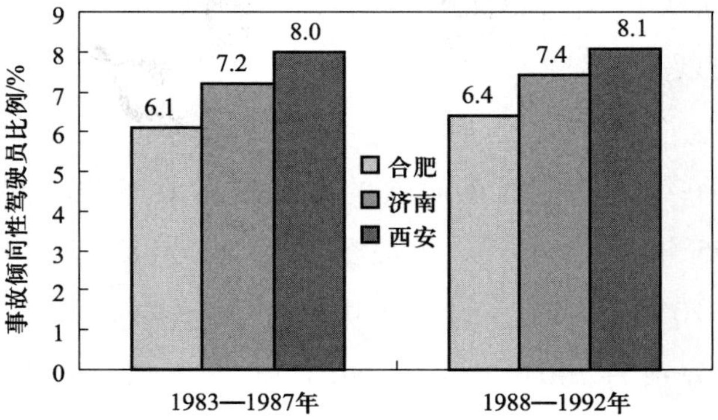

图 14　不同地区、不同时期事故驾驶人中事故倾向性驾驶人比例

3. 挥鞭伤(whiplash injury)

利用动物(犬)和“颈部挥鞭伤模拟实验装置”模拟追尾碰撞时颈部挥鞭伤发生的“前－后伸”过程(图15)。实验观察证明,颈段脊椎等结构的伤情严重度与颈部后向牵引加速度峰值间存在着量效关系[5]。

图15 致伤装置示意图

(五)存在的问题

尽管我国在交通安全方面已取得了不少成绩,但距先进国家还有很大差距。

(1)道路使用者,特别是驾驶人安全意识和守法观念还较差,许多事故都是由于驾驶人不遵守法规造成的。

(2)交通法规不健全,如至今没有完善的安全带法、头盔法、儿童安全装置法等。

(3)执法时紧时松,专项行动时(如整治酒后驾车等)抓得很紧,效果显著,以后就放松下来,甚至恢复原状。

(4)社会监督和宣传教育不够,如国外为了让摩托车手佩戴头盔,动员学校老师和家长一起做工作;为了防治醉酒驾车,展出大幅广告牌“他们饮酒,他们驾车,我们死亡”(they drink,they drive,we die),等等。

(5)先进的监控装置还不够普遍,交通管理水平有待提高。

(6)车辆安全性能有待提高;部分道路的设计和修筑不够科学。

更为重要的是,2011年7月23日,《柳叶刀》杂志全球报道专栏刊载了一篇署名为Ted Alcorn的文章,题目为“数据不可靠使得中国道路交通死亡资料蒙上了阴影”。文中提到:“最好的情况是,中国政府关于道路交通事故死亡率的数据是互相矛盾的;最糟糕的是,他们歪曲报道了国家道路交通安全的水平及趋势。”

在21世纪,世界各国都将为道路交通过程中无死亡或无严重创伤的理想目标共同努力。我国应深刻反思,尽最大努力准确地统计和报道交通事故及其伤亡,学习他国先进经验并不断总结自己的经验,找出最符合自身国情的交通安全改善方法,以创建一个安全、和谐和温馨的社会。

参考文献

[1] http://www. roadpeace. org/world first Death. html. 2003 - 12 - 11.

[2] Peden M, Scurfield R, Sleet D, et al. World report on road traffic injury prevention. Geneva:WHO,2004,5.

[3] Traffic Administration Bureau,Public Safety Ministry. Statistic data on national road traffic accidents. 2000 - 2008: 5 - 8,66 - 67,78.

[4] Jin H Q,Yu W S,Dai P. Study on driving adaptation of motor vehicle drivers. Clin J Epidemiol,2000,21(5): 390 - 392.

[5] Hang J J,Chen H B,Tang H. A simulative study on an emulation equipment for whiplash injury. Chinese Journal of Clinical Rehabilitation,2005,9(30):122.

王正国,中国工程院院士,1935 年 12 月出生于福建漳州。现任国际交通医学学会副主席(候任主席),国际 *Traffic Injury Prevention* 杂志副主编,中华医学会常务理事,吴阶平医学基金会理事,解放军科学技术委员会常务委员。

王正国院士是我国冲击伤、创伤弹道学、交通医学研究的主要创始人之一,国家重点学科"野战外科学"学术带头人,该学科的第一位博士研究生和博士后导师。他致力于战创伤基础理论和应用基础研究 50 余年,取得了一批国际先进以至领先的重大科研成果,为我国战创伤医学的发展做出了卓越贡献。先后获国家科技进步奖一等奖 1 项、二等奖 3 项、三等奖 4 项,国家发明奖三等奖 1 项,其他省部级奖项 20 余项。1990 年被人事部授予有突出贡献的中青年专家;1991 年享受政府特殊津贴;1997 年获香港何梁何利基金医学科学技术奖;1998 年获美国联合保健勤务大学 Michael DeBakey(迪贝克)国际军医奖,成为该奖设立以来至今获此殊荣的唯一亚洲人;2000 年获陈嘉庚医学科学奖和国际交通医学重大成就奖;2002 年获第四届光华工程科技奖。

交通事故是可控制的“疾病”！

金会庆　等

国家车辆驾驶安全工程技术研究中心，安徽三联学院，

安徽三联事故预防研究所

摘要：本文通过对国内外交通事故防治成果与交通事故依然高发的现实冲突的思考，结合作者近30年交通事故系统研究，剖析了交通事故成因，明确指出人是交通事故主因，其中驾驶人不良驾驶行为是交通事故的突出原因，诠释了驾驶人发生交通事故的“特性－时期－环境”三维模型发生机理，概述了中国开展的交通事故“三道防线”防治工程及其干预成效，总结经验，从预防策略的高度提出将交通事故作为“疾病”的新理念，呼吁交通事故防治模式应尽快朝两个方向转移：一是将重心从交通事故发生时、发生后的伤害防护转移至事故发生前的预防；二是将重心从汽车性能、道路条件的改善转移到驾驶员不良驾驶行为的控制。

关键词：交通事故；“三道防线”；不良驾驶行为；交通安全城市；事故倾向性；“特性－时期－环境”三维模型

自汽车发明后第一起交通事故发生以来，汽车给人类带来的事故总危害超过战争及各种特大自然灾害[1,2]。长期以来，人类从两个方面作出了大量努力：一是对交通事故发生时及发生后所实施的伤害防护，以减少交通事故伤残及致死，如安全带、安全气囊等[3,4]；二是对交通事故发生前所实施的预防，以减少交通事故发生频率，如德国、奥地利、日本等国通过立法开展驾驶员驾驶适应性检测[5]，提高驾驶员队伍安全素质；发达国家及部分发展中国家开展交通监控、违章抓拍、酒后禁驾、治理超速等[6-8]，以改善交通环境，这些努力一定程度上遏制了交通事故伤害的高速增长。然而，交通事故至今依然频发，全球每年仍然有超过100万人死于交通事故，已引起各国人民、政府及联合国的高度关注[9]。在中国，科学家们把交通事故作为“疾病”看待，将交通事故从“病因—发病机制—干预控制”作为

系统工程进行研究和整体干预[10],已取得良好的效果,不失为可供参考借鉴的新的防治模式。

一、交通事故"病因"

研究表明,驾驶员发生的交通事故约占事故总数的70%以上,驾驶员群体中存在6% ~8%的反复发生事故的驾驶员,这部分人发生的事故占事故数的30% ~40%,被称之为事故倾向性驾驶员[11,12]。事故倾向性驾驶员多发事故原因主要与其不良驾驶行为有关[13]。不良驾驶行为是指驾驶员对驾驶环境的不断变化而作出的偏离标准驾驶的错误动作及反应,常见的表现有违章、疲劳、速度估计过早、注意分配能力差、危险感知不足等[14-16],心理学家Horhota和Blanchard-Fields一致发现,一些人总是有高估自身因素(如天性)和低估驱动个体行为的外在因素的强烈倾向[17]。著名安全专家Dekker(2002)明确指出,人因失误是许多事故的起因,其对安全的主要威胁来自于个体内在的不可靠性,人多不可靠的因素类似一个组织的"坏苹果"[18]。美国科学家Richard J. Holden说,"正是工人的行为总是被发现直接促使事故发生,但安全专员经常进一步搜索到更多的事故细节和根本原因,问题是即使是一个知识渊博的专员也得屈从于上述人的本性的偏见。当一些错误或危险的人类动作明显地导致事故发生时,战胜这种把事故归因于工人性格的倾向将是一个挑战。因此盛行于20世纪前半叶,乃至后半叶和今天的事故倾向性理论也就显得不足为奇了,即事故是由于天生的事故倾向性的或功能失调的工人引起的"[19]。意大利学者Bergomi,Vivoli和Rovesti认为对个体产生危险行为的心理、生理变量的鉴定可能对高危人群交通安全项目的量体设计是一个有力的工具,因为他们发现了驾驶员的体内多巴胺(DA)的含量水平与驾驶违章频率呈正相关,而肾上腺素(E)含量水平与驾驶失误频率呈负相关[20]。中国同样发现驾驶员不良驾驶行为与其体内神经递质(DA、5-HT)、激素(促肾上腺皮质激素ACTH)水平关联[21];分子生物学研究报道,事故倾向性驾驶员不良驾驶行为与其关联基因组变异区域的SNPs位点(rs6069499,rs3777150,rs950715)高度关联,提示可能存在不良驾驶行为易感基因[13,22,23]。上述研究表明,事故倾向性驾驶员比安全驾驶员更容易发生不良驾驶行为。因此,不良驾驶行为是交通事故主要"病因"[24]。

从历史上看,很少有学术关注了解有关伤害行为的决定因素或行为变化是如何产生和维持的。许多科学家特别提出必须推广行为干预,并使用与行为的决定因素以及行为变化的理论和内在框架有关的更有效的实验数据来进行[25]。

二、交通事故"发病机制"

美国教授 Ergun 和 Matthew 曾经通过从几个不同阶段切断驾驶员信息加工过程来诠释驾驶行为的车祸危险,这几个阶段包括:① 对刺激的感知和注意证据(如通过感官输入)和对路上情景解释;② 制定一个基于特定的驾驶情景和相关经历或记忆的方案;③ 执行一个动作(如踩油门,刹车,或方向盘控制);④ 追踪行为结果作为后续纠正措施的潜在反馈源[26]。

中国科学家对交通事故发生机制提出了"三维模型"学说,认为事故倾向性驾驶员正常驾驶行为极易向不良驾驶行为转化的个体特性是客观存在的,只有在机体处于一定时期下才发生转化,转化后的不良驾驶行为只有在特定环境暴露下被高度激发才诱发事故,即交通事故"特性 - 时期 - 环境"三维模型[12,27],如图 1 所示。

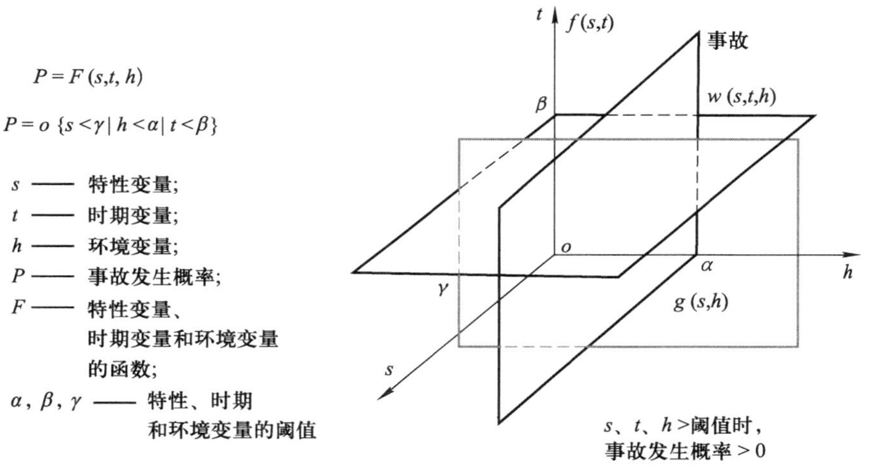

图 1　交通事故三维模型学说示意图

其诱发机制如下。

特性:不良驾驶行为作为交通事故的"病因",实际上,一直隐藏在驾驶员体内,正常情况下一般不会显现,在体内处于一种抑制平衡状态而相对稳定。

时期:出车前若出现压力负荷、消极情绪、睡眠不足、疲劳等诱因,极易诱发不良驾驶行为。

环境:当交通流量大、他人违章、道路状况差、照度可见度低、雨雪雾霾天气等高危驾驶环境暴露的情况下,将引发交通事故。

交通事故发病机制的"特性 - 时期 - 环境"三维模型表明,控制交通事故的途径主要有两条:一是控制正常驾驶行为向不良驾驶行为的转化;二是改善高危驾驶环境及减少不良驾驶行为的暴露概率。

然而,基于行为安全(BBS)理论的最好的阐述和近期关于行为安全干预非常有效的评论均认为未来开展行为修正和其他心理方法将大有希望,正如精巧的西部电气谚语“弯曲金属比扭胳膊要好”(It is better to bend metal than to twist arms)。这是安全专家所了解到的,但由于顽固的心理偏见却难以应用[19]。

三、交通事故干预

根据交通事故发病机制,中国科学家提出了“三道防线”的系统工程控制策略:事故倾向性驾驶员筛检 - 出车前驾驶员安全状态检测 - 高危驾驶环境监控[10,13],此系统工程数学模型[28]如下:

$$\lambda = \frac{\mu}{DE} = \mu \Bigg/ \left\{ \frac{\sum_i [d_i \mu(d_i)]}{\sum_i [d_i^0 \mu(d_i)]} \cdot \frac{\sum_j [e_j \mu(e_j)]}{\sum_j [e_j^0 \mu(e_j)]} \right\}$$

$$= \mu \cdot \frac{\sum_i [d_i^0 \mu(d_i)]}{\sum_i [d_i \mu(d_i)]} \cdot \frac{\sum_j [e_j^0 \mu(e_j)]}{\sum_j [e_j \mu(e_j)]}$$

式中,λ 为交通事故发生概率控制参数;D 为驾驶员控制因子;u 可看作一常数;E 为环境控制因子。

第一道防线是开展职业驾驶员安全素质检测,以筛除容易发生不良驾驶行为的事故倾向性驾驶员,从源头上选拔那些安全素质较高的人群进入职业驾驶员队伍(如公交驾驶员、校车驾驶员、客运驾驶员等)。第二道防线是检测驾驶员出车前的安全状态,以早发现、早控制有不良驾驶行为暴露倾向的驾驶员[29,30]。第三道防线是开展驾驶途中高危驾驶环境监测,如交通秩序、路面状况、能见度、恶劣天气、行人动态等,大力改善驾驶环境,以实时控制驾驶途中诱发不良驾驶行为的发生[13,14]。

“三道防线”理论与技术分别在中国多个城市推广应用,尤其在济南市开展的“联合国交通安全城市”建设项目中[10,13],“三道防线”防治工程依靠当地政府组织领导,公安、交通、卫生、规划等多部门密切协作,政府、企业、市民共同参与,全程全方位整体实施,5 年来(2005 - 2010 年),济南市在机动车增加 25% 情况下,交通事故死亡人数下降 28.65%,万车死亡率下降 34.59%,取得了良好的社会效益[13]。“中国济南模式”为其他地区的推广应用提供了很好的借鉴。

职业安全的实用指南支持目前工程控制是最有效和最优先的观点,其他基于行为的安全管理方法承认人类行为有多方面的原因,但是改变行为需要改变整个系统而不仅仅是人本身,而且,也有人认为,行为干预方法,即使把行为看作是系统性的原因,仍然是有问题的,因为行为改变的理论和实践都还不成熟。

交通事故伤害已成为全球重大公共卫生问题和重大社会问题,各国应改变传统预防策略,将研究和关注重心实行两个转移:一是将重心从交通事故发生时、发生后的伤害防护转移至事故发生前的预防;二是将重心从汽车性能、道路条件的改善转移到驾驶员不良驾驶行为的控制。中国的经验告诉我们,如果依靠政府主导、多部门协作,从政策法规上将交通事故发生链的各个环节以系统工程模式进行整体干预,应该说,交通事故是可以控制的!

参考文献

[1] WHO. The World Report on Road Traffic Injury Prevention: Summary. Geneva: World Health Organization, 2004.

[2] 段里仁. 道路交通事故概论. 北京:中国人民公安大学出版社,1999:3-10.

[3] Crandall C S, Olson L M, Sklar D P. Mortality reduction with air bag and seat belt use in head-on passenger car collisions. Am J Epidemiol, 2001, 153(3): 219-224.

[4] Cummings P, McKnight B, Rivara F P, et al. Association of driver air bags with driver fatality: a matched cohort study. Br Med J, 2002, 324(7346): 1119-1122.

[5] 小川和久. 运输适性の现状. International Association of Traffic and Safety Science, 1990, 16(4): 49-57.

[6] Sze N N, Wong S C, Pei X, et al. Is a combined enforcement and penalty strategy effective in combating red light violations? An aggregate model of violation behavior in Hong Kong. Accid Anal Prev, 2011, 43(1): 265-271.

[7] Shults R A, Elder R W, Sleet D A, et al. Reviews of evidence regarding interventions to reduce alcohol-impaired driving. Am J Prev Med, 2001, 21(Suppl 4): 66-88.

[8] Keall M D, Povey L J, Frith W J. The relative effectiveness of a hidden versus a visible speed camera programme. Accid Anal Prev, 2001, 33(2): 277-284.

[9] Toroyan T. Global status report on road safety. Inj Prev, 2009, 15(4): 286.

[10] 金会庆. 道路交通事故防治工程. 北京:人民交通出版社,2005:87-145.

[11] 金会庆. 车祸流行病学. 北京:人民卫生出版社,2001:13-17.

[12] 金会庆,王国军. 中国机动车驾驶员事故倾向性研究. 中华流行病学杂

志,1994,15(增刊2): 35 - 42.

[13] Richard Stone. Car-crash epidemiologist pushes systemic attack on bad driving. Science,2011,332: 657.

[14] Jin Huiqing,Araki S,Wu X K,et al. Psychological performance of accident-prone automobile drivers in China: a case-control study. Int J Epidemiol,1991,20(1): 230 - 233.

[15] 金会庆,陈嵘,张树林. 机动车驾驶员的速度估计、复杂反应判断和操纵机能特征研究. 人类工效学,1995,1(1): 13 - 18.

[16] Marusic A,Musek J,Gudjonsson G. Injury proneness and personality. Nord J Psychiatry,2001,55(3):157 - 161.

[17] Horhota M, Blanchard-Fields F. Do beliefs and attributional complexity influence age differences in the correspondence bias? Social Cognition,2006,24:310 - 337.

[18] Dekker S W A. Failure to adapt or adaptations that fail: contrasting models on procedures and safety. Applied Ergonomics,2003,34:233 - 238.

[19] Richard J Holden. People or systems? To blame is human. The fix is to engineer. Prof Saf,2009,54(12): 34 - 41.

[20] Bergomi M, Vivoli G, Rovesti S, et al. Role of some psycho-physiological factors on driving safety. Ann Ig,2010,22(5):387 - 400.

[21] 金会庆,徐勇. 事故驾驶员与安全驾驶员体内神经递质水平的比较研究. 中华流行病学杂志,1994,15(增刊2): 42 - 44.

[22] Brunner H G,Nelen M,Breakefield X O,et al. Abnormal behavior associated with a point mutation in the structural gene for monoamine oxidase A. Science,1993,262(22): 578 - 580.

[23] Plomin R, Owen M J, Guffin P M. The genetic basis of complex human behaviors. Science,1994,5166: 1733 - 1739.

[24] Evans L. The dominant role of driver behavior in traffic safety. American Journal of Public Health,1996,86: 784 - 786.

[25] Gielen A C,Sleet D. Application of behavior-change theories and methods to injury prevention. Epidemiological Reviews,2003,25:65 - 76.

[26] Ergun Y U,Matthew R. Driving and neurodegenerative diseases. Curr Neurol Neurosci Rep,2008,8: 377 - 383.

[27] 金会庆. 驾驶适性. 合肥: 安徽人民出版社,1995:5 - 29,145 - 168.

[28] 金会庆,宋扬,张树林,等. 基于事故倾向性理论的交通事故预防系统控制模型的构建. 人类工效学,2011,17(1):73 - 77.

[29] Scialfa C T, Deschênes M C, Ference J, et al. A hazard perception test for novice drivers. Accid Anal Prev,2011,43(1):204 - 208.

[30] Shahar A. Self-reported driving behaviors as a function of trait anxiety. Accid Anal Prev,2009,41(2):241 - 245.

金会庆,1956年生,上海市人,日本东京大学博士,国家车辆驾驶安全工程技术研究中心主任、安徽三联学院院长。金会庆先生为三联集团创始人,从事车辆驾驶人交通事故预防领域研究工作三十多年,开创并逐渐形成了以"人"为研究对象的道路交通事故预防新科学。金会庆先生为第九、十、十一、十二届全国人大代表,国家科技进步奖一、二等奖第一完成人。

美国交通安全研究近期发展

Kumares C. Sinha

美国普渡大学

摘要:论文首先回顾了道路交通事故及其特点的历史趋势。虽然在交通安全方面取得了重大收获,特别是车辆和基础设施相关的应对措施,但在驾驶员行为方面还有很多有待研究。自然驾驶研究,作为第二阶段战略公路研究项目的一部分,将旨在阐述这个问题。进行中的大规模数据收集工作是为了确定驾驶员行为在碰撞事故中是如何与道路、环境和车辆因素这三者相互作用的。论文提供了实验细节、研究设计、数据概述、数据采集系统和当前正在测试的分析类型。该研究的最终目标是深入了解驾驶员的行为,而这是用其他任何方式是无法完成的。同时该研究也包含了对潜在数据使用的讨论。合作项目需要阐述全球交通安全问题,并且来自 SHRP2 驾驶员自然行为研究的综合数据库将对确定下一代道路安全的应对措施起到关键作用。

关键词:交通安全;驾驶员行为;事故监控;自然研究;战略公路研究计划 2

一、概论

在 2003 年,很多组织,包括美国运输部,美国国家公路和运输官员协会,美国汽车管理人员协会,州长高速公路安全协会,制定了一个目标,减少公路上的死亡率到每行驶一亿英里(注:1 英里 = 1.609 344 km),最多只有一起死亡事故,根据 1997 年首次核准的公路安全计划执行。尽管这个目标现在还没有实现,但是在过去的几十年里,已经为增强交通安全做出了巨大的努力。在过去的几十年里,美国运输部门把减少交通事故的数量和减轻交通事故的严重性作为重点来抓。同时在增强交通安全方面做了多方面的努力，并将它作为安全研究的一个综合计划。本文中，我们讨论了美国交通安全研究，特别强调了第二公路战略研究计划（Campbell，2012）。

二、美国交通事故的趋势

从20世纪70年代开始，每年交通事故超过5万起，交通事故的发生率已经得到了巨大的改善。近几年，年致命的交通事故大概3万起，数量持续下降。图1展现了年交通事故数量变化趋势、车辆行驶里程和每行驶一亿里程的死亡率。从图中可以看出，尽管车辆行驶里程（交通事故的衡量方式）在增加，每一亿行驶里程内的死亡率却在持续下降。在同时期（1994—2010年），持有驾照的司机人数（另一交通事故的衡量方式）增长了约20%，每10万持驾照的司机人数的死亡率减少了约33%（图2）。同一时期（1994—2010年）登记的机动车辆数（另一交通事故的衡量方式）也有持续增长的趋势，增长了约34%。但是每10万登记机动车辆中，伤亡率下降了40%（图3）。伤亡交通事故也有同样的趋势。每一亿车辆行驶里程的伤亡人数减少了逾31%，伤亡率下降了45%（图4）。这些数据表明，在交通安全的研究和相应的对策上，我们已经取得了一定程度的成功。

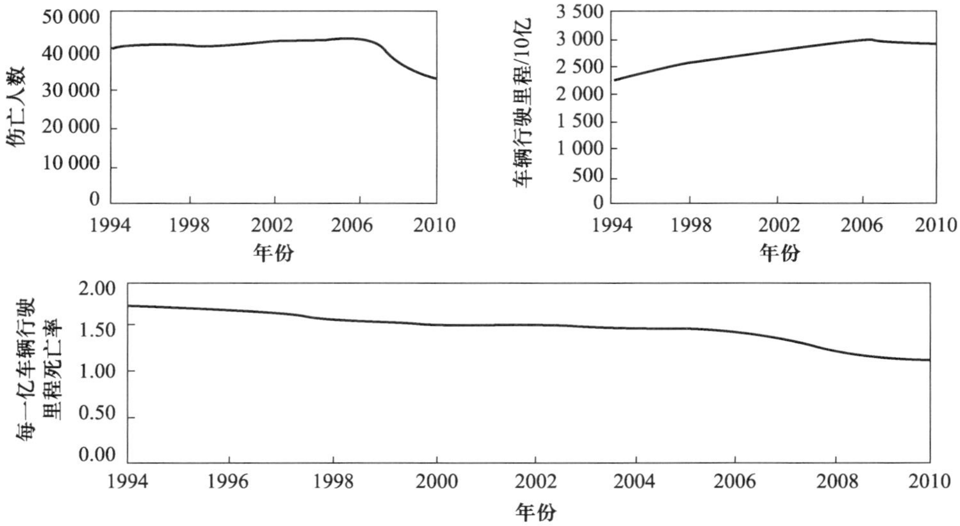

图1　美国交通事故死亡率与机动车行驶里程

（来自美国国家公路交通安全管理局，2012）

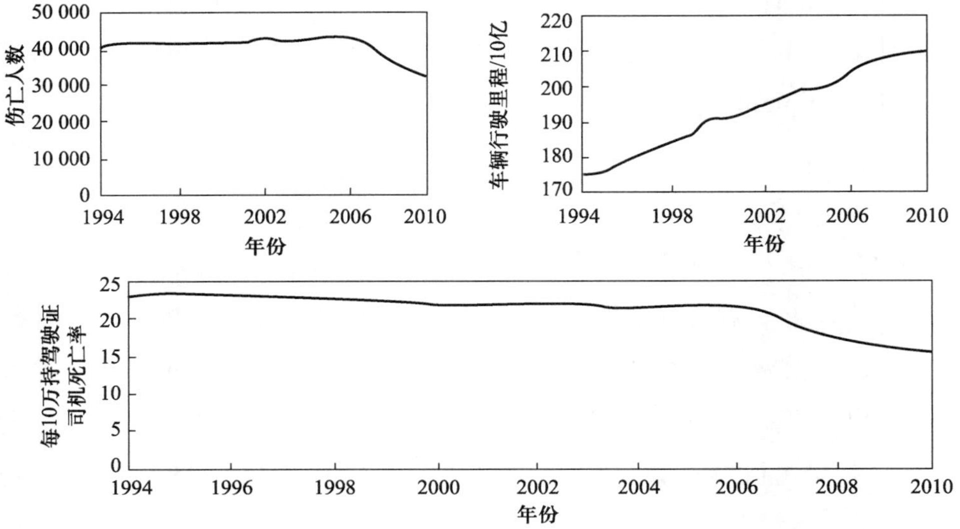

图 2　美国交通事故死亡率与持驾驶证的司机数(来自美国国家公路交通安全管理局,2012)

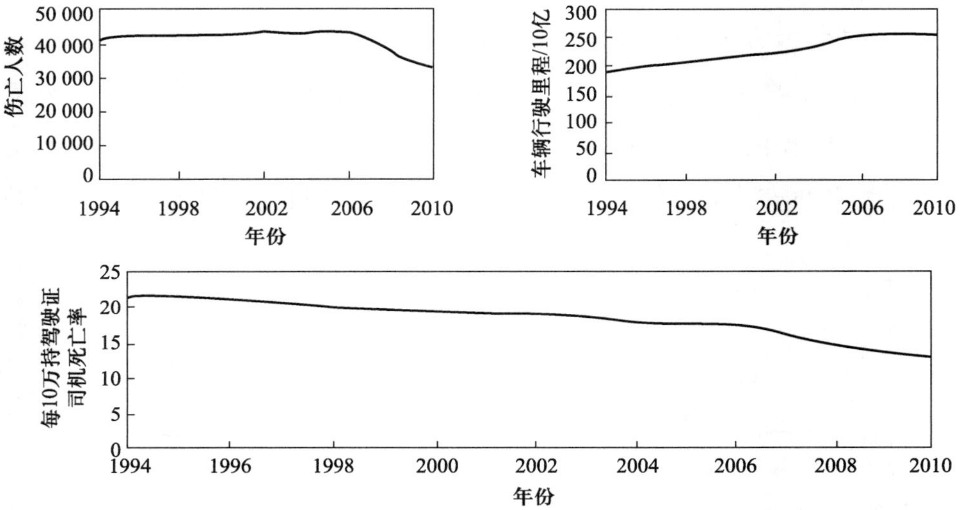

图 3　美国交通事故死亡率与登记的机动车辆数(来自美国国家公路交通安全管理局,2012)

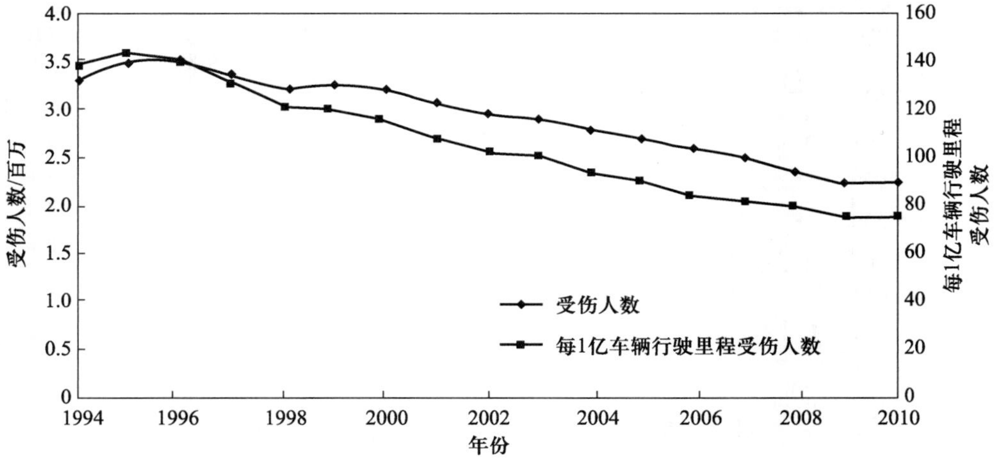

图 4　1994－2010 年美国交通事故受伤人数与伤亡率(来自美国国家公路交通安全管理局,2012)

三、引起交通事故的因素

从广义上,交通事故的原因可划分为三类:司机,道路/环境和机动车,详见图5。

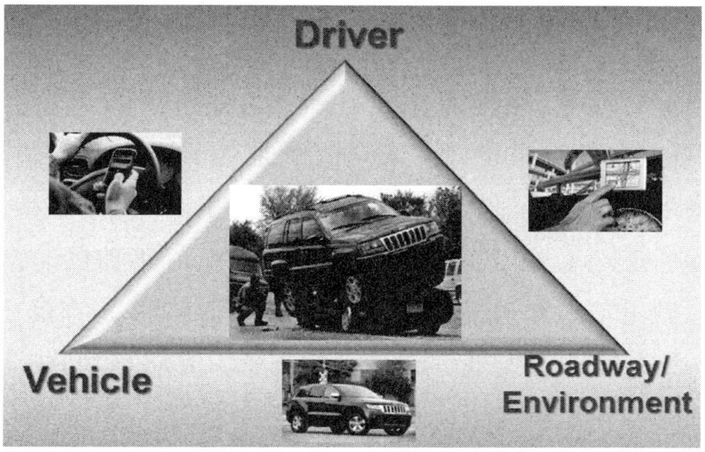

图5　引起交通事故的三个因素

与司机相关的因素包括:驾驶技能、经验,年龄,视力,疲劳度,中毒,判断力,安全带的使用和警觉性。道路与环境因素包括:公路的地理设计、交通控制、路面摩擦、等级、横断面、道路标记、天气和能见度。机动车的相关因素包括:安全气囊的提供、有效的制动系统、全面的保养、制造与汽车设计。单独其中一个因素或三个因素同时影响都能引起交通事故,只有这些因素通过有效的研究被很好地掌控时,采取相应的措施才能够安全行驶。

四、交通安全的研究

多年来,人们对道路功能改善来提高其安全性进行了一系列的研究(如2004年Torbic等的研究和2003年Neuman等的研究)。随后,采纳了一些改善方案,例如:① 预防车辆行驶偏离道路;② 减少机动车撞向路边物或翻车的可能性;③ 使机动车在事故中的受损程度最小化;④ 减少机动车在行驶过程中翻车或撞击固定目标的概率;⑤ 减少机动车撞击固定目标时的伤害;⑥ 改善道路交叉口的设计与操作;⑦,⑧ 制定安全车速限制;⑨ 有效地设计安全的工作区域等。这些改善措施有效地减少了事故的数量和受损程度。2000年Tarko的调研指出事故的减少与这些量化的改善措施有一定关系。

五、机动车安全的研究

在20世纪60年代早期,Nader 1965年的调查研究在很大程度上改变了机动车的设计。机动车安全在机动车设计上是一个关键的应考虑的问题。不仅在于其舒适度和风格上。根据1966年国会通过的《国家交通及机动车安全法》,美国成立了国家公路交通安全管理局。国家公路交通安全管理局在美国汽车行业制定了一系列汽车安全标准。机动车安全的研究为我们带来了安全气囊、刹车制动系统、传感器和更安全的汽车设计。安全气囊是为了阻止在碰撞时,头部撞击方向盘。刹车制动系统是为了保持机动车的稳定和机动控制来减小制动距离,特别是在有冰或潮湿的道路上更需要刹车制动系统。在道路和机动车设计方面进行了很多研究。人们很难得知司机与机动车、环境、道路状况的相互作用和适应程度。人们知道司机的行为是交通安全的关键因素。在碰撞中,安全带的使用证明了司机行为的许小变化能够大大降低伤害的严重性(Freedman et al., 2009)。人们发现安全带的使用在严重事故中能够降低大约45%的死亡率(Lucke et al., 2004)。

六、司机行为的研究

(一)驾驶模拟器的使用

驾驶模拟器使用的首要原因是为了研究司机行为与道路、环境和机动车设计特点的关系。现今,爱荷华大学使用的国家先进驾驶模拟器是最精密的研究驾驶的模拟器(图6)。此模拟器保真度高,实时驱动仿真,在横向和纵向行驶共400m^2,并在每个方向进行约360°的旋转。运用国家先进驾驶模拟器的近期的研究包括:年老驾驶员的安全预警系统(Marshall et al.,2010),汽车传感器的可行性来检测酒精对人体的损伤度(Lee et al.,2010),国家先进驾驶模拟器运用结果帮助人们认识损伤碰撞与非损伤碰撞,对在碰撞中的损伤风险和损伤的可能性进行客观评价。对交通损伤的预防相关的风险分析做出客观的辩证的分析。此方法是现如今汽车拥有者复杂的保护系统发展历程的关键一步。

(二)驾驶者本能行为

驾驶者的表现和行为与道路设计,交通条件的相互关系及对碰撞和伤亡风险的影响在很大程度上就像一个“黑盒子”。尽管司机的行为导致了大部分情况的碰撞,尽管先进驾驶模拟器在模拟情况中,帮助我们理解人与其他因素的相互作

图6　国家先进驾驶模拟器(爱荷华大学,2012)

用的成分提供了有用的信息,在公路战略研究计划第二阶段之前,没有过重要的研究来评定在自然条件下的驾驶员行为。在一起事故的前、中、后,驾驶员行为与机动车、道路和环境因素的关系的详细情况能够证明现如今和未来对事故的相应对策所取得的重要发展。先进的技术作为智能交通系统的因素,能够对之前不能够测量的驾驶表现,进行客观的、直接的风险评估,并提供详细的研究方法。将来的对策发展需要对造成碰撞和伤亡的复杂因素之间的关系进行严谨和细致的理解。为了解决这些问题,公路战略研究计划第二阶段提出了相关的安全策略。

七、公路战略研究计划第二阶段对安全的研究

公路战略研究计划第二阶段对交通安全研究提出两个问题:

(1) 驾驶员行为和表现与道路、环境和机动车因素的相互作用;

(2) 道路、环境和机动车因素及它们的相互作用对碰撞风险的影响。

八、公路战略研究计划第二阶段驾驶员自然行为研究

数据收集是公路战略研究计划第二阶段安全研究项目的一个重要部分。数据收集的最主要阶段包括自然驾驶研究及视频系统记录道路状况和特点的相关研究。自然驾驶行为研究,运用拥有最先进的仪器的机动车,为驾驶行为和表现提供了大量的数据。此项目将运用此数据库,分析驾驶员行为和驾驶员与道路/环境因素和机动车因素的相互影响,及这些因素对事故风险(尤其是车道偏离和交汇碰撞)的影响。

自然驾驶行为研究,是征集志愿者作为研究对象,记录志愿者在正常行驶情况下,事故之前、事故到来和事故过程的驾驶行为的详细信息。志愿者驾驶员的

每一个行程周期为 12 ~ 24 个月，此项目一共 3 000 名驾驶员，有男有女，年龄不同。驾驶员所使用的车辆安装有数据采集系统。数据采集系统（图 7）包括前置雷达，4 个摄像机，其中包括一个前置、彩色、多角度摄像机，加速器，机动车网络信息，GPS 导航仪，车载计算机车道视觉跟踪，计算机视觉计算程序，数据存储能力。

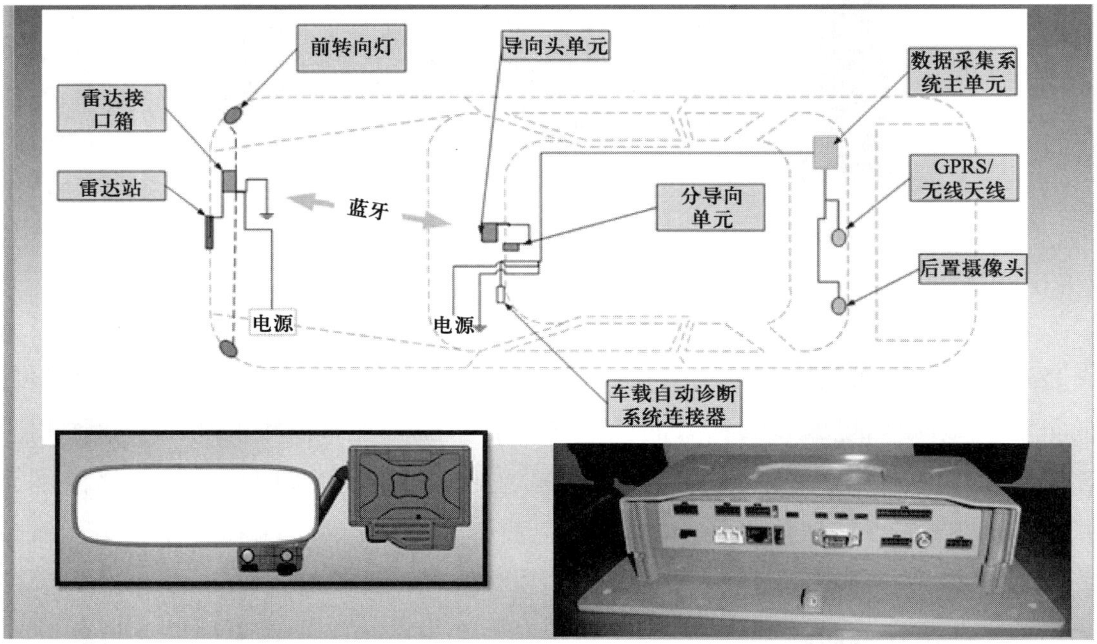

图 7　数据采集系统（Campbell，2012）

持续收集自然性驾驶研究数据，参与者的机动车正在行驶，这种持续的收集提供了一种以实际交通事故进行分析的方法。自然性驾驶研究是在 6 个地址（图 8），每一个地址都有 150 ~ 450 的参与者在驾驶。

九、自然性驾驶研究现状报告

数据采集从 2010 年开始到 2013 年结束。为了获取包括疲劳、注意力和分心在内的驾驶员因素的信息，汽车研究测量器将记录驾驶员的面部图像、前视图和仪表板。在选取的位置放置多功能连接摄像机能够获取路面状况信息，包括在研究期间的交叉口和路段的整个信息、环境因素及交通运行特点。仪器（图 9）在 6 个自然性驾驶研究位置内，能够收集大约 25 000 英里的信息。

路况数据收集被分为三大类：新的路况数据收集、现有的路况数据收集和后补的路况数据收集。新的路况数据收集，是以公路正常行驶速度行驶 12 500 英里（正反方向），关注所需的偏离车道，十字路口，弯度位置、长度、半径；级；横坡

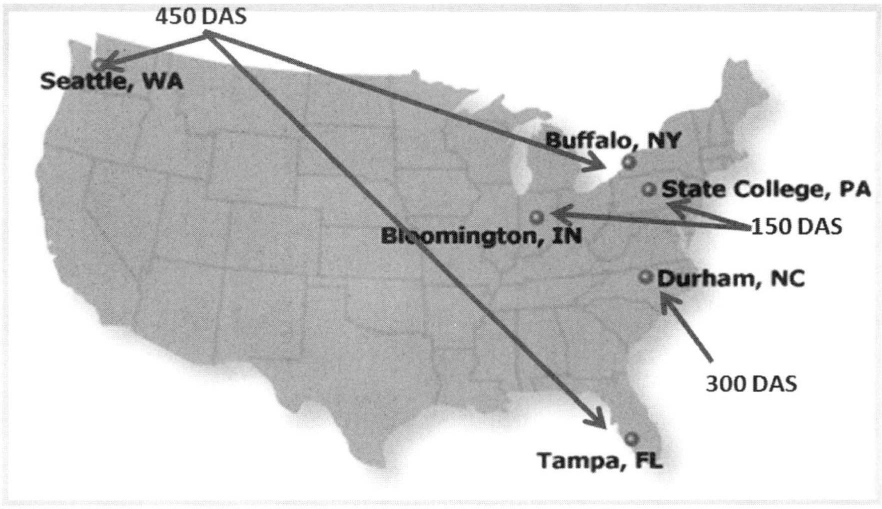

图 8　自然性驾驶研究轨迹(Campbell,2012)

的宽度,车道数量,车道宽度和车道类型,肩型(如果铺路则测其宽度),车速限制标志,中位数,振动带,照明,交点位置,方法种类和控制型的数据。新的路况数据将显示在道路视频里(图 9),现有的路况数据包括在自然性驾驶研究的位置,所有可用的与安全有关的信息。后补数据包括交通、天气、工作区、事故、路况改善及与政策相关的信息(安全行为和法规)。

图 9　公路战略研究计划第二阶段仪器和路况图像采集仪(Campbell,2012)

2012 年 8 月,公路战略研究计划第二阶段安全研究项目完成了以下项目:

(1) 1 859 辆行驶的机动车中,423 名参与者完成;

(2) 数据库中 1 711 个机动车注册年份,共 3 900 个目标,44% 完成;

(3) 数据库中 450 K + 里程,行驶 2.5 M + 英里;

(4) 73 起确定的交通事故(更多的在数据库中未被确定);

(5) 收集 5 250 英里道路数据,截至 2012 年将收集 8 800 英里。

剩余的计划包括：

（1）自然性驾驶研究和路况数据的增加；

（2）公路战略研究计划第二阶段和路况数据收集（2013 年 11 月补充）；

（3）2014 年 3 月数据信息补充。

四个目前拟订的分析正开始测试以下分析方法，运用农村双向车道线路分析方法，估计最经济有效的道路安全措施来防止交通事故；运用针对偏离左转弯情况的分析方法，来检测具有成本效益的交叉设计；运用治理驾驶员注意力不集中的分析方法，来建立车辆技术来保证驾驶员集中注意力并警告分心的驾驶员；运用在拥挤的高速上的交通事故的分析方法，将用来确定有效的方法来提醒司机下游堵塞的情况。

十、公路战略研究计划第二阶段数据的运用者和运用潜力

当项目完成时，最终的目标是要通过自然性驾驶研究和道路数据帮助运用者注重安全问题。这将帮助研究者获得用其他方法不能获得的驾驶员行为。短期目标将帮助研究者定义研究问题和访问数据库。道路相互作用的研究问题：道路特征怎么影响驾驶员行为？这可以通过分析驾驶员在有信号和无信号交叉口，对车道的保持、车间距的保持、旋转行为的影响进行分析获得结果。道路信息数据库和其他数据库有很大的潜力为人们所用，不包括安全性驾驶研究数据。其他的行为研究问题：驾驶员使用手机的频率有多高？现有的手机使用法规影响他们对手机的使用？是否在危险情况下如交通堵塞驾驶员使用手机频率降低？使用手机怎么影响驾驶者对于车速限制、红灯、暂停标志的反应？使用手机怎么影响危险驾驶行为和发生交通事故的风险？

十一、结论

这些年，在道路和汽车方面，已经取得了巨大的进步。但是，自然性驾驶员行为的数据还是很缺乏。公路战略研究计划第二阶段项目的针对安全领域的研究员正在建立一个综合的数据库供使用。这些研究也应该在其他国家包括中国得以展开，这些国家的路面交通安全状况是一个严重的问题。另外，在全球环境下，也需要国际合作项目来强调交通安全问题，驾驶员相关数据也是这些项目的一个基本问题。

致谢

对在公路战略研究计划第二阶段，Kenneth Campbell 提供的帮助表示由衷的

感谢。

参考文献

AASHTO (American Association of State Highway and Transportation Officials). 2005. Strategic highway safety plan: A comprehensive plan to substantially reduce vehicle-related fatalities and injuries on the nation's highways. http://safety.transportation.org/doc/Safety-StrategicHighwaySafetyPlan.pdf. [2013-1-31].

Campbell K. 2012. SHRP 2 safety: Making a significant improvement in highway safety. Presentation at the National Transportation Safety Board, Transportation Research Board, Washington D C.

Freedman M, Lerner N, Zador P, et al. 2009. Effectiveness and acceptance of enhanced seat belt reminder systems: Characteristics of optimal reminder systems. Final Report prepared for the National Highway Traffic Safety Administration, Washington D C. http://www.nhtsa.gov/DOT/NHTSA/NRD/Multimedia/PDFs/Human%20Factors/Reducing%20Unsafe%20behaviors/811097.pdf. [2013-2-1].

Lee J D, Fiorentino D, Reyes M L, et al. 2010. Assessing the feasibility of vehicle-based sensors to detect alcohol impairment. Final Report, N10-005. National Highway Traffic Safety Administration, Washington D C.

Lucke R E, Raub R A, Pfefer R, et al. 2004. Guidance for Implementation of the AASHTO Strategic Highway Safety Plan. Volume 11: A guide for increasing seatbelt use. NCHRP Report 500. Transportation Research Board, Washington D C. http://safety.transportation.org/guides.aspx? cid=28. [2013-2-1].

Marshall D C, Wallace R B, Torner J C, et al. 2010. Enhancing the effectiveness of safety warning systems for older drivers: Final project. U. S. Department of Transportation, National Highway Traffic Safety Administration, Washington D C.

Nader R. 1965. Unsafe at any speed: The designed-in dangers of the American automobile. NY: Grossman Publishers.

Neuman R T, Pfefeer R, Slack L K, et al. 2003. A guide for addressing head-on collisions. NCHRP Report 500, Volume 4. Transportation Research Board, Washington D C.

NHTSA (National Highway Traffic Safety Administration). 2012. Fatality analysis reporting system encyclopedia. http://www-fars.nhtsa.dot.gov/Main/index.aspx.

[2012 - 8 - 15].

Tarko A, Sinha K C, Eranky S, et al. 2000. Crash reduction factors for improvement activities in Indiana. Joint Transportation Research Program, Purdue University, West Lafayette, IN.

Torbic J D, Hardwood W D, Gilmore K D, et al. 2004. A guide for reducing collisions on horizontal curves. NCHRP Report 500, Volume 7. Transportation Research Board, Washington D C.

UOI (University of Iowa). 2012. The national advanced driving simulator. http://www.nads-sc.uiowa.edu/projects.php. [2012 - 8 - 15].

Kumares C. Sinha，美国国家工程院院士、普渡大学土木工程 Edgar B. & Hedwig M. Olson 的著名教授。他活跃在教学、研究和实践领域四十余年，涉及交通规划、工程和管理。他担任世界银行交通和基础设施问题顾问，《交通工程》杂志的名誉主编，交通研究委员会执行委员和第二战略公路研究项目的监督委员。

国际交通死亡率——2011 年 26 国死亡率数据比较

Leonard Evans

美国科学服务学会

摘要：在我 2004 年出版的名为《交通安全》的书中，标题为“美国安全政策的重大失败”的章节认定美国安全政策拒绝科学，并且停止把最大的重心放在利益最少的地方（*JAMA* 杂志评论家把这一章节叫做搅局者）。我们的结论是灾难性的美国政策造成每年额外一万多美国人的死亡，而这一结论是基于与三个国家（英国、加拿大和澳大利亚）比较得出的。目前 26 国的数据是来自国际道路交通事故数据库（IRTAD）。在早期版本中曾包括中国的官方数据，然而，鉴于中国数据可靠性的不确定性，当前的版本已将其删除。当前版本是把美国的安全性能与 25 个国家进行比较，均具有至少 8 年的数据，而不是单纯地把美国的安全性能与之前的三个国家进行比较。这个更大的数据量对之前的结论提供了更强有力的支持。也就是说，美国安全性能比其他工业化国家更差。

关键词：交通事故死亡人数；国际比较；速度；驾驶员行为；安全政策；美国安全；交通死亡人数；交通事故；交通伤害；车辆因素

一、引言

本文的出发点是 2004 年《交通安全》一书的第十五章[1]。这一章标题为“美国安全政策的重大失败”，被评论称为搅局者[2]。

之所以选择英国、加拿大和澳大利亚与美国的安全政策研究做比较，是因为这三个国家与美国在语言、信仰和传统上很多共同点。安全性能的比较期间为 1979－2002 年的 23 年。在写《交通安全》一书时，2002 年的最新数据可能是假定的。美国安全政策和其他国家开始分道扬镳是在 20 世纪 70 年代末期/20 世纪

80 年代早期。本文的重点是进一步比较美国与其他国家的安全性能。

图 1 是从 2004 年出版的《交通安全》一书中复制的[1]，图中表明在 1979 - 2002 年美国死亡人数下降了 16%（从 1979 年的 51 093 到 2002 年的 42 815），单纯来看这个进步是令人印象深刻的。但是事实上，这样的数据只是美国官员为了证明政策是有效的。然而，当美国减少 16%，与平均减少 50% 以上的三个国家（地区）比较，则是不可同日而语的。

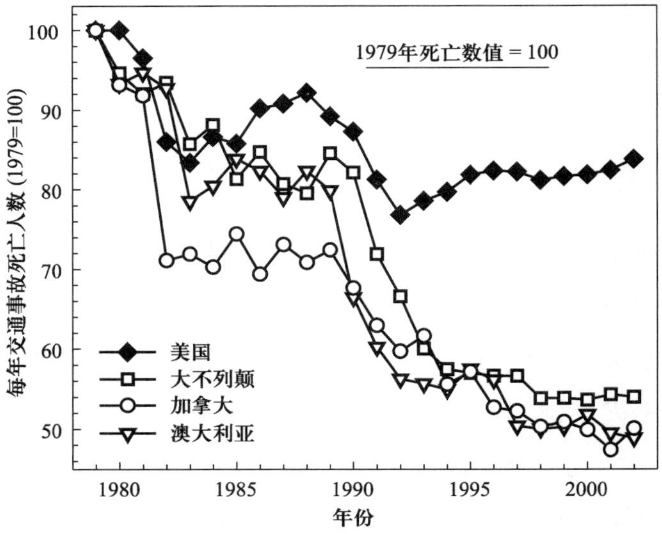

图 1　美国和三个比较国家（地区）每年交通事故死亡人数

所有的值都是重新调整的，即把每年的实际数值除以 1979 年的数值，

再乘以 100（从文献[1]的第 382 页复制）

如果美国的死亡率与之前比较的国家下降相同的百分比，那么仅 2002 年一年将有超过 1.6 万人死于美国公路。由于美国无法与比较国达到一致的下降率，结果将导致额外约 20 万美国人在 1979 - 2002 年期间死亡。

当呈现这种比较，比如美国公众提到的最普遍的一个问题之一是“其他国家有什么特别？以至于他们做得比美国要好那么多”，提问者经常对我的回答感到很吃惊，我的回答是其他国家没有什么特别，只是安全政策异常的美国很与众不同。

尽管如此，问题仍然存在。这三个比较国家（地区）在减少死亡率方面一直特别成功，这也是造成差异的原因。也许美国自 2002 年以来有了不同寻常的进步，从而也缩短了一些如图 1 中所示的巨大差异。

解决以下三个问题是本文的目的。

（1）之前基于 2002 年的数据得出的结论是否值得坚持？

（2）更早之前的断言认为三个比较国家（地区）没有“特别”之处？

（3）目前的结论是否更清晰，更值得信任？

二、方法和材料

用于图1的数据是来自于英国[3]、加拿大[4]和澳大利亚[5]相关行政辖区。本文使用的数据来自国际道路事故数据库（IRTAD）[6]，筛选了其中32个国家（地区）的数据[7]。

本论文主要集中探讨死亡率。死亡率是交通事故伤害的最高等级，属最可靠的数据。然而，即便是这最可靠的测量，往往比其表象要不可靠，其原因有很多。首先，在于涵盖所有情况的技术难度，只有这些情况才符合交通事故死亡率的定义。例如，它有时被定义为由于事故导致的在30天之内死亡的。因为每个人在任何时刻都可能死亡，一些人在事故30天后由于某原因死亡，而死亡原因与事故没有任何关系。更重要的是，负责减少交通死亡率的政府官员通常也是收集和分析数据的人员，这会导致各种问题产生[8]。

IRTAD[6]包含32个辖区的死亡率和其他数据。这包括英国、大不列颠和北爱尔兰，因为英国（1960）= 大不列颠（1901）+ 北爱尔兰（59）（括号中的数字是2011年的死亡人数）。倾向于使用英国的数据是因为它是整个国家，样本大3%。然而，为了提供与图1更好的对比，使早期的讨论和分析[1]与几乎所有之前研究的英国安全更为兼容，我们来分析大不列颠的数据。

从29个剩余国家中，我们排除斯洛伐克，因为有很多遗漏值，同时排除冰岛（12）和斯洛文尼亚（141），因为数据太少（括号中的值是2011年的死亡人数）。

其余26个国家的数据如表1所示，其中一些年份的数据因为空间限制没有打印出来。本论文的所有分析是基于这26个国家的死亡数据，甚至某些情况下，数据可以追溯到20世纪60年代中期。论文的一个重点是把美国安全性能与其他25个国家进行比较。本论文与早期版本[9]的不同之处在于不包括之前使用过的中国的数据。因为出现了针对这些数据[10-12]的严重的指责，在这些问题被解决之前，我们不会使用中国的数据。

三、结果

（一）更新美国与其他三个国家的比较

这里我们探讨2002年之后的发展，时间序列数据显示在图1，并检查了美国与三个比较国家（地区）的差距是否在适时消失。

表 1　研究中使用的 26 个国家(地区)及相关数据(由于空间限制,并不是所有的年份都有显示)

国家(地区)	2011 年	2010 年	2009 年	2008 年	2007 年	2006 年	2005 年	2004 年	2003 年	2002 年	…	1979 年	…	1970 年	…
USA	32 367	32 885	33 833	37 423	41 259	42 708	43 510	42 836	42 884	43 005	…	51 093	…	52 627	…
Japan	5 450	5 745	5 772	6 023	6 639	7 272	7 931	8 492	8 877	9 575	…	11 006	…	21 795	…
Germany	4 009	3 648	4 152	4 477	4 949	5 091	5 361	5 842	6 613	6 842	…	15 558	…	21 332	…
France	3 963	3 992	4 273	4 275	4 620	4 709	5 318	5 593	6 058	7 655	…	13 603	…	16 445	…
Italy	3 860	4 090	4 237	4 725	5 131	5 669	5 818	6 122	6 563	6 980	…	8 983	…	11 025	…
Great Britain	1 901	1 850	2 222	2 538	2 946	3 172	3 201	3 221	3 508	3 431	…	6 352	…	7 499	…
South Korea	5 229	5 505	5 838	5 870	6 166	6 327	6 376	6 563	7 212	7 222	…	6 907	…	3 529	…
Spain	2 060	2 478	2 714	3 100	3 823	4 104	4 442	4 741	5 399	5 347	…	6 752	…	5 456	…
Poland	4 189	3 908	4 572	5 437	5 583	5 243	5 444	5 712	5 640	5 827	…	5 793	…	3 446	…
Canada	na	2 227	2 230	2 419	2 761	2 884	2 898	2 731	2 779	2 921	…	5 863	…	5 080	…
Australia	1 275	1 352	1 488	1 442	1 603	1 602	1 627	1 583	1 621	1 715	…	3 508	…	3 798	…
Netherlands	546	537	644	677	709	730	750	804	1 028	987	…	1 977	…	3 181	…
Greece	na	1 258	1 456	1 553	1 612	1 657	1 658	1 670	1 605	1 634	…	1 483	…	1 099	…
Belgium	858	840	944	944	1 071	1 069	1 089	1 162	1 213	1 353	…	2 326	…	3 070	…

续表

国家(地区)	2011 年	2010 年	2009 年	2008 年	2007 年	2006 年	2005 年	2004 年	2003 年	2002 年	…	1979 年	…	1970 年	…
Portugal	891	937	929	974	1 071	1 066	1 372	1 423	1 701	1 843	…	2 741	…	1 777	…
Czech Rep.	773	802	901	1 076	1 222	1 063	1 286	1 382	1 447	1 431	…	1 377	…	1 983	…
Hungary	638	740	822	996	1 232	1 303	1 278	1 296	1 326	1 429	…	1 750	…	1 627	…
Sweden	319	266	358	397	471	445	440	480	529	532	…	926	…	1 307	…
Austria	523	552	633	679	691	730	768	878	931	956	…	2 186	…	2 574	…
Switzerland	320	327	349	357	384	370	409	510	546	513	…	1 230	…	1 643	…
Israel	341	352	314	412	382	405	437	467	445	515	…	555	…	518	…
Denmark	220	255	303	406	406	306	331	369	432	463	…	730	…	1 208	…
Finland	292	272	279	344	380	336	379	375	379	415	…	650	…	1 055	…
Norway	168	208	212	255	233	242	223	258	282	312	…	437	…	560	…
Ireland	186	212	238	279	338	365	396	374	335	376	…	614	…	540	…
New Zealand	284	375	384	365	421	393	405	436	461	404	…	554	…	655	…

到2002年,我们已经落在三个比较国家(地区)后面很远了(图1),虽然这同时也显示了存在赶超的很好的机会,但事实上图2显示的是没有证据和迹象表明美国在缩小与比较国家(地区)的差距。

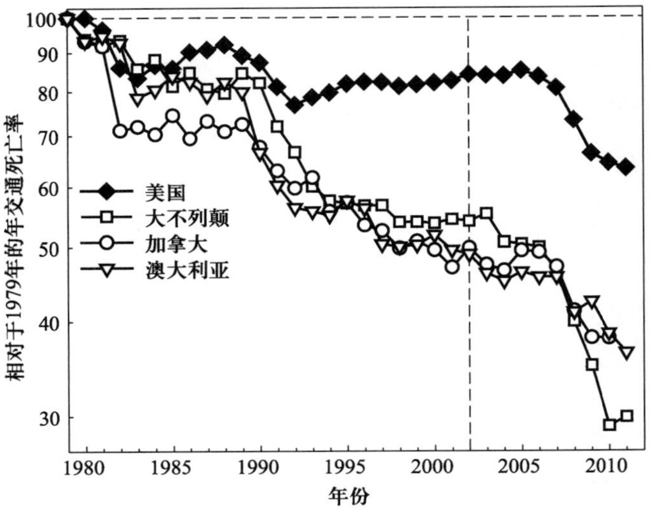

图2　在图1的基础上进行的时间序列扩展图

(对数轴,其中包含2011年的数据,2010年表示加拿大)

2002年后的趋势如图3所示。美国与加拿大和澳大利亚保持在同一水平,但是大幅落后于英国(图1至图3的数值显示在表2中)。

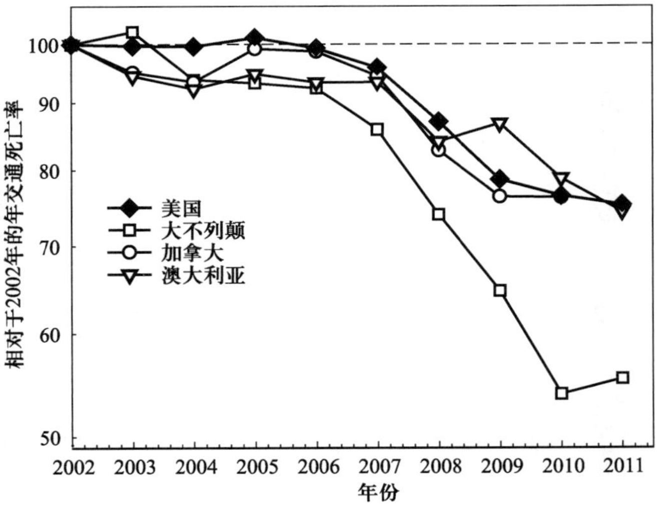

图3　从2002年到2011年的死亡率变化(2010年为加拿大)

表 2　不同时期不同国家(地区)的死亡率变化

(从表 1 可得到所有数据,除了图 1 的值是使用 2002 年的初步值绘制的[1])

国家(地区)	死亡率变化		
	2002 年/1979 年(早期结果[a])(图 1)	2011 年/1979 年(图 2)	2011 年/2002 年(图 3)
美国	-16.2%	-36.7%	-24.7%
大不列颠	-46.0%	-70.1%	-44.6%
加拿大	-49.9%	-62.0%[b]	-23.8%[b]
澳大利亚	-51.1%	-63.7%	-25.7%

a 使用初步数据绘制的值与早期分析[2]所得的值一样。

b 2010 年数值。

(二)一个更好的安全措施

上面的分析都是基于选择特定的过去几年,其结果可能受该任意的、专断的选择的影响。许多之前的分析也使用了单位行车距离、注册车辆或人类种群[1]的死亡人数比例。每个比例都阐释了安全性的某些方面,但在进行说明的同时也存在数据的不足。例如,对于大多数国家而言,测量旅行距离的方法难以获得或者并不可靠。最好使用一个不依赖于任何超越死亡率的数据来源的测量方法。

用物理学寻求使用无量纲的测量,因为其有诸多优势。即使是使用死亡率分析这一最简单的利率,每年死亡人数也存在其一定尺度的死亡率(或者 T^{-1})。一个只涉及交通死亡事故、没有其他假设的无量纲的措施在安全分析中会具有优势。

这样的措施可以被定义为一个工业化国家的交通事故死亡人数达到了最大量 F_{Max}。在摩托化时期,早期的死亡数量很低,然后随着工业化而迅速增加,最终下降。很明显,每一个国家的数据在表 1 必然表现出这样的一个模式。因此,我们可以定义一个衡量任何工业化国家的公式为

$$\text{相对于 } Y \text{ 年的最大死亡率} = 100 \times Y \text{ 年死亡率} / F_{Max} \tag{1}$$

式(1)有其他优势,如果所有年份都保持不变(也可能不是),它就不会依赖于死亡率的定义。同样,如果一个司法管辖区的数据存在系统性的偏倚,也不会影响式(1)的结果,前提是式(1)每年仍然保持相同。当然如果数据报告得到改善或如果数据失真提供了虚假的安全改进迹象,这可能也不正确。

美国和三个比较国家(地区)根据式(1)计算的值如图 4 所示。每个国家有不同数量的点,是因为每个国家实现其最大伤亡的数字是在不同的年份,如表 3 所示。

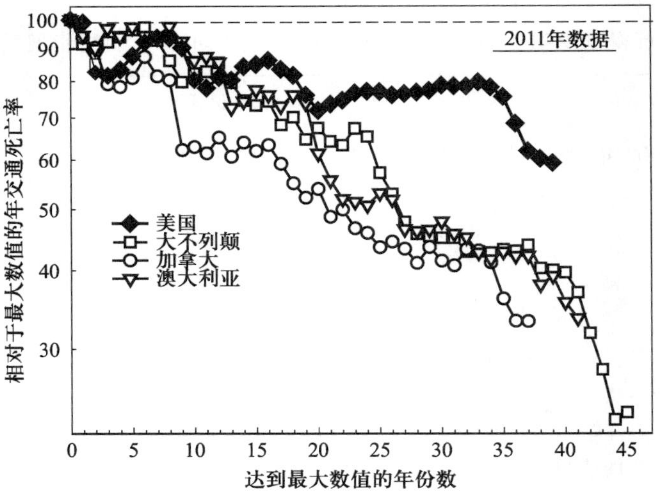

图 4　每个国家(地区)相对于最大数值的交通死亡率(表 3 数值)

表 3　不同国家(地区)经历最大死亡量的年份

国家(地区)	最大死亡量	经历年份	达到最大数值的年份数
美国	54 589	1972	39
大不列颠	7 985	1966	45
加拿大	6 706	1973	37[a]
澳大利亚	3 798	1970	41

a 加拿大数值是相对于 2010 年的,其他所有数值都是相对于 2011 年的。

在图 4 显示的数据支持之前的结论。事实上,图 4 和图 3 非常相似,虽然其基础是完全不同的。美国的表现比其他三个比较国家(地区)更为糟糕。问题仍然存在于是否是因为这三个国家(地区)有令人印象深刻的表现导致美国会有之前声称的戏剧性的失败。

式(1)提供了一个比较不同国家的有效的方法。图 5 显示了美国和三个比较国家(地区)与许多其他国家的比较。这些被挑选的国家实现了比其他三个比较国家(地区)更大的下降率。其他国家,包括日本和瑞典,没有在图上进行标绘,因为它们的数据基本上与之前三个比较国家(地区)中死亡率下降最多的国家——英国重叠。

图 5 清楚地表明原来的三个比较国家(地区)的成功不是独特唯一的。如果选择其他国家,美国与它们之间的差别可能会更加显著。

图 6 显示了 26 个国家(地区)的所有数据(不可能对每个国家都提供一个图例)。

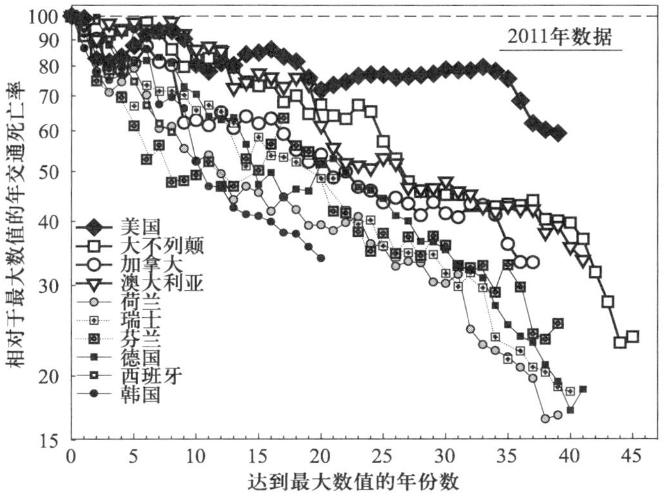

图 5　列举一些表现甚至比这三个比较国家(地区)更好的国家(从清晰度角度考虑,其他国家没有绘制进去)

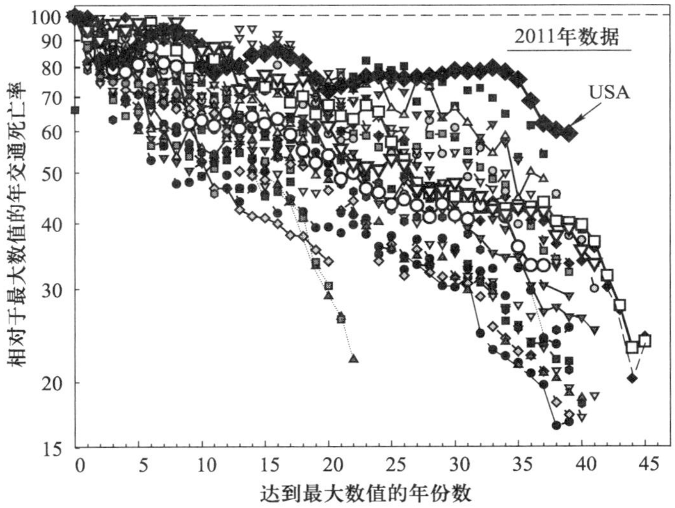

图 6　美国的死亡率降低程度与其他 25 个国家(地区)的比较(其他 25 个国家的死亡率降低程度比美国更大或更快,这表明美国是一个独特的离群值)

四、结论

解释为什么美国的死亡率相对其他国家保持在这样高的水平不在本文的讨论范围内,这个问题已经在其他地方[1]讨论过。本文的中心结论是由更多数据和分析建立的美国安全政策的戏剧性失败是迄今为止最明显及有据可查的。

参考文献

[1] Evans L. Traffic Safety. Bloomfield Hills, MI, USA: Science Serving Society, 2004.

[2] Eisenberg D. Book review *Traffic Safety* by L. Evans. J Am Medical Assoc, 2005, 294: 746 – 747.

[3] Department for Transport. Transport statistics, Table 9. 10. Road accidents and casualties: 1950 – 2002.

[4] Transport Canada. Canadian motor vehicle traffic collision statistics: 2002.

[5] Australian Transport Safety Bureau. 2002.

[6] www. irtad. net[2013 – 03 – 10].

[7] Personal communication via E-mail from Niels Bos. Department Road Safety Assessment, SWOV Institute for Road Safety Research. The Netherlands, 2013 – 03 – 05.

[8] Hauer E. The reign of ignorance in road safety: A case for separating evaluation from implementation. In: Moses L N. Savage I: Transportation Safety in An Age of Deregulation. Oxford University Press, USA,1989: 56 – 69.

[9] Evans L. USA traffic safety provides examples worth copying and worth avoiding. In: Wang Z. Modern Traffic Medicine. Chongqing: Chongqing Publishing House, 2011: 919 – 934.

[10] Hu G, Baker T, Baker S P. Comparing road traffic mortality rates from police-reported data and death registration data in China. Bull World Health Organ, 2011,89:41 – 45

[11] Alcorn T. Uncertainty clouds China's road-traffic fatality data. Lancet, 2011, 378: 305 – 306.

[12] Zhou J. Oral presentation to Forum on Road Traffic Accident Prevention Engineering organized by Chinese Academy of Engineering. Beijing, China, 13 Sept. 2012.

Leonard Evans,美国工程院院士,国际知名的交通安全专家,英国牛津大学物理学博士。曾在30个国家做过22次交通安全演讲,发表论文、出版著作186篇(部),其中包括《交通安全和驾驶员》(1991)一书,《交通安全》(2004)成为包括许多美国大学在内的至少25个国家的大学教材。

Dr. Evans的研究荣获美国国家公路交通安全管理局、国际事故与交通医学协会、机动车医学促进协会、人为因素和人类工效学学会、底特律眼科研究所、汽车工程师协会及通用汽车公司的奖励。曾任国际交通医学协会(ITMA)和美国汽车医学协会(AAAM)主席(后担任名誉主席),为唯一一个管理两个组织机构的领导。在结束通用汽车公司的33年的研究生涯后,于2000年成立美国科学服务协会,继续进行研究和其他专业活动,并担任院长一职。

Dr. Evans是Sigma Xi杰出讲师(2001－2002年),并获得了汽车工程协会Lloyd L. Withrow杰出嘉宾奖(2005年和2006年)。他是美国汽车工程师协会、人为因素和人类工效学学会、机动车医学促进协会的研究员。

中日交通事故预防——25年合作历史

荒记　俊一

日本东京大学

摘要：自从1989年以来，我和金会庆博士已经在中国和日本进行了一项关于交通事故预防的联合研究。三联事故预防研究所所长金会庆博士和我均代表各研究小组。该研究重点强调如下：1989年，金博士成为我在东京大学博士研究生课程的学生，并于1993年获得医学博士学位。1991年2月，我被任命为于1990年成立的事故预防研究所名誉所长，同年，我们在《国际流行病学杂志》（英国）发表了一篇名为"*Psychological Performance of Accident – Prone Automobile Drivers in China：A Case – Control Study*"的论文。我与ICOH，WHO和ILO组织了"神经行为方法对职业和环境健康的影响"东京国际研讨会，于1994年年底在美国学术出版社出版了论文集。12月，金博士在上海组织了首届中日交通事故预防研讨会。1995年，我们连同已故的北京医学院Shijie Liu教授在《美国工业医学杂志》联合发表了一篇名为"*Autonomic and Central Nervous System Effects of Lead in Female Glass Workers in China*"的论文。在此期间，空气中的铅含量在发展中国家使用汽车燃料的城市中逐渐上升。该年度，我们组织了日本东京第二届日中交通事故研讨会，130名日本及59名中国专家参会，并且在东京出版了论文集。1997年，金博士在上海组织了第六届职业环境健康关于神经行为方法学和影响的国际研讨会。2004年，金博士在合肥组织了由中国工程院主办的"中日21世纪公共卫生国际研讨会"。2008年，Collegium Ramazzini在意大利和美国发表了声明要求在全世界范围内禁止铅泄露，声称最近的研究证明血液铅含量大约5 μg/dL就可引起对人体健康和多个器官系统永久性的损害。目前在日本，由于交通事故引起的死亡人数已经明显下降；交通事故死亡人数仅占死亡总数的0.5%，而自杀死亡的比例已上升到了2.3%。另一方面，中国的机动车事故死亡率和空气污染呈上升趋势,这与日本形成鲜明的对比。所以我们的合作将持续为每一个国家做出贡献。最后,我祝贺金博士及同仁以新成立的国家车辆驾驶安全工程技术中心为平台,为促进中国的经济发展作出卓越贡献!

关键词:交通事故;东京大学;三联事故预防研究所;原创论文;国际专题研讨会;国际职业健康委员会;第二届日中研讨会论文集;铅暴露;机动车事故死亡率

一、概论

中国与日本预防交通事故的研究合作是从 1989 年开始的,那时金会庆博士是我在东京大学医学院公共卫生教研室的一个研究生[1]。金博士于 1990 年 12 月在中国安徽省合肥市成立了三联事故预防研究所。在我 14 年的担任系主任的生涯中,他是我的 20 个最成功的获得医学科学博士学位的学生中的一员,医学科学博士学位等同于哲学博士学位。

我于 1991 年 2 月被任命为安徽三联事故预防研究所名誉所长[1],详见图 1。

图 1　安徽三联事故预防研究所名誉所长聘书

金博士于 1994 – 1995 年被任命为东京大学医学院客座教授[1]。

原始论文的发表:1991 年,我们出版了题目为"*Psychological Performance of Accident – Prone Automobile Drivers in China:A Case – Control Study*"的论文[2],详见图 2。

我们发现,易发生交通事故的司机都有这样一种倾向,较差的心理素质,较弱的判断力,更容易焦虑,活跃和精神质。金博士通过此论文将自己展现在国际科学界。1995 年,我们同北京医学院的 Shijie Liu 教授,在《美国工业医学杂志》上,发表了一篇原论文题目为"*Autonomic and Central Nervous System Effects of Lead in Female Glass Workers in China*"的论文,详见图 3[3]。

International Journal of Epidemiology
© International Epidemiological Association 1991
Vol. 20, No. 1
Printed in Great Britain

Psychological Performance of Accident-Prone Automobile Drivers in China: A Case-Control Study

HUI QING JIN,* SHUNICHI ARAKI,* XI KE WU,† YAN WEN ZHANG,† AND KAZUHITO YOKOYAMA*

Jin H Q (Department of Public Health, Faculty of Medicine, University of Tokyo, Bunkyo-ku, Tokyo 113, Tokyo), Araki S, Wu X K, Zhang Y W, Yokoyama K. Psychological performance of accident-prone automobile drivers in China: a case-control study. *International Journal of Epidemiology* 1991; **20**: 230–233.

To evaluate the role of neurobehavioural factors in the aetiology of recurrent automobile accidents, we administered the Revised Wechsler Adult Intelligence Scale (WAIS-R), the Eysenck Personality Questionnaire (EPQ), and choice and simple reaction time tests to 31 accident-prone automobile drivers. These drivers who had caused three or more traffic accidents during the years 1980–1984, were selected from records of 2723 traffic accidents registered by Hefei Traffic Police Department during the years 1980–1984. The same tests were administered to an equal number of sex- and age-matched control drivers who had no reported involvement in automobile accidents. None of the subjects had suffered from any neuropsychiatric illness or head injury. Comparisons between the two groups indicated that for accident-prone drivers scores on picture completion and block design subtests of the WAIS-R were significantly lowered ($p<0.05$); scores for neurosis extrovert behaviour and psychosis (EPQ) were significantly higher ($p<0.05$); and the number of errors in the choice reaction time test was significantly higher ($p<0.01$). It is suggested that accident-prone drivers have lower psychological performance, poorer judgement and a higher tendency than safe drivers to be neurotic, extrovert and psychotic.

图 2 《国际流行病学杂志》(1991)

American Journal of Industrial Medicine 28:233–244 (1995)

Autonomic and Central Nervous System Effects of Lead in Female Glass Workers in China

Katsuyuki Murata, MD, Shunichi Araki, MD, MSc, Kazuhito Yokoyama, MD, Kazuo Nomiyama, MD, Hiroko Nomiyama, PhD, Yong-Xian Tao, MD, and Shi-Jie Liu, MD

To clarify the effects of lead on autonomic and central nervous system functions, electrocardiographic R-R interval variability (CV_{RR}) as well as visual and brainstem auditory evoked potentials (VEP and BAEP) were measured in 36 female workers exposed to lead (exposed group) and in 15 female textile workers (unexposed group). The $C\text{-}CV_{LF}$, $C\text{-}CV_{HF}$ (two component CVs of the CV_{RR} reflecting sympathetic and parasympathetic activities, respectively), and LF/HF ratio (indicator of sympatho-vagal balance) were also computed from component spectral powers by means of autoregressive spectral and component analyses. The exposed group had engaged in glass work for 2–17 (mean 7.8) years. Blood lead (BPb) concentrations were 25.8–79.3 (mean 55.6) μg/dl in the exposed group and 4.7–8.6 (mean 6.3) μg/dl in the unexposed group. The CV_{RR}, $C\text{-}CV_{LF}$, $C\text{-}CV_{HF}$, and LF/HF ratio in the exposed group were significantly lower than those in the unexposed group. Also, the exposed group had more complaints of subjective symptoms and signs than did the unexposed group. On the other hand, no significant differences in either VEP or BAEP latencies were found between the two groups. It is suggested that autonomic nervous function is more susceptible to lead than visual and auditory nervous functions; lead affects sympathetic activity more strongly than parasympathetic activity.

Key words: lead neurotoxicity, R-R interval variability (CV_{RR}), sympathetic activity, parasympathetic activity, visual evoked potential, brainstem auditory evoked potentials, female occupation

图 3 《美国工业医学杂志》(1995)

在此过程中，在发达国家城市里，铅被用作汽车燃料，所以铅在大气中浓度很高[4]。对此，在美国和其他欧洲国家，报告了铅在大气中和血液中的控制。1991年7月，我们与内部职业卫生委员会、世界卫生组织、国际劳工组织共同在东京大学组织了第四届国际研讨会，讨论关于神经行为的方法及对职业和环境的影响。其会议录在美国学术出版社出版，详见图4[5]。共出版106篇原著与评论文章，所有文章都在经过同行，包括15个美国国际组织、11个欧洲国际组织和12个日本科学家，评审之后，在国际期刊《环境研究》（学术出版社）出版。

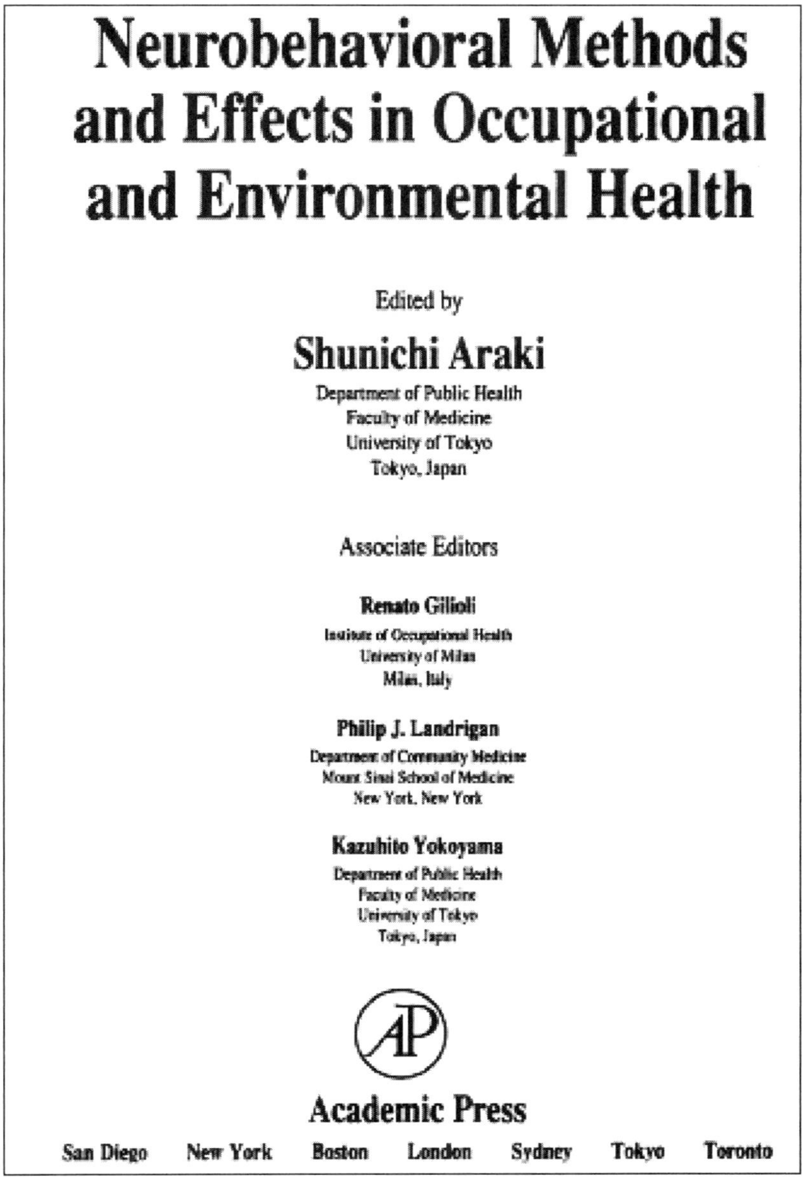
Neurobehavioral Methods and Effects in Occupational and Environmental Health

Edited by

Shunichi Araki

Department of Public Health
Faculty of Medicine
University of Tokyo
Tokyo, Japan

Associate Editors

Renato Gilioli

Institute of Occupational Health
University of Milan
Milan, Italy

Philip J. Landrigan

Department of Community Medicine
Mount Sinai School of Medicine
New York, New York

Kazuhito Yokoyama

Department of Public Health
Faculty of Medicine
University of Tokyo
Tokyo, Japan

Academic Press

San Diego New York Boston London Sydney Tokyo Toronto

图4　会议论文集1

在同年的12月,金博士在上海组织了第一届中日研讨会,在交通事故预防的问题上,他作为研讨会的主席,详见图5,我代表日本作为副主席。

图5　第一届中日研讨会(1991年12月,上海)

1995年,我们在日本上野组织了第二届中日研讨会,在交通事故预防问题上(详见图6[6]),我作为研讨会主席,金博士作为副主席,另外包括三个日本专家、两个中国专家和一个经济合作与发展组织的代表。会议是根据经济合作与发展组织,中国政府以及中国山东省,日本政府的5个部门的代表的研讨会的特殊评论来举行的。并举行了10次纪念与主题演讲,19次口头与24次书面称述。总参加人数中130位来自日本,59位来自中国。

图6　第二届中日研讨会(1995年4月18－21日,东京)

为纪念与中国的科学交流,我们于1998年在日本一个出版社出版了本研讨会的论文集,详见图7[6],书名为《交通安全与健康》。全文用日文、中文或英文撰写。

在此论文集中,有一篇题目为“中国与日本交通事故流行病学的研究”的论

图 7　会议论文集 2

文，此论文整合了我们过去的研究，详见图 8[6]。其主要发现有：在 1970 年和 1975 年，交通死亡危险的因素有三种：农村住宅、人口增长和高收入，如 1972 年石油危机之后的高速经济增长时期和高速经济衰退时期。

1997 年，金博士与国际职业卫生大会神经毒理学和心理生理学科学委员会在上海组织了第六届国际研讨会，专题为神经行为方法和对于职业与环境的影响，他作为研讨会主席（我作为委员会主席）。

2004 年，在中国工程院的支持下，三联职业技术学院、中国三联事故预防科学院（院长：金会庆）和日本国家工业卫生研究所（所长：Shunichi Araki）在中国合肥举办了专题为“21 世纪公共卫生”的中日国际研讨会，详见图 9[7]。

二、当今与未来：结论

2008 年，拉马兹尼科学委员会（主席：Philip Landrigan）呼吁全球范围内禁止铅泄露，并声称，近期的研究最终表明，铅泄露将会对人体健康造成永久的伤害，当血液里铅含量达到 5 μg/dL 时，将会对多个器官系统造成伤害[8]。我当时是拉马兹尼科学委员会的会员，从 2011 年起，我是其中的荣誉会员。

针对以上陈述而言，我们研究组的 Mosen Vigeh 与日本公共卫生部和国家职

日中の交通事故に関する疫学的研究

荒記俊一[1]，金　会庆[2]，横山和仁[3]

[1]東京大学大学院医学系研究科・医学部公衆衛生学教室教授　[2]中国三聯事故預防研究所所長　[3]東京大学大学院医学系研究科・医学部公衆衛生学教室助教授

ABSTRACT：*Shunichi Araki (Department of Public Health and Occupational Medicine, Graduate School of Medicine, University of Tokyo) et al.*：*Epidemiological studies of traffic accidents in Japan and China. Araki, S. (Ed.)*：*Traffic Safety and Health, 13-21, Kyorin Shoin Publisher, Tokyo, 1998.* Three epidemiological studies of traffic accidents in Japan and China were reported. In the first study, the following three social risk factors were found to affect mortality from motor vehicle accidents in all 46 Japanese prefectures in 1970 and 1975：(1) rural residence for persons of major driving age (15-54 years), especially males, and for young male children (0-4 years)；(2) population growth by social mobility for schoolboys aged 5-14 years；and (3) high income (and employment) for schoolgirls and proportion of elderly population for middle-aged women. The age-adjusted male mortality rate from motor vehicle accidents within 46 prefectures was significantly higher in rural than urban areas in the two years. Results of a case-control study in Hefei, China, indicated that accident-prone drivers have lower psychological performance, poorer judgment and a higher tendency to be neurotic, extroverted and psychotic than safe drivers. A descriptive study showed that the mortality rate from traffic accidents per vehicle in the same city was higher than that in developed countries；the incidence rate of traffic accidents involving bicycles was high in young males and elderly females；and the incidence rate of traffic accidents involving pedestrians was high in peasants.

Key words：交通事故，疫学，リスクファクター，事故多発運転手，神経行動機能，会長論文

图 8　中国与日本交通事故

业安全与健康研究所的其他研究人员发现，在伊朗，居住在德黑兰的有妊娠高血压、先兆子痫、自然流产、胎膜早破、早产情况的女性，其血液中铅的含量明显增高，平均达到 4～6 μg/dL。

因报告在国际范围内曾指出，根据历史事实，严重空气污染以北京为首，在中国其他城市也尤为明显，因此，在中国商业区，应严格检测空气中固有铅的含量，在大众范围内，应开展工作预防铅对亚健康的影响。

现如今，在日本，由机动车交通事故引起的死亡率明显增加（在图 10 ━曲线中：在 X 轴上，昭和或平成时代，在 Y 轴上，死亡数量[10]，在 1945 年太平洋战争结束后，其与经济发展同时增长）。在高速经济增长的末期，如在 1970 年（昭和 45 年）到达第一个高峰。在 1990 年（平成第二年）被称作泡沫经济的末期到达第二个高峰。

在 2011 年，由机动车交通事故引起的死亡人数占日本全部死亡人数的 0.5%（死亡率为 0.053%），自杀的比例是 2.3%，占全部死亡人数的 4.8%[10]。

图 9　会议论文集 3

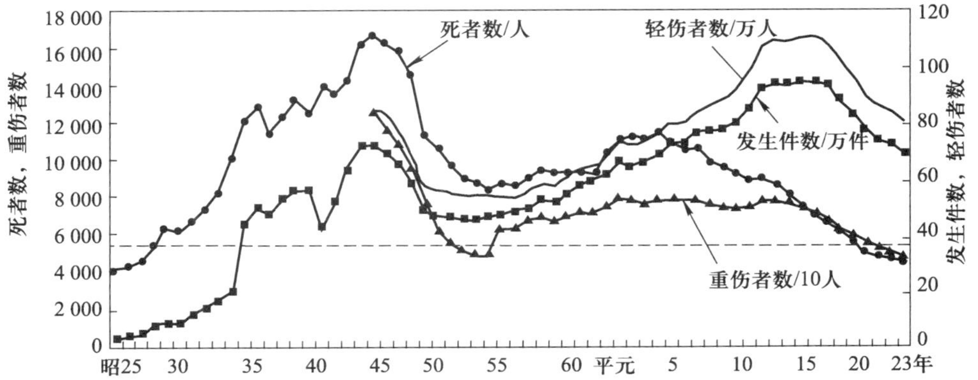

图 10　交通事故的长期趋势

另一方面，迄今为止，三大疾病：恶性新型病毒、心脏疾病和肺炎的死亡率持续升高，脑血管病引起的死亡的趋势与交通事故引发的死亡相似（图 11：*Y* 轴上为每 10 万总人数的死亡人数)[10]。

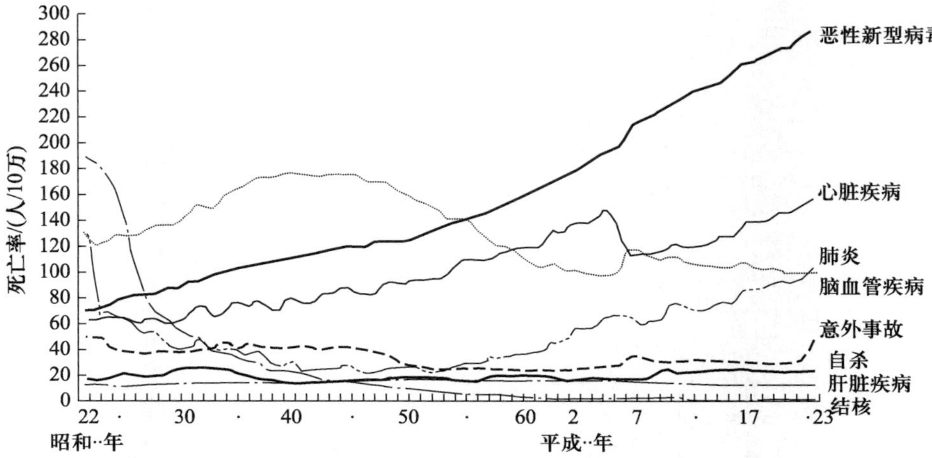

图 11　三种主要疾病的长期趋势

金博士近期的出版物报告[11],在 2005 年,由机动车交通事故引起的死亡率占全中国人口的 7.60%。在中国,机动车交通事故和环境污染引起的死亡率的增高趋势大不同于日本降低的趋势。所以我们合著的增刊将对双方都有益。

最后,我对 2011 年 6 月 14 日成立的国家车辆驾驶安全工程技术研究中心表示衷心的祝贺[12]。同时,我也要对金博士和其同事,对中国的动力化和经济的快速发展做出的巨大贡献表示祝贺。

参考文献

[1] Department of Public Health. Festschrift for Professor Shunichi Araki. Department of Public Health, The University of Tokyo, Tokyo, 2000.

[2] Jin H Q, Araki S, Wu X K, et al. Psychological performance of accident-prone automobile drivers in China: A case-control study. Int J Epid, 1991, 20:230.

[3] Murata K, Araki S, Yokoyama K, et al. Autonomic and central nervous system effects of lead in female glass workers in China. Am J Ind Med, 1995, 28: 233.

[4] WHO Task Group. Inorganic Lead, Environmental Health Criteria 165. Geneva:World Health Organization, 1995.

[5] Araki S, Gilioli R, Landrigan P J, et al. Neurobehavioral Methods and Effects in Occupational and Environmental Health. San Diego/New York: Academic Press, 1994.

[6] Araki S. Traffic Safety and Health. Tokyo: Kyorin Shoin Publisher, 1998 (In Japanese, Chinese and English).

[7] 三联职业技术学院,三联事故预防中心,日本国家工业卫生研究所. 会议记录关于21世纪公共安全的问题. 中日国际研讨会. 三联集团,合肥,2004.

[8] Collegium Rammazzini. Collegium lamazzini statement: Call for worldwide reduction in exposure to lead. Eur J Oncology, 2008, 13:205.

[9] Vigeh M, Yokoyama K, Araki S, et al. Relationship between increased blood lead and pregnancy hypertension in women without occupational lead exposure in Teheran, Iran. Arch Env Health, 2004, 59: 70.

[10] Traffic Bureau, Japan National Police Agency. Occurrence of Traffic Accident 2011. Japan National Police Agency, Tokyo, 2012 (in Japanese).

[11] Jin H Q. Traffic Crash Epidemiology. 北京:科学出版社,2013.

[12] 国家汽车工程技术中心. 国家汽车工程技术中心汽车驾驶安全开幕式. 合肥,2012.

荒记俊一,伦敦大学职业医学硕士、东京大学医学博士。主要研究领域为社会医学、公共卫生和健康科学。2000—2001年担任国家工业卫生研究所总干事及会长。同时担任美国国家职业安全及健康研究所研究员(前任董事),日本东京埼玉县职业健康促进中心和劳动卫生和福利组织主任,美国纽约西奈山医学院兼职教授和中国安徽三联事故预防研究所名誉董事。

中国道路交通伤害长期趋势与人均国内生产总值关系的研究

王声湧　等

暨南大学

摘要:探讨中国道路交通伤害的长期趋势及与人均国内生产总值(GDP)之间的关系。对1970—2009年道路交通伤害的事故数、受伤人数、死亡人数、里程死亡率、10万人口死亡率进行统计描述,采用聚类分析对全国内地的31个省(自治区、直辖市)进行归类,应用生态学研究探讨中国道路交通伤害死亡率与人均GDP的关系。我国道路交通伤害经历了1970—2002年快速上升(1.16/10万~8.52/10万)、2003—2004年稳定(8.08/10万~8.24/10万)、2005—2009年明显下降(7.55/10万~5.08/10万)三个时期。生态学研究结果表明道路交通伤害人口死亡率随着人均GDP上升而上升,但当人均GDP达到14 053.00元(相当于1716美元,2005年)时,道路交通伤害人口死亡率开始明显下降,平均每年以10.16%(8.14%~10.52%)的速度递降。全国31个省(自治区、直辖市)按1999—2009年人均GDP聚类可分为三类,不同经济类型地区的道路交通伤害死亡率曲线与其人均GDP曲线存在同一生态学关系,即随人均GDP的增长先上升而后下降,均于2005年开始下降,但三类地区下降时的人均GDP水平不同(分别为4.5万元、2.2万元和1.1万元)。在经济发展的早期阶段,随着经济发展和人均GDP上升,道路交通伤害死亡率攀升;当经济发展达到一定水平时,死亡率则随着人均GDP上升而下降。

关键词:伤害;交通;死亡率;人均国内生产总值

道路交通伤害是全球重要的公众健康与社会安全问题。我国是道路交通伤害最严重的国家之一。影响道路交通伤害死亡率的因素有很多,本文通过分析我国道路交通伤害死亡率的长期趋势与人均国内生产总值(GDP)的关系,探讨经济发展与预防、控制道路交通伤害的关系。

一、资料与方法

1. 资料来源

①《公安部交通管理局统计年报》(1990—2009 年);②《中国人口统计年鉴》(1990—2009 年);③《中国经济统计年鉴》(1990—2009 年);④《新中国 55 年统计资料汇编》(2005 年);⑤《中国中西部地区开发年鉴》(2000—2009 年);⑥《世界预防道路交通伤报告》(2004 年)。

2. 统计分析指标

① 道路交通伤害统计指标:人口死亡率(/10 万)、里程死亡率(/万公里);② 经济指标:人均国内生产总值(人均 GDP)(元)。

3. 统计学分析方法:

① 运用 SPSS 16.0 统计软件录入、分析数据,对道路交通伤害的事故数、受伤人数、死亡人数、人口死亡率、里程死亡率进行描述性分析;② 聚类分析和回归曲线拟合方法:对中国内地 31 个省(自治区、直辖市)的人均 GDP 进行归类描述与比较;③ 生态学比较:对全国及不同经济类型地区道路交通伤害的人口死亡率与人均 GDP 进行生态学比较。

二、结果

1. 我国道路交通伤害的长期趋势

1)死亡率

1970—2009 年的 40 年期间,我国道路交通伤害导致的人口死亡率(以下简称为“死亡率”)可分为 3 个阶段:1970—2002 年的 33 年间为快速上升期,道路交通伤害的死亡率每 10 年翻一番,2002 年(8.52/10 万)是 1970 年(1.16/10 万)的 7.35 倍,年均增幅为 19.83%;2002—2004 年为稳定期,死亡率出现稳中有降的迹象;2005—2009 年为明显下降期,死亡率连续 5 年急剧下降,平均每年以 10.16%(8.14%~10.52%)的速度递降,2009 年死亡率(5.08/10 万)比 2004 年(8.24/10 万)下降了 38.35%。而里程死亡率在 2000 年达到高峰(669.09/万公里)后逐年下降,2009 年已接近 20 世纪 70 年代水平。

2)事故数、受伤人数、死亡人数

1970—2009 年道路交通伤害的事故数、受伤人数、死亡人数在 1970—2002 年呈上升趋势,2003—2009 年呈稳定下降的趋势(表 1)。

表 1　1970—2009 年我国道路交通伤害发生和伤亡情况

年份	人口数/万	事故起数	受伤人数	死亡人数	里程死亡率/(/万公里)	人口死亡率/(/10 万)
1970	82 992	55 437	37 128	9654	151.63	1.16
1975	92 420	91 606	71 776	16 862	215.19	1.82
1980	98 705	116 692	80 824	21 818	245.62	2.21
1985	105 851	202 394	136 829	40 906	434.06	3.86
1990	114 333	250 297	155 072	49 271	479.15	4.31
1995	121 121	271 843	159 308	71 494	617.93	5.54
2000	126 743	616 971	418 721	93 853	669.09	7.40
2001	127 627	754 919	546 485	105 930	623.85	8.30
2002	128 453	773 137	562 074	109 381	622.05	8.52
2003	129 227	667 507	494 174	104 372	576.70	8.08
2004	129 988	517 889	480 864	107 077	572.39	8.24
2005	130 756	450 254	469 911	98 738	511.46	7.55
2006	131 448	378 781	431 139	89 455	258.76	6.81
2007	132 129	327 209	380 442	81 649	227.83	6.18
2008	132 802	265 204	304 919	73 484	197.00	5.53
2009	133 474	238 351	275 125	67 759	175.51	5.08

2. 我国经济发展与道路交通伤害死亡率的生态学关系

以年份为自变量，人均 GDP 为因变量，散点图发现两者存在指数关系，曲线回归结果为：$Y = 5.107\exp(0.128X)$（$F = 1\ 683.219$，$P < 0.001$），$R^2 = 0.978$，$\exp(0.128) = 1.137$。2002 年人均 GDP（9 398.00 元）比 1970 年（276.34 元）增加了 33 倍，年均增幅为 103.15%，同期死亡率增长了 6.3 倍（1.16/10 万～8.52/10 万）；2002 年以后人均 GDP 以年均 24.05% 的幅度快速增长，同期死亡率不但没有随之上升，而是经历了 2 年徘徊期（8.52/10 万和 8.24/10 万）之后，从 2005 年开始连续 5 年递降，年均降幅为 7.67%。

当 2002 年人均 GDP 达到 9 398.00 元（相当于 1 136 美元，以同期人民币对美元的汇率，下同）时，死亡率的上升势头得到遏制；当 2005 年我国人均 GDP 达到 14 053.00 元（相当于 1 716 美元）时，死亡率呈明显下降的态势（图 1）。

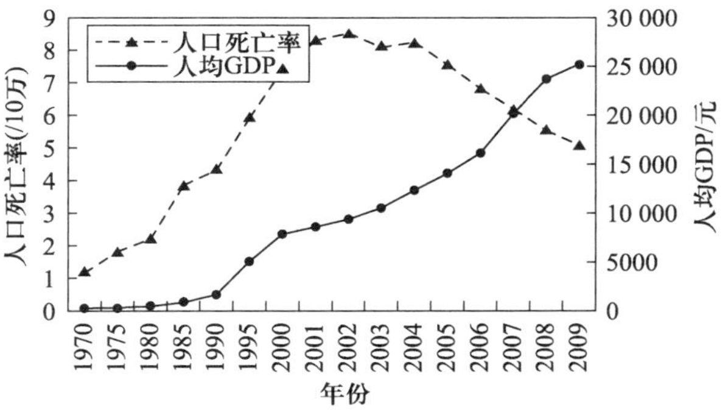

图1　1970—2009年全国道路交通年份伤害10万人口死亡率与人均GDP的关系

3. 不同经济发展地区与道路交通伤害的关系

1）经济发展的地区分类

对我国31个省(自治区、直辖市)1999—2009年人均GDP进行系统聚类分析,选择最小偏差平方和法(Ward's method)为聚类方法,结果可分为三类。第一类地区:北京、天津、上海3个直辖市(人均GDP为22 000~72 000元);第二类地区:广东、江苏、浙江、山东、福建、内蒙古、辽宁7省(人均GDP为10 000~40 000元);第三类地区:其他21个省(自治区、直辖市)(人均GDP为5 000~19 000元)(图2)。

2）三类地区人均GDP与道路交通伤害死亡率的关系

三种不同经济类型地区近10年人均GDP均呈指数发展,死亡率曲线与人均GDP的生态学关系与全国的趋势基本相同,即死亡率曲线随人均GDP的上升而上升;当人均GDP达到一定水平时,经过2~5年的相对稳定后于2005年明显下降(表2)。第一类地区在2000年人均GDP为24 091.15元时,死亡率最高(10.36/10万),2005年当人均GDP达到45 281.28元时,死亡率出现明显下降(年均降幅为7.24%);第二类地区于2002年人均GDP达到13 905.52元时死亡率最高(11.56/10万),2005年当人均GDP达到22 242.94元时,死亡率出现明显下降(年均降幅为7.81%);第三类地区在2002年人均GDP为6 405.72元时死亡率最高(7.12/10万),2005年当人均GDP达到10 475.08元时死亡率便下降(年均降幅为7.00%)(图3)。

三、讨论

2005年以前的半个世纪中,中国道路交通伤害死亡率一直处于上升趋势,随着国民经济的高速发展,20世纪80年代以后这个趋势尤为明显[1]。2002年人均GDP比1970年增加了33倍,年均增幅为103.15%,同期道路交通伤害的死亡率

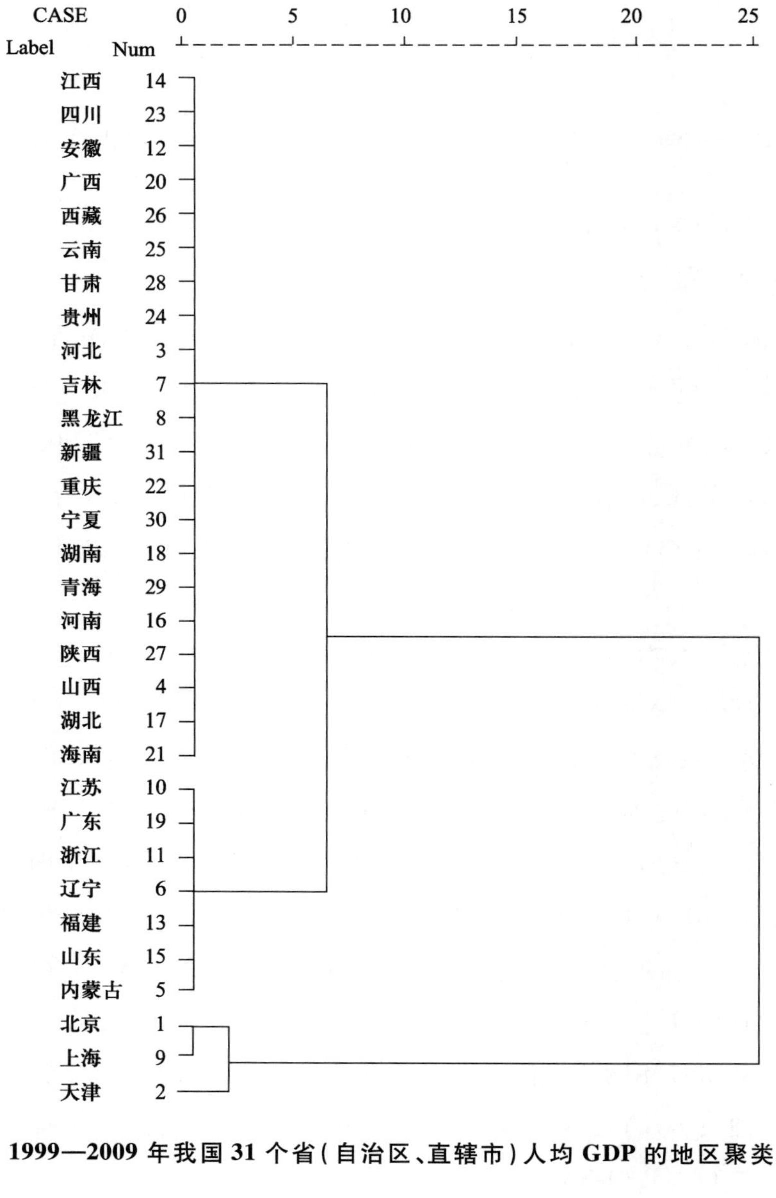

图 2　1999—2009 年我国 31 个省（自治区、直辖市）人均 GDP 的地区聚类分析

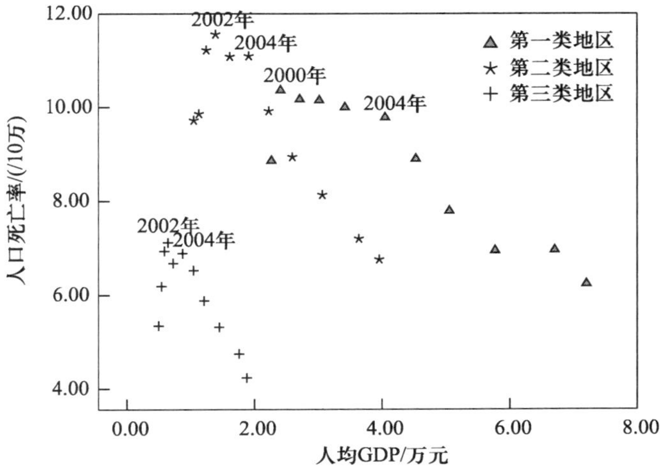

图 3　1999—2009 年三个不同类型地区道路交通伤害人口死亡率与人均 GDP 的关系

表 2　1999—2009 年全国及三类地区人均 GDP 与死亡率的情况

年份	全国		第一类地区		第二类地区		第三类地区	
	人均 GDP /元	人口死亡率/(/10 万)	人均 GDP /元	人口死亡率/(/10 万)	人均 GDP /元	人口死亡率/(/10 万)	人均 GDP /元	人口死亡率/(/10 万)
1999	7 159.00	6.64	22 675.53	8.86	10 514.03	9.72	4 948.98	5.35
2000	7 858.00	7.40	24 091.15	10.36	11 334.97	9.86	5 403.09	6.19
2001	8 622.00	8.30	27 092.55	10.17	12 475.64	11.22	5 870.21	6.94
2002	9 398.00	8.52	30 141.04	10.15	13 905.52	11.56	6 405.72	7.12
2003	10 542.00	8.08	34 217.40	10.00	16 167.28	11.08	7 240.33	6.68
2004	12 336.00	8.24	40 488.57	9.78	19 123.80	11.09	8 702.77	6.89
2005	14 053.00	7.55	45 281.28	8.90	22 242.94	9.92	10 475.08	6.53
2006	16 165.00	6.81	50 538.58	7.79	25 943.73	8.94	12 141.88	5.88
2007	20 169.46	6.18	57 734.63	6.95	30 617.60	8.13	14 497.70	5.32
2008	23 707.71	5.53	67 039.04	6.96	36 388.41	7.20	17 631.92	4.75
2009	25 221.00	5.08	71 999.05	6.24	39 562.77	6.76	18 822.86	4.24

增长了 6.3 倍(1.16/10 万～8.52/10 万);2002—2004 年人均 GDP 为 9 398.00～12 336.00 元(相当于 1 136～1 500 美元),平均每年以 15.63% 的速度递增,同期因车祸死亡人数每年在 10 万人以上,死亡率高踞于历史最高水平(8.00/10 万以上)。但当 2005 年人均 GDP 达到 14 053.00 元(相当于 1 700 美元)时,道路交通伤害死亡率便陡然下降(称作“拐点”),之后的 5 年间我国人均 GDP 依然保持年均 20% 的高速发展势头(2009 年达到 25 221 元),但死亡率却持续下降,2004—

2009 年死亡率的年平均降幅为 7.67%。

国外学者在 2000 年全球几十个国家的车祸死亡率及非故意伤害死亡率的研究中发现,死亡率与经济发展存在着一定的关系,在经济发展的早期阶段,随着经济发展,车祸等伤害死亡率升高;当经济发展达到一定水平时,死亡率随着经济发展而下降[2-3]。世界银行 2003 年的《政策研究工作报告》中分析了 1963—1999 年 88 个国家道路交通伤害死亡率的数据,结果显示随着人均 GDP 的提高,死亡率急速上升,当人均 GDP 达到 8 600 美元时,死亡率就开始下降[4]。2006 年 Bishai 等[5]分析了全球 41 个国家 1992—1996 年的道路交通伤害数据,证实了当人均 GDP 在 1 500 ~ 8 000 美元时,道路交通伤害的死亡率就呈现下降的趋势(不同经济水平国家的拐点不同)。本研究发现,中国在人均 GDP 少于 10 000 元(约折合 1 200 美元)时,道路交通伤害死亡率随着人均 GDP 的增加而上升;人均 GDP 为 10 000 ~ 12 000 元(约折合 1 200 ~ 1 500 美元)时,死亡率呈现稳中有降的趋势;当人均 GDP 在 12 000 元(约折合 1 500 美元)以上时,死亡率随人均 GDP 的增加而持续下降,与其他研究结果吻合。

由于我国地域广袤,经济发展不平衡,按 1999—2009 年人均 GDP 分类后的第一类地区为京、津、沪,城市化和机动化程度高,经济发展起步最早;第二类地区是粤、江、浙、闽、鲁、辽和内蒙古经济发展迅猛地区;第三类地区是中、西部经济发展起步最晚的地区。在进一步验证不同经济发展地区道路交通伤害死亡率与人均 GDP 的关系后发现,死亡率的拐点均出现在 2005 年,但三类地区出现拐点的人均 GDP 水平不同(分别为 4.5 万元、2.2 万元和 1.1 万元),这说明在经济发展水平不同的地区,经国家统一实施了降低道路交通伤害的有关措施(《中华人民共和国道路交通安全法》、将伤害纳入国家的疾病控制工作中[6]、持续开展道路交通专项治理等)后,均会在同一时间使道路交通伤害的死亡率下降。

我国在经济发展早期,经济活动频繁、人口流动、机动化程度快速增长,每千人口拥有机动车辆数从 1951 年的 0.11 增至 1999 年的 42.97,增幅达 389.64%[1]。机动化程度的不断提高,使道路交通伤害死亡率持续升高。当经济发展到一定程度(人均 GDP 为 12 000 元,相当于 1 500 美元时),政府有能力在道路交通方面加大投入,提高了道路的质和量,改善了道路设计基础设施,增强了机动车等交通工具的安全性能(如 2003 年以来,国家投入 147.4 亿元实施公路安全保障工程,整治安全隐患路段 13.4 万公里)[7];与此同时,公民的交通安全意识和行为得到深化,提高了交通安全的自觉性[8];另一方面医疗条件的不断改善,提高了急救和院前救治水平等,使道路交通伤害死亡率上升的势头得到遏制。由此可见,道路交通环境、政府的交通安全管理和救治水平是降低道路交通伤害死亡的主导措施。以人均GDP为指标的经济发展水平是道路交通伤害死亡率下降的标识，其内涵是在地方和国家的经济发展达到一定水平的时候，对道路交通伤害的"工程干预、经济干预、强制干预、紧急救援干预和教育干预"等综合预防措施就有条件得到实现。

参考文献

[1] 池桂波，王声湧. 中国道路交通伤害长期趋势及其影响因素分析. 中华流行病学杂志，2007，28：148－153.

[2] Van Beeck E F, Borsboom G J, Mackenbach J P. Economic development and traffic accident mortality in the industrialized world, 1962－1990. Int J Epidemiol, 2000, 29(3): 503－509.

[3] Ahmed N, Andersson R. Unintentional injury mortality and socio-economic development among 15－44－year-olds: in a health transition perspective. Public Health, 2000, 114(5): 416－422.

[4] Kopits E, Cropper M. Traffic fatalities and economic growth. Accid Anal Prev, 2005, 37(1): 169－178.

[5] Bishai D, Quresh A, James P, et al. National road casualties and economic development. Health Econ, 2006, 15(1): 65－81.

[6] 王声湧. 从资料到行动：挑战中国的伤害控制工作. 中华预防医学杂志，2006，40：221－222.

[7] 张弘. 全国道路交通事故连续七年"三下降". http://www.mps.gov.cn/n16/n1252/n1837/n2557/2406500.html.

[8] 王彦亭，赵爱国. 我国道路交通安全发展情景分析. 中国安全科学学报，2005，15(1)：43－46.

王声湧，教授，著名流行病学家，首届国家教学名师，暨南大学资深教授，我国伤害医学和伤害控制工作的开创者和学术带头人。现任暨南大学医学院伤害预防控制中心主任；中华预防医学会伤害预防与控制分会主任委员、中华预防医学会常务理事、广东省应急管理学会副会长。主持43项部、省和厅级科研课题，在《柳叶刀》等杂志发表论文400余篇，主编、主审和参编各种专著、教材50余部；12次获科技进步奖和优秀教学成果奖，享受国务院政府特殊津贴，是中国公共卫生与预防医学发展贡献奖、中国流行病学杰出贡献奖和暨南大学终身贡献奖获得者。2007年以来不断充实和扩展伤害预防与控制的内涵和外延，实现以大卫生观念统筹灾难紧急医学救援和突发事件应急管理工作，在我国创立应急医学专业，提出了紧急医学救援系统理论，诠释了突发传染病事件应急管理的策略。

高速铁路驾驶员安全适应性及检测技术研究

宋扬　等

国家车辆驾驶安全工程技术研究中心

摘要:驾驶员的身心素质与交通事故的发生有着密切关系,尤其是高速铁路驾驶员更需要良好的身心素质。为了提供驾驶员安全教育的依据,提高驾驶员身心素质、降低事故发生率,本项目在前人大量关于驾驶适应性研究的基础之上,针对高铁速度快、运营时间长、景色单一(两条铁轨)、容易疲劳等特点,研制出高速司乘人员安全适应性一体化检测样机及高速司乘人员出乘安全适应性检测、评估应用软件系统一套,并用此对高速司乘人员进行驾驶安全适应性检测,根据检测结果构建高速司乘人员安全适应性检测各项指标值范围/指标体系,为我国铁路网安全运营提供理论依据与保障。

关键词:高速铁路驾驶员;安全适应性;驾驶适应性;检测指标

一、引言

近年来,我国高速铁路迅速发展,这不仅对相关硬件设施建设提出了各种高技术标准,而且对其中人的因素如培训、考核等提出了更高的要求。

在所有铁路运营相关人员当中,高速铁路驾驶员是列车运行过程中起重要作用的核心人物。驾驶员的生理、心理素质是确保安全行车的重要因素。众多研究表明[1],交通事故的发生与驾驶员心理素质优劣密切相关。有文章在探讨交通事故成因时发现,大约有 90% 的交通事故是由于驾驶员的责任引起的。李百川[2]在其研究中也指出,在各类道路交通事故中,由驾驶员负全责或主要责任的事故占 70% ~80% 。更有研究发现[3],在驾驶人群中存在事故倾性,驾驶员在某些生理、心理指标上存在显著性差异。这充分说明驾驶员生理、心理因素在驾驶过程中的重要作用。据此,为了尽可能地排除人为事故因素,防患于未然,研究并建立我国的高速铁路驾驶员安全适应性检测指标体系成为当务之急。

国外高铁安全事故预防主要集中在设备安全保障技术的研发上，依靠先进的硬件技术避免事故的发生，在驾驶员生理及心理条件上进行研究并做出安全保障的研究相对较少。例如，日本新干线在安全事故预防方面主要集中于治理以下几个方面：首先是加大安全教育力度[4]；其次是做好事故排查，主要是检查和修缮作业，做好消防标志包括消火栓、安全工具使用和配备情况；最后，日本新干线安全技术设备的研发发作为预防事故最重要的手段最受重视。比如提高轴承的耐受性，让两节列车车厢之间的连接更强，不致脱节[5]；犹如开发防止车辆脱轨的 L 型导航仪；开发自动检测装置来确保行车安全，该自动检测装置通过图像处理技术检测出 400m 前的障碍物来确保行车的安全。在人员操作方面，日本开发了加强驾驶员驾驶运营能力训练工具，尽量减少驾驶员的驾驶操作失误[6]。以上所述资料表明，包括日本在内的发达国家，也比较缺乏从驾驶员的身心素质与交通事故的发生关系着手，加强平时对高速铁路驾驶员安全适应性检测，从而尽可能地排除人为事故因素，防患于未然。这也是本文所特别强调的地方。

随着社会的发展，驾驶安全与驾驶员的身心素质之间息息相关的联系更加明显，驾驶员具有良好的心理素质对于高速铁路的安全运行至关重要，安全心理学的研究证明，人的行为特征、心理过程、个性心理和安全事故隐患存在相关[7]。职业适性中也明确指出驾驶适性是指安全有效地从事驾驶工作必须具备的基本的生理、心理素质特性[8]。最早由 Greenwood 于 1919 年提出的事故倾性理论是探讨事故成因研究中最有影响的理论，该理论认为，事故的发生并非纯属偶然，而是因人而异，即不同的人有着不同程度的内在的事故倾向性[9]。

综上所述，国内外在驾驶安全保障上，大部分试图从技术、人员管理及人机环境、危机管理上来保障安全运行，但在驾驶员心理层面探讨如何预防事故则少有提及。本课题在此背景之下，对高速铁路驾驶员安全适应性及检测技术进行研究，为高速铁路驾驶员身心素质检测指标的测定及标准化提供依据，以期降低事故发生率。

二、研究构思

本研究综合大量文献资料，通过文献资料法、专家咨询法、现场调查法初步确立高速铁路驾驶员安全适应性检测指标（重点是心理素质综合检测指标）。并在此基础之上开发高速铁路驾驶员出乘安全适应性检测、评估应用软件系统；用简单随机抽样法在上海铁路局合肥机务段随机抽取大样本高速铁路驾驶员进行各指标检测采样，采用高速铁路驾驶员安全检测集约一体化检测样机采集各项指标数据，并统计出各项指标的平均数、标准差、百分位数，部分指标给出合格率；之后采用聚类分析方法将所测驾驶员的安全适应性分为5个类别，根据每个类别的类别中心比较描述出每一类的类别特征，之后采用判别分析方法根据已划分的5个类别建立起判别函数，根据该判别函数可以将以后测试的驾驶员归为5类中的某一类别，并根据该类别特征判定驾驶员具有何种显著特征，需要对哪种特征或者是身体状况进行训练，或是该驾驶员是否适合出乘。最后，在所得数据基础之上建立高速铁路驾驶员出乘前安全适应性状态检测指标体系。

三、方法与程序

（一）材料搜集

根据金会庆等的研究中确立的中国机动车事故倾性驾驶员筛检系统指标体系[10]，结合国内研究现状，本研究确定高速铁路驾驶员安全适应性检测指标包含身体状态检测指标（体温、血压、心跳、脑电波、肺功能、色觉、听力、饮酒、夜视力、动视力、深视力）、心理状态检测指标（安全态度、危险感受、人格测试）和出乘适应性检测（速度估计、复杂反应判断、操作机能）。其中心理综合测试部分主要为测试指标中的安全意识、危险感受、人格测试、复杂反应、操作机能、速度估计6个维度，分别测量高速铁路驾驶员6个不同的驾驶素质（对应依次为安全意识水平、对危险的感受性、驾驶员人格特征、对动作的抑制性、对动作的操纵性、对速度的估计）。其中危险感受测试指标需要取材于高速铁路场景，而目前并没有现成的测量材料，而其他测量维度都有现成的测量材料，因此，需要对危险感受测试材料进行资料搜集。具体如下。

1. 专家访谈法

通过问卷对铁路局具有15年以上管理及实际运营经验的专家驾驶员进行访谈和问卷调查，搜集高速铁路驾驶员出乘期间出现的紧急情况、驾驶员需接受的各种信号、出乘过程中遇到的安全情景以及驾驶员应该有的安全意识，并用描述的方式写出平时有关安全的因素及场景，如“安全驾驶需要熟练的技术”，“出车前我会调整好整体状态以保证安全出车”。该结果用于对危险感受测试项目的修改。

2. 现场调查法

采用现场录像或拍照的方法搜集高速铁路驾驶员出车场景、为检测指标体系中安全意识、危险感受场景及题目的设置提供素材。笔者跟随铁道部领导乘坐上海至合肥的列车，在列车头的位置采用照相机用录像和照相的方式将铁路运行场景、进站场景以及铁路各设备的设置拍录下来,并请 Flash 制作人员据此制作危险感受场景图,被试根据场景图做与图对应的题目。

(二) 被试

采用简单随机抽样的方法在合肥铁路段所有高速铁路驾驶员中,随机选取 550 名高速铁路驾驶员作为被试进入测试,所有被试包括不同时速或不同里程的高速铁路驾驶员。所有被试裸视或矫正视力正常,之前均未参加过安全适应性检测项目的检测。

(三) 测试程序

测试采用高速铁路驾驶员安全检测集约一体化检测样机,顺序按照出车派班进行,测试前被测试者充分休息。测试时测试者按统一指导语给被试讲解测试过程,被测试者在充分了解测试内容及程序的情况下进入测试,在正式进入测试之前有一到两次的练习。

(四) 数据整理

数据整理及分析采用心理学统计工具 Spss16. 0 进行。删除其中无效数据和极端值数据,550 份数据最终有效数据量为 518 人,有效率为 94. 18%。删除心理 6 项测试中 3 个标准差之外的数据。

四、结果

(一) 相关心理指标值

由于生理指标有国家规定正常标准,因此这里不做陈述。以下给出的数据为各心理指标的正常值标准,该标准选用第 10 百分位数和第 90 百分位数作为筛选正常值范围的临界值,根据具体实用情况查看大于等于第 10 百分位数或者小于等于第 90 百分位数的观测数据可以看成被测试者该项检测不合格。具体描述如下。

动视力数据 518 份有效问卷中,该项目上缺失值为 0 个,3δ 之外的数据为 14 个,共 504 份有效数据进入分析。参照国家标准应选取大于等于第 10 百分位数的数据为合格。数据分析结果显示,第 10 百分位数 $P_{10}=0.20$。因此动视力 ≥ 0.2(参照 GB18463—2001,其中规定动视力 ≥ 0.2)。

夜视力数据 518 份有效问卷中,该项目上缺失值为 0 个,3δ 之外的数据为 19

个，有效数据 499 份。参照国家标准应选取小于等于第 90 百分位数的数据为合格。数据分析结果显示，第 90 百分位数 $P_{90}=8.00$。因此夜视力 ≤8s（参照 GB18463—2001，其中规定夜视力 ≤35 s）

深视力数据 518 份有效问卷中，该项目上缺失值为 0 个，3δ 之外的数据为 12 个，有效数据 506 份。参照国家标准应选取第 10 百分位数与第 90 百分位数之间的数据。数据分析结果显示，第 10 百分位数 $P_{10}=-20.00$，第 90 百分位数 $P_{90}=23.33$。因此深视力为 -20～23 mm（参照 GB18463—2001，其中规定深视力为 -25～25 mm）。

速度估计数据 518 份有效问卷中，该项目上缺失值为 13 个，3δ 之外的数据为 11 个，之后共有 494 份有效观测值进入数据统计。参照国家标准速度估计值应在第 10 百分位数与第 90 百分位数之间，数据分析结果显示，第 10 百分位数 $P_{10}=330.00$，第 90 百分位数 $P_{90}=2330.00$。因此速度估计：330～2330 ms（参照 GB18463—2001，其中规定速度估计：500～2400 ms）。

复杂反应误反应总次数数据 518 份有效问卷中，该项目上缺失值为 11 个，3δ 之外的数据为 11 个，之后共有 496 份有效观测值进入数据统计。参照国家标准应选取小于等于第 90 百分位数的数据为合格。数据分析结果显示，第 90 百分位数 $P_{90}=4.00$。因此复杂反应 ≤4 次（参照 GB18463—2001，其中规定复杂反应 ≤5 次）。

操作机能误操作次数数据 518 份有效问卷中，该项目上缺失值为 43 个，3δ 之外的数据为 5 个，之后共有 470 份有效观测值进入数据统计。参照国家标准应选取小于等于第 90 百分位数的数据为合格。数据分析结果显示，第 90 百分位数 $P_{90}=96.00$。因此操作机能 ≤96 次（参照 GB18463—2001，其中规定操作机能 ≤110 次）。

（二）心理六项判别方程的建立

1. 聚类分析

危险感受、安全意识、人格测试、速度估计、复杂反应、操作机能这 6 项中由于人格测试中的各个维度分别代表不同含义，并不能把其各个维度值简单相加，因此把其各维度单独作为一个变量列入统计，又因其中真实性变量只是测试被测试者是否说谎的变量，其作用为说明被测试者的问卷是否有效，因此也未列入统计，至此共有操作机能、速度估计、危险感受、安全意识总分、复杂反应总错误次数及人格测试中稳定性、社会性、攻击性、敢为性、独立性共 10 个变量计入统计。

首先进行聚类分析，心理 6 项分析在 518 个观测数据基础之上，首先删除掉 3

个标准差之外的数据和20个缺失值,之后共有483个数据进入统计分析。首先把需要分析的数据进行标准分数的转换,之后数据进入分析。聚类分析采用快速聚类法对观测值进行分类,聚类分析过程中,定义类别为5类,把483个观测值分别划分到5个类别当中,结果给出每个类别的类别中心(如图1所示,该图根据聚类分析中的5个类别中心进行判别分析,同时给出典型判别函数类别特征散点图),分类结果重新储存为新的变量。以上分析皆在数据标准化基础之上得出。根据最终的聚类中心值(表1)所示,可以对最终的类别特征进行描述。

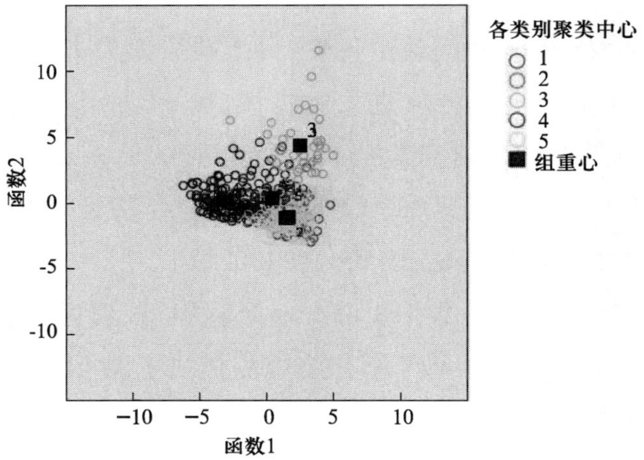

图1 典型判别函数类别特征散点图

表1 类别中心点表

变量名	类别中心				
	1	2	3	4	5
安全意识	-0.296 72	-0.253 31	-0.276 88	1.004 33	-0.351 77
危险感受	0.428 57	0.532 40	0.046 57	-1.280 34	0.447 27
人格(稳定性)	0.299 61	-0.700 48	0.034 05	-0.131 08	0.264 95
人格(社会性)	-0.207 70	0.790 76	-0.068 15	0.061 30	-0.315 30
人格(攻击性)	-0.486 58	1.193 84	0.116 19	-0.371 68	-0.042 04
人格(敢为性)	-1.157 77	0.684 25	0.174 38	-0.220 05	0.534 12
人格(独立性)	0.272 97	-0.210 44	-0.117 27	-0.457 86	0.322 97
复杂反应总错误次数	-0.109 96	-0.203 94	2.542 63	-0.301 74	-0.332 40
操作机能错误次数	0.308 41	-0.124 16	0.559 66	-0.264 45	-0.094 61
速度估计	0.129 30	0.062 56	0.240 19	-1.063 35	0.607 88

2. 判别分析

根据聚类分析给出的5个类别做判别分析。由于实际应用中标准化数据不很方便,因此给出本文未标准化数据的判别函数系数,如表2所示。

表2 未标准化的典型判别函数系数表

变量名	判别函数系数				
	1	2	3	4	5
安全意识	0.911	0.748	0.887	1.453	0.780
危险感受	2.334	2.450	2.256	1.285	2.332
人格(稳定性)	11.016	7.591	8.746	10.020	10.226
人格(社会性)	6.633	8.659	6.842	7.515	6.348
人格(攻击性)	6.093	9.493	7.361	5.668	6.379
人格(敢为性)	0.795	4.661	3.089	2.418	4.711
人格(独立性)	4.835	4.248	4.630	3.929	5.015
复杂反应总错误次数	1.259	1.139	5.136	0.727	0.831
操作机能错误次数	0.083	0.047	0.086	0.035	0.056
速度估计	0.004	0.004	0.005	0.002	0.005
常量	-73.717	-85.645	-90.328	-61.635	-79.607

根据以上表格中各判别函数的系数可分别写出5个类别的类别方程式如下:

D_1 = -73.717 + 0.911 × 安全意识得分 + 2.334
× 危险感受得分 + 11.016 × 人格稳定性得分 + 6.633
× 人格社会性得分 + 6.093 × 人格攻击性得分 + 0.795
× 人格敢为性得分 + 4.835 × 人格独立性得分 + 1.259
× 复杂反应总错误次数 + 0.083 × 操作机能错误次数 + 0.004
× 速度估计值

D_2 = -85.645 + 0.748 × 安全意识得分 + 2.450
× 危险感受得分 + 7.591 × 人格稳定性得分 + 8.659
× 人格社会性得分 + 9.493 × 人格攻击性得分 + 4.661
× 人格敢为性得分 + 4.248 × 人格独立性得分 + 1.139
× 复杂反应总错误次数 + 0.047 × 操作机能错误次数 + 0.004
× 速度估计值

D_3 = -90.328 + 0.887 × 安全意识得分 + 2.256

× 危险感受得分 + 8.746 × 人格稳定性得分 + 6.842
× 人格社会性得分 + 7.361 × 人格攻击性得分 + 3.089
× 人格敢为性得分 + 4.630 × 人格独立性得分 + 5.136
× 复杂反应总错误次数 + 0.086 × 操作机能错误次数 + 0.005
× 速度估计值

D_4 = −61.635 + 1.453 × 安全意识得分 + 1.285
× 危险感受得分 + 10.020 × 人格稳定性得分 + 7.515
× 人格社会性得分 + 5.668 × 人格攻击性得分 + 2.418
× 人格敢为性得分 + 3.929 × 人格独立性得分 + 0.727
× 复杂反应总错误次数 + 0.035 × 操作机能错误次数 + 0.002
× 速度估计值

D_5 = −79.607 + 0.780 × 安全意识得分 + 2.332
× 危险感受得分 + 10.226 × 人格稳定性得分 + 6.348
× 人格社会性得分 + 6.379 × 人格攻击性得分 + 4.711
× 人格敢为性得分 + 5.015 × 人格独立性得分 + 0.831
× 复杂反应总错误次数 + 0.056 × 操作机能错误次数 + 0.005
× 速度估计值

在判定新测量的被试的观测值属于哪个类别时，判别方法是把该被试所测量的结果，依次带入以上5个类别的公式，然后比较所得5个值的大小，值最大的那个就属于该类别，可根据其类别特征来建议高速铁路驾驶员目前的心理状况。根据以上5个类别方程式，可以得出每个类别的类别特征，具体描述如下。

第1类：该类人群安全意识得分在5类中倒数第二，说明需要加强安全意识；危险感受得分在5类中处于第三位，说明其对危险场景处理技能处于中等水平，需要提高；复杂反应总错误次数与操作机能错误次数得分在5类中第二高，说明其错误次数多，动作抑制性与协调性不高，需要加强；速度估计的得分处于第三位；在人格方面，其人格稳定性与人格独立性得分较高，而人格攻击性、敢为性与独立性得分较低，说明该类人群攻击性不强，并且性格比较独立，但是其社会性得分也比较低说明其需要加强社会交往，发展和谐的人际关系。因此该类人群“需提高动作控制与协调性，并通过教育提高其对安全的意识及估计”。（参见图1典型判别函数类别特征散点图）

第2类：该类人群安全意识得分在5类中得分位于第二高，但是由于其得分比较低，其安全意识也不强，需要加强安全意识；在危险感受上，该类人群得分最高，说明该类人对危险场景的处理技能较好；其复杂反应总错误次数与操作机能错误次数在5类中分别位于第三和第四位，由此可见其动作抑制性与协调性较好，其对速度的估计也位于第四位说明其速度估计稍快。在人格上，其人格稳定性在5类中得分最低，其人格攻击性与敢为性相较其他类别来讲得分较高，说明该类人群攻击性较强并容易冲动。总之，该类人群“需要加强动作协调性及抑制性、需要对其进行安全意识教育以提高其安全意识，并且需要注意该类人群的人格冲动性以及情绪是否稳定”。（参见图1典型判别函数类别特征散点图）

第3类：该类人群安全意识得分处于5类中倒数第二位，因此，需要加强其安全意识；其危险感受得分也较低，处于5类中第四位，因此，其对危险场景的应对处理技能不强，需要训练加强；其复杂反应总错误次数与操作机能错误次数在5类中得分都最高，说明其动作协调性与抑制性最差，需要动作协调上的训练；其对速度的估计也在5类中得分处于第二位，说明其对速度估计偏慢；在人格上，其人格攻击性与敢为性得分相对较高，除比第二类低外比其他3类皆高，因此该类人群相对攻击性较强，需要注意，另外其社会性与独立性得分较低说明该类人群需要加强社会交往。因此，该类人群是“最需要加强动作抑制性与协调性训练，加强安全意识教育并需要注意其人格的攻击性，加强其人格独立性指导”。（参见图1典型判别函数类别特征散点图）

第4类：该类人群中安全意识在5类中得分最高，并且远远高于其他组，说明该组的安全意识水平最高；但是危险感受得分在5类中最低，说明其对危险场景的应对技能需要提高与训练；其复杂反应总错误次数与操作机能错误次数得分在5类中最低，说明其动作抑制性与协调性在5类中最强；但是其速度估计得分最低说明其对速度的估计反应时间最短，速度估计过快；在人格方面，其人格攻击性与敢为性在5类中得分算最低的，但是稍微好于第一类，因此该类人群攻击性较强，做事易冲动，人格稳定性得分不高也说明该类人相比其他类较不稳定，需要注意的是人格独立性得分也最低说明其不是很独立。因此该类人群“需要加强对危险场景的应对，并且需要注意人格的攻击性，是否易冲动及出乘前的情绪状态”。（参见图1典型判别函数类别特征散点图）

第5类：该类人群安全意识得分在5类中最低，说明其安全意识水平最低；危险感受在5类中处于第二位，说明其对危险场景的处理技能较高；复杂反应总错误次数在5类中得分最低，说明其动作抑制性最好；而操作机能错误次数处于中间第三位，说明其动作控制性处于中等水平，而其速度估计得分也最高说明其对速度的估计最慢，反应时间最长。在人格方面，人格稳定性、敢为性与独立性得分都高，而其社会性与攻击性得分皆较低，说明该类人群人格果敢、独立、敢作敢为且相对稳定，但是攻击性不强，需要注意该类人群人格社会性得分在5类中最低，需要加强人际关系的训练。总之,该类人群“需要注意加强安全意识的培训,并注意其速度估计是否过慢,人格中需要加强人际关系”。

该5类人群的分析皆由数据而得,具有一定的局限性,并且由于人格中各变量并没有绝对的好坏之分,每个人的人格中皆含有每个维度的特征,只是相对特征的大小而已,因此并不能根据分数的多少来判定人格的好坏,因此,该分类及描述对高速司乘人员是否出乘的判别具有一定的参考价值,但是并不能作为标准来评判。

五、小结

综上所述,本研究在前人研究基础之上开发出高速铁路驾驶员安全适应性一体化检测样机,能有效检测驾驶员生理及心理状况,并能直接给出检测结果。

首先,在动夜深、速度估计、复杂反应以及操作机能正常临界分数的选择与前人研究相对照,没有较大差别,在动视力标准上无差异,而在夜视力、深视力、速度估计、复杂反应、操作机能方面皆比以前标准更加严格。造成该差异的原因有可能是由于被研究的被试群体不同造成的。前人所指定标准的对象为普通机动车驾驶员,而本文研究对象为高速铁路动车驾驶员,相比较来讲,动车驾驶员的各项选拔标准都相对较高,此因素有可能是造成数据差异的原因。

另外,在心理6项检测数据的聚类分析中,所得5个类别基本能分辨出其类别特征,并能根据其类别特征点表明每一类别特征,并能明确指出该一类别中需要加强哪些方面的技能。这就能给每一参与测试的驾驶员明确指示,指出当前驾驶员其身心状况,根据测试结果驶员可及时调整其自身身心状态,以达到安全出乘的目的。

六、结论及展望

本课题以高速铁路驾驶员出乘前安全适应性检测为背景,在查阅大量文献资料的基础之上,并根据安徽三联集团前期研究成果,以及相关的心理学理论,取得以下研究结果:① 得出了高速铁路驾驶员的动视力、夜视力、深视力、速度估计、复杂反应、操作机能等6项的心理指标值。② 建立了关于心理6项测试指标的心理综合检测评价方程。

本研究中,首次把适应性检测应用于高速铁路系统,研究成果首先能够在出车前排除部分不适宜出乘的高速铁路驾驶员,并在派班前运用安全检测指标体系和检测工具,从源头上检测出存在安全隐患的高速铁路驾驶员,之后根据检测结果发现高速铁路驾驶员存在的问题,有针对性地进行心理疏导、安全诊疗等恢复手段，使高速铁路驾驶员在工作中处于一个更安全的状态。但是研究过程中也存在不足，如被试选取的难度、测试环境对被试的影响、各指标正常标准选取的依据是否恰当等方面皆存在一些问题。基于以上分析，笔者希望国内可以多进行更好、更全面的驾驶员心理方面的研究。

总之，高速铁路驾驶员检测技术对高速铁路驾驶员安全出乘意义重大，也必将为确保我国铁路网乃至地铁网络安全运营、良性发展起到不可估量的作用。

参考文献

[1] 赵中利. 对安全驾驶适应性测验的可行性研究. 中国安全科学学报，1999，9(2)：26－32.

[2] 李百川. 交通事故中的预防心理学. 西安：西安交通大学出版社，1998：18－20.

[3] 金会庆，王国军. 中国机动车驾驶员事故倾向性研究. 中华流行病学杂志，1994，15(2)：35－41.

[4] 武山祐也，小野寺顺，佐々木敦. 保守用車運転従事者能力向上訓練ツールの開発.

[5] 連載記事. 機械要素技術のポータルサイト.

[6] 梶谷泰史，加藤博之，浅野浩二. 車両逸脱防止 L 型ガイドの開発.

[7] 邵辉，王凯全. 安全心理学. 北京：化学工业出版社，2004：5.

[8] 金会庆，张树林. 驾驶适性研究的回顾与展望. 中华创伤杂志，2004，16(4).

[9] Thali A. Accidents and their sequelae have psychosomatic characteristics: do accidents happen by chance? Krankenpfl Soins Infirm，1987，80：72－76.

[10] 金会庆，张树林. 驾驶适性研究的回顾与展望. 中华创伤杂志，2004，16(4)：197－199.

宋扬，研究员、复旦大学博士、日本大阪大学访问学者、安徽省第十一届政协委员，现任国家车辆驾驶安全工程技术研究中心常务副主任。研究方向为计算机软件及理论、人工智能工程开发，其中在智能交通工程研究方面有较深的造诣，擅长本体算法、评价模型构建。多年来从事交通事故防治工程方面的研究与开发，作为核心成员先后参与了国家交通行业标准《汽车驾驶培训模拟器》研制；参加了安徽省“十五”科技攻关项目“中小城市智能交通指挥系统及相关设备”；安徽省重点科研攻关项目“中国机动车道路交通事故主要预防技术研究及应用”以及安徽省科技厅主持的“安徽省交通事故预防工程技术研究中心”项目等。取得科技成果近 10 项，发表论文 40 余篇。荣获国家科技进步奖一、二等奖各一项，安徽省科技进步奖二等奖两项，安徽省科技进步奖三等奖一项。曾荣获“安徽省劳动模范”、“安徽省青年科技奖”等称号。

中国道路交通伤害数据差异与思考

周继红

第三军医大学交通医学研究所

摘要:近30年来,伴随着中国交通运输的飞速发展,公安部公布的数据显示2003年后道路交通伤害得到非常显著的控制,死亡人数从2002年10.9万人降到2010年的6.5万人;但多学者的研究结果显示中国每年道路交通死亡人数在12万~27万以上;我们的调查数据显示调查地区道路交通事故与伤害数量总体均呈缓慢增加的趋势,未出现非常显著的降低现象。所调查的公安部门的死亡和受伤人员的数据丢失率分别高达67.62%和82.10%。究其原因可能主要与中国交通事故与伤亡统计标准与方法、公安警察系统管理机制等有关。这些问题可通过交通事故与伤害登记内容和标准与国际习惯接轨,改革完善交通安全管理考核方式,建立多来源的公开、科学、准确的交通伤害数据体系及全国交通伤害信息发布与共享制度等得到以改善。

关键词:道路交通伤;伤害预防与控制;数据;误差

一、高速发展的中国道路交通运输业

自20世纪80年代以来,中国道路交通运输业以惊人的速度增加着,公路里程、汽车拥有量和驾驶人数量成倍增长[1]。在公路建设方面,2010年年底中国通车公路里程已达400.82万公里,是2000年公路里程140.27万公里的2.86倍,是1980年88.83万公里的4.51倍;其中,1980年中国无高速公路,而到2010年高速公路达到7.41万公里。在机动车方面,2010年年底中国机动车总量达20 706.13万辆,是2000年6 000.49万辆的3.45倍,是1980年208.84万辆的99.17倍。与此同时,机动车驾驶人员数量也飞速增加,2010年注册机动车驾驶人员达到21 293.71万人,是1987年的17.79倍(1986年前中国没有此项统计数据);其中,中国汽车驾驶人在2010年达到15 181.90万人,2000年为3 693.31万人,1980年仅有245.23万人,2010年分别为1980年和2000年的61.91倍和4.11倍。

二、道路交通事故与伤害公布数据的差异

按照公安部公布的数据[1],新中国成立后的1951年道路交通事故数为5 922起,致852人死亡,10万人口死亡率为0.15人/10万人口;随后逐年增加,至2002年达高峰,事故数为77.313 7万起,致10.938 1万人死亡,56.207 1万人受伤,10万人口死亡率为8.79人/10万人口。随后道路交通安全问题逐年好转,主要表现为道路交通事故数、受伤与死亡人数逐年减少,至2010年道路交通事故总数降到21.952 1万起,死亡人数为6.522 5万,25.407 5万人受伤,10万人口死亡率为4.89人/10万人口,分别仅为2002年的28.39%、59.63%、45.20%和55.63%。

一般认为,道路交通伤害的数量变化规律与国民经济发展的水平有明显的关系。是不是中国的道路交通伤害的高峰已过,并在2002年后得到非常有效的控制了?

然而,中国预防医学的研究人员王声湧等的研究报道中称:2002~2006年中国每年平均交通伤害死亡人数达27.39万人,占伤害死亡总人数的32.35%,特别是自2000年后道路交通伤害已成为中国各种伤害的第一位死因[2]。此外,Hu等的文章中也提出:在2002~2007年卫生部的死亡注册中,道路交通事故伤亡人员的死亡率是公安交通管理部门公开数据中道路交通事故人员死亡率的2倍[3]。而采用WHO的统计模型来预测中国道路交通事故,发现中国道路交通事故致死人数可能超过12.40万人[4]。

我们课题组在分析分布于全国的210所医院救治的交通伤住院患者资料时注意到,2001~2007年,每年住院的交通伤患者数量和住院后死亡人数均呈现逐渐缓慢增加的趋势,未出现非常显著的增加或降低的现象。同时我们采集了某地交警支队2000~2006年之间所有的道路交通事故档案,对事故和人员伤亡数据资料进行了登记和研究,注意到其道路交通事故与伤害数量总体也均呈缓慢增加的趋势,未出现非常显著的降低现象;同时,其实际交通事故死亡人数是其公安部门公布数据的3.09倍,数据的丢失率达到67.62%;受伤人员数量为公安部门公布数据的5.59倍,数据丢失率达到82.10%。有地区的受伤人数的数据丢失率最高的年份达到95.73%。

虽然这些数据不是严谨的总体的抽样调查数据,不能准确反映我国道路交通伤害的准确情况。但是,我们仍然认为其反映了我国目前的交通伤害现况仍是十

分严重,交通伤害预防和控制的现况仍十分严峻。

如果没有科学和准确的道路交通伤害数据资料,就很难有真正科学高效的对策和措施,使真正有效控制中国道路伤害的道路更为漫长和艰辛。

三、道路交通伤害数据误差原因

我们知道中国警察系统有很严格的管理体制,事故档案登记和保存制度完善,且良好的道路交通事故登记系统。为什么公安警察系统公布的道路交通事故死亡和受伤数据远远低于实际数据?调查和分析的结果提示影响因素很多,我们认为主要可能与以下几方面的原因有关。

(1)交通道路伤害死亡时间的定义。在中国,道路交通事故所致死亡是指在事故现场死亡以及因事故受伤后7天以内(含7天)医治无效的死亡。警察部门统计的道路交通事故死亡人员必须满足上述两个条件。因此,中国统计的道路交通事故死亡人数会低于WHO的数据。

在我们交通事故抽样调查地区的死亡人员数据中,有多达13.21%的道路交通伤害死亡发生在伤后7天以后,远高于WHO采用7%的比例。有研究提示,由于近年来医疗ICU技术水平的不断提高,很多濒死的严重道路交通伤害患者的生命可以被维持到7天以后,使7天后死亡的伤员比例大大增加。另外,在大多数医院,为了保证医院住院患者的低死亡率,往往默许无法救治的濒死伤员在7天后出院医治的要求,使所统计得到的住院患者7天后的死亡人数远远低于实际数据。

(2)道路交通事故发生地的限定。在《中华人民共和国道路交通安全法》中指定:道路交通事故是指车辆在公路、城市道路以及允许社会机动车通行的单位管辖道路和场所,因过错或者意外造成的人身伤亡或者财产损失的事件。因此,有不少案件因发生在“路外”、“非社会车辆通行的道路和场所”、“非公共道路”等理由而未统计入公安交警的道路交通事故伤害上报数据。这部分数据,因不同警察单位对标准掌握的不同,差异较大。

(3)道路交通数据管理体制中,由于管理体系归属问题,部分数据未能汇入公安部公布数据。例如,重庆市高速公路归属于“重庆市高等级公路行政执法大队”管理,由于它独立于公安部交通管理局之外。因此,发生在重庆市范围高速公路的道路交通事故及伤亡信息没有统计到全国公布的数据之中。虽然这部分比例很低,但也影响到其数据的完整性。

中国有大量的农用车辆,农用汽车、拖拉机、微型车、摩托等,这部分车辆归农机部门管。但农机部门不管事故,交警因不管其车,因而一般也不管其事故。中国目前有 800 多种农用车辆,2010 年中国仅上道路行驶的拖拉机就达 14 633 456 辆。因此不少农用车辆的道路交通事故被忽略,特别是发生在乡村道路上的农用车辆道路安全事故。

(4) 交通警察管理方式对数据统计有很大影响。目前中国交通警察对交通事故和伤害的管理多是被称为"目标责任制"的方法,即各单位有明确的目标规定:每年道路交通事故必须少于多少、死亡少于多少等。如果严重的道路交通事故和伤害指标不能达到要求的目标,不仅会失去年终的奖励和部分工资,甚至可能失去职务和工作。在不断增加的既定目标压力下,各级警察必然默许基层以各种"合法"的理由剔除"不合格的"道路交通伤害数据。"优异"的目标管理成绩的实现也为竞升职位"创造"良好的基础。

四、对策思考

准确科学的数据是交通伤害高效预防与控制决策的基础和条件,错误的数据会导致大量低效甚至无效的决策和行动,甚至产生比一些"拍脑袋"政策更糟的后果。因此,我们强烈呼吁国家应加强科学公开的交通伤害数据登记、公布和利用机制,高效推动我国交通伤害的预防和控制的进步与发展。重点解决以下几方面的问题。

(1) 交通伤害登记内容与标准与国际习惯接轨。例如,道路交通事故死亡时间以 30 内死亡进行计算;机动车伤害事故均应登记上报,取消路外事故等不登记的习惯。对社会开放交通伤害统计结果和原始数据及其来源,接受社会的监督和对数据的利用。鼓励社会研究机构开展高效的交通伤害预防与救治的干预性研究,通过持续的数据积累、比较,建立不断完善和可持续发展的机制。

(2) 改变相关的交通安全管理考核方式。虽然交通警察部门记录了所有的道路交通事故及人员伤亡数据,但在现有的死板的控制死亡和重特大事故数量的目标责任制度条件下,各级人员为了政绩、工资、职位等利益,必然导致上报和公开的交通事故人员伤亡数据有相当数量的漏报和瞒报。考核制度应将数据的真实与完整性、针对性措施与安全措施改善的效果作为考核的首要核心因素,事故数量与伤亡数量的增减置于相对次要的位置。要建立讲真话、报真数据、做有效的实事的机制。宁要丑陋的真相,不要迷雾中的危险!

(3) 建立多来源的公开、科学、准确的交通伤害数据体系及全国交通伤害信息发布与共享制度。① 国家交通管理局道路交通事故与伤害数据库:公安交通管理局建立有完善的道路交通事故和伤害数据的上报机制,同时其也是道路交通事故及人员伤亡数据记录、上报和发布的权威部门,应有最为准确、完整的数据。

应从制度和管理等多方面保障其上报和公布数据的完整性和准确性。同时应增强事故伤亡数据内容和记录的科学性、准确性和规范性。② 建立卫生部道路交通伤害数据库：国家 CDC 应扩大伤害（交通伤害）监测上报点与覆盖地区的代表性，避免数据的偏差，形成完善的监测体系和机制，定期公布道路交通伤害相关数据信息；同时应建立全国的创伤/交通伤害住院病历上报体系，对严重交通伤的救治与结局进行跟踪与研究，促进交通伤害的伤死率和伤残率的降低。③ 保监会应促进保险公司间的交通伤害数据的汇总与共享，并对交通伤害预防与救治研究人员开放，促进交通伤害的预防与控制、经济学研究，促使交通伤害保险与赔付更为科学和高效。

参考文献

[1] 公安部交通管理局. 中华人民共和国道路交通事故统计年报（2010 年度）. 公安部交通管理科学研究所，2011.

[2] Wang S Y, Li Y H, Chi G B, et al. Injury-related fatalities in China: an under-recognised public-health problem. Lancet, 2008, 372(9651): 1765 – 1773.

[3] Hu G Q, Baker T, Baker S P. Comparing road traffic mortality rates from police-reported data and death registration data in China. Bulletin of the World Health Organization, 2011, 89: 41 – 45.

[4] Alcorn T. Uncertainty clouds China's road-traffic fatality data. Lancet, 2011, 378(9788): 305 – 306.

周继红，博士生导师、医学博士，研究员。现任中国人民解放军重庆市交通医学研究所所长，第三军医大学野战外科研究所四室主任。研究方向为战伤机制与救治研究、交通伤发生机制与防治研究、创伤临床流行病学、创伤数据库、创伤评分等。先后在国内外杂志发表论文 200 多篇。编著《创伤数据库与临床研究》专著，作为副主编出版了《现代交通医学》和《灾难和事故的创伤救治》等专著，参编专著 38 部。先后获国家科技进步奖二等奖 1 项、全军科技进步奖二等奖 5 项、重庆市科技成果奖二等奖 3 项、“通用汽车中国科技成就奖”二等奖等。

遗传因素与事故倾向性驾驶人易发事故行为相关性分析

张树林　等

国家车辆驾驶安全工程技术研究中心，安徽三联事故预防研究所

摘要：驾驶行为与交通事故密切相关，交通事故频发已给人类带来巨大灾难，一些人因生理、心理等自身原因比另外一些人更容易发生事故的个体属性称为事故倾向性，事故倾向性驾驶人是当今交通事故最突出原因，事故倾向性驾驶人具有某些易发事故行为特征，研究表明人类行为与遗传有关，本研究采用全基因组关联分析（GWAS）方法初步分析了事故倾向性的易发事故行为的遗传因素，通过选取的179对1:1配对的病例对照样本分析，结果发现关联基因（SMAD5，TRPC7，CBLN4）变异区域的SNPs位点与事故倾向性易发事故行为关联（$p<10^{-4}$），拷贝数CNV变异区域的SIRPB基因与事故倾向性易发事故行为显著相关（$q<10^{-15}$），提示事故倾向性易发事故行为可能存在潜在的易感基因。

关键词：交通事故；事故倾向性；全基因组关联分析；基因多态性；易感基因；行为基因；行为遗传学

驾驶员的驾驶行为在交通安全中起着重要的作用[1,2]，驾驶行为是驾驶员操纵车辆为安全快速移动，对来自体内外的环境变化所作出的整体性反应，包括可以看见的外显行为和不被察觉的心理内隐行为。易发事故行为是指驾驶员实际完成的动作与规范的标准动作之间偏差较大导致发生事故概率较大的不良驾驶活动。一些人因生理心理等自身原因比另外一些人更容易发生事故的内在属性称为事故倾向性[3-5]，事故倾向性驾驶人发生的事故数占群体事故总数的30%～40%，成为当今交通事故最突出的原因。众多研究证实，事故倾向性人群具有运动感知低下、误反应频率高、注意缺陷、动态视力低等稳定的易发事故的行为特征[6-10]，然而，事故倾向性人群累犯事故的行为机制及其内在的分子生物学基础

尚未探明。研究表明,人类行为与遗传有关[11,12],倘若驾驶人事故倾向性易发事故内在机制及其分子生物学基础取得突破性进展,有望从源头上大幅度降低交通事故的发生,并对职业驾驶人的安全选拔、安全培训及不良驾驶行为矫正提供更加科学的手段,如英国2010年开展"行为改变车轮"(BCW)框架干预试点[13];美国北卡罗来纳州立大学学者试图通过多巴胺转运基因DAT1 * 9R/9R来对抗危险行为发挥保护作用[14];美国弗吉尼亚大学对患有注意缺陷综合征的青少年驾驶员采用利他灵缓释胶囊来改善其驾驶途中的注意力[15]等,事故倾向性驾驶员成为交通事故的高危人群,交通事故已是全球最大的社会灾难,研究事故倾向性易发事故行为及其遗传学基础无疑具有重大的社会意义和显赫的科学价值。

一、对象与方法

(一)对象

本研究以某城市公交集团驾驶人为目标人群,采用配对病例对照研究样本,运用整群抽样方法从中选择具有易发事故行为特征的事故倾向性驾驶人为病例,选择行为规范且无事故的安全驾驶人为对照,所选驾驶人来自中国交通事故高发的中等规模的代表性城市,其驾驶累计时间5年以上,居住该城市相对稳定。

1. 病例对照遴选

以中华人民共和国国家标准"机动车驾驶人身体条件及其测评要求"(GB18463-2001)作为易发事故行为筛检诊断标准(表1),整群抽取的某公交公司驾驶人进行检测,行为学指标全部异常者入选病例候选人,指标全部正常的入选对照候选人,从3180名驾驶人中共遴选232对。

表1 病例对照遴选标准

遴选指标	病例组	对照组
速度估计/ms	<800或>2500	800~2500
复杂反应		
误反应次数	>5	≤5
注意		
误操纵次数	>110	≤110
深视力/mm	<-22或>22	±22
动视力	<0.2	≥0.2
夜视力/s	>35	≤35

资料来源:GB 18463—2001。

2. 病例对照确认

根据驾驶人事故倾向性“金标准”，选择连续五年内(2005—2009)发生三次及三次以上的负有同等责任以上事故的驾驶人定为病例[10]。同样，选择上述对照候选者中连续五年同期内(2005—2009)无发生责任事故的安全驾驶人定为对照。从上述232对候选者中共选出179对。

3. 事故统计及认定

事故次数根据所抽查公交公司2005—2009年期间基层安全科原始交通事故记录进行摘录统计；事故责任界定按照中国政府制定的五级标准(全责、主责、同责、次责、无责)执行[16]；所涉及事故均为有伤害发生需要医疗照顾的交通事故，且排除车、路的自然意外事故(如地震、塌方等)、驾驶人突发性疾病等引发的事故。

4. 样本配比条件

为了消除年龄、性别、驾驶经历等混杂因素偏倚，病例与对照配比条件包括：年龄和驾龄各相差2年以内，民族、居住地、文化程度、性别均相同，婚姻状况、驾驶培训、行车路线均一致(表2)。所选样本均排除有遗传病史、精神病史、心脑疾病及驾驶职业禁忌证的健康驾驶人群。

表2　病例对照配比条件

配比条件	病例组	对照组
年龄	+	相差2岁以内
性别	+	同
民族	+	同(汉族)
居住地	+	同
文化程度	+	同
驾驶年限	+	相差2年以内
驾驶车型	+	同
驾驶路线	+	同
婚姻状况	+	同
事故纪录	5年内3次及以上责任事故	同期内无事故
行为测试	不合格	合格

(二) 方法

1. 行为学测试

采用中国国家标准“机动车驾驶人身体条件及其测评要求”(GB18463 -

2001)规定的筛检指标体系,对某市公交集团整群抽取的公交公司符合条件的3180名公交驾驶人全体进行检测,包括速度估计、复杂反应、操纵机能、深视力、动视力、夜视力等测试,测试仪器见表3,测试方法如下。

表3　事故倾向性驾驶人筛检测试仪器

测试指标	测试方法	厂商
速度估计	LJ9101 速度估计测试仪	中国上海申磬产业有限公司
复杂反应判断	LJ9102 复杂反应判断检测仪	中国上海申磬产业有限公司
操纵机能	LJ9103 操纵机能测试仪	中国上海申磬产业有限公司
深视力	LJ9204 深视力测试仪	中国上海申磬产业有限公司
动视力	LJ9205 动视力测试仪	中国上海申磬产业有限公司
夜视力	LJ9306 夜视力测试仪	中国上海申磬产业有限公司

(1)速度估计检测。采用LJ9101型速度估计检测仪。该仪器的光标在槽中(明区)匀速移动,当光标进入挡板(盲区)段,要求被试假设光标仍以同等速度运动,估计光标到达挡板另一侧后,用手按键,仪器自动显示估计时间。每人测5次,取均值作运动感知判断时间。

(2)复杂反应判断检测。采用LJ9102型复杂反应判断检测仪。该仪器有红、黄、绿三色显示灯,测试时被试按下所有的反应键,要求红灯亮时松开右足键,绿灯亮时松开右手键,黄灯亮时松开左手键。当灯亮的同时蜂鸣器响或仅蜂鸣器响时,不进行任何操作。测试时记录每人16次反应的误反应次数和平均反应时间。

(3)操纵机能检测。采用LJ9103型操纵机能检测仪,该仪器转盘上有16个标识符,转盘匀速转动,被试操纵方向盘,使左右两指针只能从标识符箭头后方通过,且不能触及转盘的周边红线,若指针从标识符前方通过或触及标识符及红线,蜂鸣器鸣叫,计数器计数。记录3分30秒内左、右两指针的误反应次数。

(4)深视力检测。采用LJ9204型深视力测试仪。该仪器在测试箱中设有三根竖直的标杆位于同一水平线上,中间的标杆可以在移动槽中来回移动,另两根标杆在槽的两侧固定。被试坐姿距离测试箱2.5 m,平视测试箱面板中心孔,当中间移动杆移动到与两侧固定杆成一水平线时,按下应答键,仪器自动显示记录三杆之间的偏差距离,测5次,取平均值。

(5)动视力检测。动态视力仪箱体内设一兰特氏环形视标,通过光学系统使C形视标出现在距被测眼50 cm远处,视标以30 km/h的模拟速度向眼前移动,当被检者看清视标后即按应答开关,则在仪器侧方自动显示出动态视力值,动态视力测三次,取其最大值。

(6) 夜视力测试。夜视力仪在测试开始时先呈现一个“E”视标,被试者先在强光下注视视标 30 s,给予光刺激,然后关闭光源,让被试者在暗箱环境中刚能辨出微光视标方向时按应答开关。该测试是以被试者的暗适应时间为测试指标,根据暗适应时间进行暗适应能力评价。

2. 关联基因分析

选取的 179 对样本(样本信息见表 4)统一采集静脉血 2 mL EDTA 抗凝管封装,-80℃冰箱保存,解冻后全血提取 DNA。提取的 DNA 进行全基因组扫描分析,全基因组扫描采用美国 Affymetrix 公司的 SNP6.0 芯片,实验分析由生物芯片上海国家工程研究中心进行。

表 4 样本信息

信息资料	全基因扫描样本(配对)	
	病例	对照
样本量/人	179	179
民族	汉	汉
平均年龄/岁	37.69	37.66
18~30 岁	28	27
30~50 岁	144	145
50~55 岁	7	7
平均驾龄/年	9.79	10.25
男/女/人	161/18	161/18

所选样本人群均在知情情况下由单位组织自愿参与,驾驶员个人基本信息和事故信息由统一培训的调查员用统一调查表从公交公司安全科提供的原始资料中收集。本研究在当地研究机构伦理委员会批准下进行。

(三) 统计分析

① 全基因组 SNP 关联分析,由 Genespring 软件对每个 SNP 进行最小等位基因频率(MAF)分析及 Hardy-Weinberg 平衡检验,基因型-表型关联研究采用 Cochran-Armitage 趋势检测、Pearson's χ^2检验,Fisher's exact 检验 3 种分析;② 使用对照样本在 Genespring 软件中创建对照样本群拷贝数据库,把病例样本与先前建立的对照样本库进行拷贝数分析得到每个样本的拷贝数,再寻找实验样本群中拷贝数共同改变的区域,SNP 芯片的检测和数据分析在中国生物芯片上海国家工程研究中心进行。

二、结果

（一）全基因组 SNPs 关联分析

179 对配对样本全基因组 SNPs 关联分析，发现易发事故行为组（病例组）和安全行为组（对照组）相比，基因组变异区域存在 SNPs 显著变异位点，其染色体分布及 SNPs 位点信息见表 5。

表 5　SNPs 显著性信息位点的基因型及基因位点信息表

SNP	染色体	位置	等位基因	关联基因	p	OR	OR（95% 置信区间）
rs2033581	chr8	69264902	A/G	DEPDC2	2E－06	0.462 9	0.336 5～0.636 8
rs6978138	chr7	16856893	A/G	AGR2	5E－05	0.544 3	0.401 1～0.738 5
rs1019621	chr7	135000000	A/G	CNOT4///STRA8	1E－05	0.448 5	0.304 7～0.660 3
rs292661	chr7	135000000	C/T	CNOT4///STRA8	9E－05	0.497 2	0.331 7～0.745 2
rs2972106	chr7	148000000	C/T	CNTNAP2	9E－05	0.527 2	0.374 8～0.741 4
rs2717741	chr8	18490786	C/G	PSD3	2E－05	3.269 6	1.779 4～6.007 8
rs2634449	chr8	18488730	A/G	PSD3	2E－05	0.277 2	0.148 9～0.516 1
rs6069499	chr20	53973735	A/G	CBLN4	9E－05	0.285 7	0.147 8～0.552 1
rs6035200	chr20	18970894	A/T	C20orf79///SLC24A3	1E－04	0.5884	0.439 5～0.787 9
rs7732110	chr5	135547908	C/T	TRPC7	6E－04	0.605 8	0.450 5～0.814 8
rs11242316	chr5	135547747	C/G	TRPC7	5E－04	1.686 6	1.256～2.264 8
rs3734125	chr5	135551643	C/T	TRPC7	4E－04	1.73	1.287 3～2.325
rs10045073	chr5	135557803	C/T	TRPC7	6E－04	1.712	1.274～2.300 6
rs10041689	chr5	135565676	A/G	TRPC7	2E－04	1.767 6	1.314 1～2.377 6
rs171101	chr5	135646103	C/G	TRPC7	3E－04	0.569 6	0.415 5～0.780 9
rs7701815	chr5	135649997	A/C	TRPC7	4E－04	1.755 5	1.280 5～2.406 7
rs1392170	chr5	135659201	A/C	TRPC7	4E－04	0.580 6	0.422 9～0.797
rs950715	chr5	135708138	C/T	TRPC7	2E－04	0.531 7	0.378 4～0.747 1
rs3777150	chr5	135705746	A/C	TRPC7	3E－04	0.524	0.365 5～0.751 3
rs12515628	chr5	135712924	C/T	TRPC7	1E－04	1.891 9	1.344 3～2.662 4
rs346644	chr5	135746033	A/G	TRPC7	3E－04	0.553 8	0.395 5～0.775 5
rs2548979	chr5	135481392	C/T	SMAD5	5E－04	0.592 4	0.440 8～0.796 2

续表

SNP	染色体	位置	等位基因	关联基因	p	OR	OR(95%置信区间)
rs2906830	chr5	135481829	C/T	SMAD5	9E-04	1.648 7	1.228 4 ~ 2.212 8
rs2548978	chr5	135492030	C/T	SMAD5	4E-04	1.706 5	1.270 1 ~ 2.292 8
rs9327743	chr5	135495208	C/G	SMAD5OS	3E-04	0.571 4	0.424 3 ~ 0.769 5
rs13187638	chr5	135500093	C/G	SMAD5	9E-04	1.632 4	1.214 6 ~ 2.194
rs6596288	chr5	135512462	C/T	SMAD5	4E-04	1.706	1.270 2 ~ 2.291 5
rs10056474	chr5	135519295	C/G	SMAD5	4E-04	1.706 1	1.270 2 ~ 2.291 5
rs10064147	chr5	135533740	A/G	SMAD5	2E-04	1.782 3	1.324 9 ~ 2.397 6
rs6886699	chr5	135543637	C/T	SMAD5	2E-04	1.754 6	1.303 7 ~ 2.361 4
rs7719008	chr5	164000000	A/G		1E-04	0.548	0.408 6 ~ 0.734 8

筛选的显著差异 SNPs 位点比较集中的区域大部分位于 $10^{-3} \sim 10^{-5}$,其中最高点可达 10^{-6}(图 1),经 Cochran-Armitage 趋势性检验,两组人群显示一定程度关联信号。

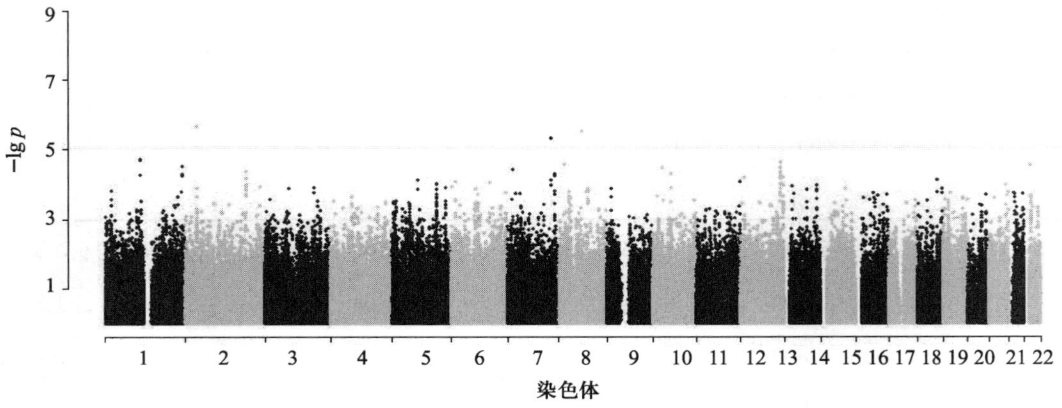

图 1　染色体定位全值位点分布曼哈顿图

筛选的 SNPs 候选位点区域进行单倍型分析,发现两个连锁不平衡区块,如图 2 中实心区域 A 和 B,连锁不平衡区块显示群体内不同位点等位基因间的非随机性组合。

以上 SNPs 关联分析,表明病例组 SNPs 基因组变异频率远远高于对照组,SNPs 显著性位点对应的 3 个基因 SMAD5(rs6886699) on chromosome 5,TRPC7(rs10041689,rs3777150) on chromosome 5,CBLN4(rs6069499) on chromosome 20 与事故倾向性易发事故行为具有较高的关联性($p < 10^{-4}$)。

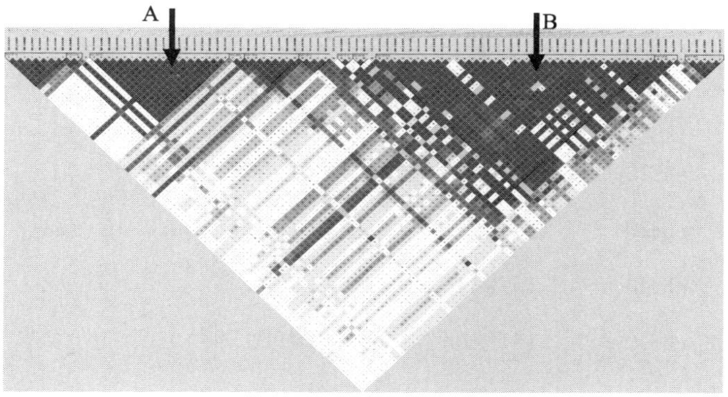

图 2 LD-plot 连锁不平衡分布图

（二）全基因组 CNV 分析

易发事故行为组（病例组）和安全行为组（对照组）相比，发现在人类 20 号染色体上病例组存在共有的基因组变异区域，在拷贝数变异区域的 45 个探针的统计学 q 值均小于 10^{-15}（表 6）；提示 SIRPB 基因变异区域的 CNV 位点可能与事故倾向性易发事故行为有关。

表 6 CNV 显著性信息位点信息表

探针	染色体	位置	基因	染色体区带	q
CN_891770	chr20	1508999	SIRPB1	p13	10^{-15}
CN_891773	chr20	1509580	SIRPB1	p13	10^{-15}
CN_891774	chr20	1509653	SIRPB1	p13	10^{-15}
CN_891775	chr20	1509667	SIRPB1	p13	10^{-15}
CN_891796	chr20	1515454	SIRPB1	p13	10^{-15}
CN_891797	chr20	1515653	SIRPB1	p13	10^{-15}
CN_891798	chr20	1515721	SIRPB1	p13	10^{-15}
CN_891799	chr20	1515744	SIRPB1	p13	10^{-15}
CN_891800	chr20	1516006	SIRPB1	p13	10^{-15}
CN_891801	chr20	1516083	SIRPB1	p13	10^{-15}
CN_891814	chr20	1518737	SIRPB1	p13	10^{-15}
CN_891815	chr20	1518752	SIRPB1	p13	10^{-15}
CN_891816	chr20	1518774	SIRPB1	p13	10^{-15}
CN_891817	chr20	1518786	SIRPB1	p13	10^{-15}

续表

探针	染色体	位置	基因	染色体区带	q
CN_891818	chr20	1518804	SIRPB1	p13	10^{-15}
CN_891820	chr20	1519103	SIRPB1	p13	10^{-15}
CN_891821	chr20	1519272	SIRPB1	p13	10^{-15}
CN_891822	chr20	1519325	SIRPB1	p13	10^{-15}
CN_891823	chr20	1519363	SIRPB1	p13	10^{-15}
CN_891824	chr20	1519378	SIRPB1	p13	10^{-15}
CN_891825	chr20	1519416	SIRPB1	p13	10^{-15}
CN_891832	chr20	1519724	SIRPB1	p13	10^{-15}
CN_891833	chr20	1519783	SIRPB1	p13	10^{-15}
CN_891830	chr20	1519889	SIRPB1	p13	10^{-15}
CN_891831	chr20	1519903	SIRPB1	p13	10^{-15}
CN_891836	chr20	1520135	SIRPB1	p13	10^{-15}
CN_891837	chr20	1520203	SIRPB1	p13	10^{-15}
CN_891838	chr20	1520218	SIRPB1	p13	10^{-15}
CN_891839	chr20	1520243	SIRPB1	p13	10^{-15}
CN_891840	chr20	1520412	SIRPB1	p13	10^{-15}
CN_891841	chr20	1520451	SIRPB1	p13	10^{-15}
CN_891882	chr20	1526962	LOC654056	p13	10^{-15}
CN_893932	chr20	1527121	LOC654056	p13	10^{-15}
CN_893947	chr20	1528388	LOC654056	p13	10^{-15}
CN_893946	chr20	1528537	LOC654056	p13	10^{-15}
CN_893948	chr20	1528618	LOC654056	p13	10^{-15}
CN_893953	chr20	1529768	LOC654056	p13	10^{-15}
CN_893954	chr20	1530092	LOC654056	p13	10^{-15}
CN_893955	chr20	1530207	LOC654056	p13	10^{-15}
SNP_A－8422362	chr20	1533109	SIRPD///SIRPB1	p13	10^{-15}
CN_893984	chr20	1538257	SIRPB1	p13	10^{-15}
CN_893985	chr20	1538455	SIRPB1	p13	10^{-15}
CN_893986	chr20	1538534	SIRPB1	p13	10^{-15}
CN_893999	chr20	1541849	SIRPB	p13	10^{-15}
CN_894000	chr20	1541893	SIRPB	p13	10^{-15}

三、讨论

（一）易发事故行为特征

驾驶员的易发事故行为容易引发交通事故，研究表明，事故倾向性驾驶员具有运动感知不足、误反应判断、注意缺陷、深度知觉偏差等行为特征[17]，说明事故倾向性驾驶员在驾驶过程中，对驾驶信息的加工处理能力整体上低于安全驾驶员，从而导致事故多发，可见，其易发事故是由其内在的特质所致，这意味着驾驶员必须具备一定的信息认知及加工处理能力的心理和行为素质，尤其对运动状态下物体感知、反应判断、注意能力、动作机能等，美国学者将患有神经退行性疾患的老年驾驶员与对照组驾驶员进行实验比较，因前者的注意、运动感知、认知意识、动作执行等行为机能缺陷，结果发现其驾驶错误远远高于正常驾驶员[18]，实验表明驾驶员运动感知不足容易对动态物体速度判断错误，误反应会继发误操作，注意分配缺陷即顾左（前）不顾右（后）或相反，容易忽视潜在危险，驾驶行为链任一环节过失或错误均会引发事故（图3）。

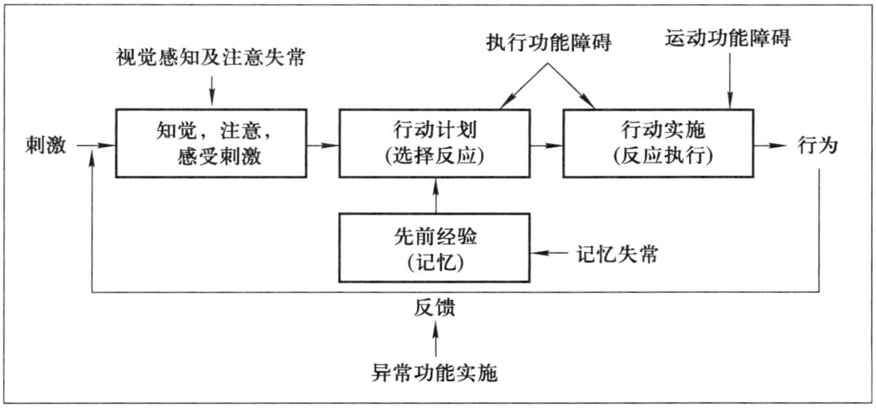

图3 驾驶员失误信息加工模型

既往研究分散性报道了驾驶员发生事故的易发事故行为特征和线索[7,19,20]，这些不同国家和地区研究成果与本研究结果基本一致，说明事故倾向性驾驶员易发事故行为特征具有共性的个体特质，关于其内在特质的生物学原因值得进一步探索。

（二）易发事故行为的关联基因

根据事故倾向性驾驶员易发事故行为特征，本研究GWAS初步筛选结果发现易发事故行为组驾驶员 SNPs 基因组变异频率远远高于对照组，SNPs 变异显著区域的 3 个基因 SMAD5，TRPC7，CBLN4 与事故倾向性易发事故行为呈现一定的关联性（$p < 10^{-4}$）；拷贝数 CNV 变异区域的 SIRPB 基因与事故倾向性易发事故行为显著相关（$q < 10^{-15}$），提示事故倾向性驾驶员易发事故行为可能存在遗传易感性。

行为遗传学表明，人类行为具有遗传学基础，包括学习、记忆、认知和个性，行为是遗传与环境综合作用的产物[21]。Nelen 和 Breakefield 等发现，单胺氧化酶 A 的第八外显子上终止密码子发生点突变与人异常行为密切相关[22]，如冲动性攻击、纵火、强暴等行为。英国医学委员会（EMC）的一项研究从果蝇动物模型上证实攻击性行为的遗传学基础[23]。有关行为与关联基因的研究刚刚兴起，复杂的行为特征与基因之间存在着某种直接或间接的联系[24]。驾驶员的驾驶行为是人类一项特殊的职业行为，它涉及信息认知、判断、决策和操作等复杂的信息处理过程，同样具有遗传学基础。事故倾向性驾驶员易发事故行为主要集中于信息认知和信息加工过程中，有关驾驶信息认知通路如信号转导和驾驶信息加工过程的关联基因发生变异或功能调节发生异常，均有可能导致驾驶行为失控。

根据 GenBank 数据库信息，SMAD5 是一种胞浆蛋白基因，主要通过信号转导通路在组织发育动态平衡中起一定的调控作用，据报道，SMAD 蛋白 2/3 的信号直接促进 Nanog 的表达，其中适度抑制活化 SMAD5 则抑制 Sox2 的表达[25]，而 Sox2 通过调节胚胎干细胞的基因转录，对其多潜能性和自我更新的能力具有关键性的调控作用，如对环境刺激的反应等[26]。本次研究初步发现 SMAD5 与驾驶员易发事故行为有一定关联，可否归咎于 SMAD5 的结构变异与驾驶员应激反应机能变化有关有待进一步研究。信号调节蛋白家族 SIRP 基因主要参与调控酪氨酸激酶信号转导过程[27]，具有清除神经细胞残骸和神经递质的作用，其功能异常会引起神经退行性病变、动作迟缓、记忆衰退等，本研究发现拷贝数变异区域的 SIRPB 基因与事故倾向性驾驶员易发事故行为关联，很有可能是 SIRPB 基因与驾驶信息的神经信号转导、动作反应、神经功能性变化等存在某些联系。TRPC7 基因主要参与细胞钙离子和镁离子通道调控，在心、肺、眼等外周器官高表达，尤其对视觉、触觉等感觉系统信息敏感，在调节胞内 Ca^{2+} 平衡和传递胞外信号方面发挥重要作用[28,29]。位于 TRPC7 基因的 SNPs 位点高度关联可能与事故倾向性驾驶员视觉认知通路功能调节有关，其调节异常、驾驶信息感知中断，易形成大脑“一片空白”的事故征兆。上述 3 个易感基因均与神经信号转导、细胞分化及神经调节功能有关，这与事故倾向性驾驶员易发事故行为的分子机制在功能上具有高度的一致性。

本次 GWAS 分析中，发现位于 CBLN4 基因的 SNP 位点具有较强的关联信号（$p < 10^{-5}$），CBLN4 基因主要参与肾上腺的发育及分泌活动的调节[30,31]，在应激系统中发挥重要作用。我们以前研究中发现事故倾向性驾驶员的多巴胺（DA）、5 - 羟色胺（5 - HT）神经递质水平低于安全驾驶员，意大利学者 Bergomi 等在探讨驾驶行为与神经内分泌之间关系时发现年轻驾驶员上午时间段更倾向于安全驾驶，体内多巴胺水平与驾驶违章行为呈正相关，肾上腺素水平与驾驶错误呈负相关[32]，这些神经递质和激素的变化与 CBLN4 基因的调节变异效应是否一致有待证实。

本次研究仅仅是初步筛选分析，报告的上述关联基因线索均有待验证试验进一步确认，为今后的扩大样本验证及基因功能验证奠定了基础。

四、结论

易发事故行为具有内在的个体特质，在运动感知、反应、注意、深度知觉方面有典型的行为学性状，其易发事故行为的产生可能与细胞信号转导通路上的某些基因组结构变异关联，本研究提示事故倾向性易发事故行为可能存在遗传易感性。

参考文献

[1] Leonard Evans. The dominant role of driver behavior in traffic safety. Am J Pub Health, 1996, 86: 784 - 786.

[2] John D Lee. Driving Safety. Reviews Human Factors Ergonomics, 2005, 1: 172 - 218.

[3] Froggatt F, Smiley J A. The concept of accident proneness: A Review. British J Industry Med, 1964, 21: 1.

[4] Frank P M. Accident proneness: a conceptual analysis. Accid Anal Prev, 1983, 15(1): 65.

[5] Mintz A, Blum M L. A re-examination of the accident proneness concept. J Appl Psychol, 1949, 33: 195.

[6] Curry A E, Hafetz J, Kallan M J, et al. Prevalence of teen driver errors leading to serious motor vehicle crashes. Accid Anal Prev, 2011, 43: 1285 - 1290.

[7] Pauline G, Dorothy B. Personality factors as predictors of persistent risky driving behavior and crash involvement among young adults. Inj Prev, 2007, 13: 376 - 381.

[8] Nabi H, Louis Rachid Salmi, Sylviane Lafont, et al. Attitudes associated with behavioral predictors of serious road traffic crashes: results from the GAZEL cohort. Inj Prev, 2007, 13: 26 – 31.

[9] Parker D, West R, Stradling S, et al. Behavioral characteristics and involvement in different types of traffic accident. Accid Anal Prev, 1995, 27: 571 – 581.

[10] Jin H Q, Araki S, Wu X K, et al. Psychological performance of accident-prone automobile drivers in China: a case-control study. Int J Epidemiol, 1991, 20: 230.

[11] Plomin R, Owen M J, Guffin P M. The genetic basis of complex human behaviors. Science, 1994, 5166: 1733 – 1739.

[12] Mann C C. Behavioral genetics in transition. Science, 1994, 5166: 1686 – 1689.

[13] Michie S, van Stralen M M, West R. The behaviour change wheel: a new method for characterising and designing behaviour change interventions. Implement Sci, 2011, 6: 42.

[14] Guo G, Cai T, Guo R, et al. The dopamine transporter gene, a spectrum of most common risky behaviors, and the legal status of the behaviors. PLoS One, 2010, 5: e9352.

[15] Cox D J, Humphrey J W, Merkel R L, et al. Controlled-release methylphenidate improves attention during on-road driving by adolescents with attention-deficit/hyperactivity disorder. J Am Board Fam Pract, 2004, 17: 235 – 239.

[16] People's Republic of China. The Law of Road Traffic Safety, China, 2003.

[17] Vita K. Personality characteristics of accident repeating children. J Abnor Social Psychol, 1953, 48(1): 17.

[18] Ergun Y U, Matthew R. Driving and neurodegenerative diseases. Curr Neurol Neurosci Rep, 2008, 8: 377 – 383.

[19] Ulleberg P, Rundmo T. Personality, attitudes and risk perception as predictors of risky driving behaviour among young drivers. Safety Sci, 2003, 41: 427 – 443.

[20] Schwebel D C, Severson J, Ball K K, et al. Individual difference factors in risky driving: the roles of anger/hostility, conscientiousness, and sensation-seeking. Accid Anal Prev, 2006, 38: 801 – 810.

[21] Plomin R, John C, DeFries Gerald E, et al. Behavioral Genetics(4th Edition). New York: Worth Publisher, 2007: 63 – 80.

[22] Brunner H G, Nelen M, Breakefield X O, et al. Abnormal behavior associated with a point mutation in the structural gene for monoamine oxidase A. Science, 1993, 5133: 578 – 580.

[23] Jasinska A J, Freimer N B. The complex genetic basis of simple behavior. J Biol, 2009, 8: 71.

[24] Genes and behavior. Science, 1994, 264: 1685 – 1739. ISSUE 5166.

[25] Domyan E T, Ferretti E, Throckmorton K, et al. Signaling through BMP receptors promotes respiratory identity in the foregut via repression of Sox2. Development, 2011, 138: 971 – 981.

[26] Boyer L A, Lee T I, Cole M F, et al. Core transcriptional regulatory circuitry in human embryonic stem cells. Cell, 2005, 122: 947 – 956.

[27] Lee W Y, Weber D A, Laur O, et al. The role of cis dimerization of signal regulatory protein alpha (SIRPalpha) in binding to CD47. J Biol Chem, 2010, 285: 37953 – 37963.

[28] Miyagi K, Kiyonaka S, Yamada K, et al. A pathogenic C terminus-truncated polycystin-2 mutant enhances receptor-activated Ca^{2+} entry via association with TRPC3 and TRPC7. J Biol Chem, 2009, 284: 34400 – 34412.

[29] Abed E, Moreau R. Importance of melastatin-like transient receptor potential 7 and cations (magnesium, calcium) in human osteoblast-like cell proliferation. Cell Prolif, 2007, 40: 849 – 865.

[30] Rucinski M, Ziolkowska A, Szyszka M, et al. Precerebellin-related genes and precerebellin 1 peptide in the adrenal gland of the rat: expression pattern, localization, developmental regulation and effects on corticosteroidogenesis. Int J Mol Med, 2009, 23: 363 – 371.

[31] Rucinski M, Malendowicz L K. Precerebellin-related genes and precerebellin 1 peptide in endocrine glands of the rat-pattern of their expression. Int J Mol Med, 2009, 23: 113 – 119.

[32] Bergomi M, Vivoli G, Rovesti S, et al. Role of some psycho-physiological factors on driving safety. Ann Ig, 2010, 22: 387 – 400.

张树林，安徽医科大学预防医学硕士。现任安徽三联学院副院长、国家车辆驾驶安全工程技术研究中心副主任、《人类工效学》编辑部主任。已取得科研成果10多项，先后发表论文13篇。出版著作3部。主持参与了“中国道路机动车交通事故主要预防技术研究与应用”、“基于本体的交通系统驾驶员个性化培训技术开发与标准化”等多个国家级及省市级的研发和技术支持。2003年被安徽省政府授予安徽省“贡献奖”银质奖章、“安徽省劳动模范”称号，2004年入选合肥市青年专业技术拔尖人才。

高速列车司机与道路驾驶人员的适应性检测共性及个性

金来　等

国家车辆驾驶安全工程技术研究中心

摘要:驾驶员的身心素质健康与交通事故的发生有着一定的关系,所以驾驶员的适应性检测对减少交通事故有着重要的作用。高速铁路驾驶员与道路驾驶员尽管有着各自工作环境的特殊性,但存在着一定的相似性。本文在驾驶适应性研究基础之上,针对速度快、运营时间长、景色单一、容易疲劳等特点,系统分析两者的相似点和差异性,并结合人类工效学相关理论,研发出一款通用驾驶适性检测设备,为普及日常驾驶适性检测,从而减少交通事故和人员伤亡,进一步创造和谐社会做出贡献。

关键词:高速司乘人员;道路司乘人员;驾驶适应性;检测指标;相似性;差异性

一、引言

随着生活水平的提高、节奏的加快、交流的扩大,人们因为各种目的而出行的频率也随之增大,由此进一步带动了交通事业的发展。快捷、便利、舒适的交通方式已成为人们出行的重要要求,然而凌驾于这些之上的就是安全,这不仅对相关硬件设施建设提出了各种高技术标准,而且对高速发展过程中人的因素如培训、考核等提出了更高的要求。

安全驾驶必须在人、车、环境、管理这四个基本条件有机结合的基础上,形成完整系统、正常运转的情况下才能达到,而其中驾驶员的生理、心理素质是最重要因素。在各类研究中表明,交通事故的发生与驾驶员心理素质优劣密切相关。有文章在探讨交通事故成因时发现,大约有 90% 的交通事故是由于驾驶员的责任引起的,在各类道路交通事故中,由驾驶员负全责或主要责任的事故占 70% ~

80%。更有研究发现，在驾驶人群中存在事故倾性驾驶员在某些生理、心理指标上存在显著性差异。可见，培养一批合格的驾驶员对于减少交通事故有着重要的作用。

驾驶适应性检测就是在这样的需求下应运而生的，它是基于事故倾向性理论开发出的一种检测驾驶员生理、心理素质的技术，能够运用科学仪器区别出事故高发和多发驾驶员，且对其实施针对性再教育与培训。并对不适者劝其离开，这样不仅仅可以提高驾驶员的群体素质而且可以从根本上起到事故预防的作用，使交通事故大幅度减少。

二、研究的背景和意义

交通事故是所有国家都面临的一个严重问题。在我国的交通事故的调查研究中表明，自 2002 年以来我国平均每年因交通事故死亡人数在 9 万人以上，伤 43 万人以上，每 5. 5 min 就有 1 人因交通事故死亡，每 1. 25 min 就有 1 人伤残，每年因交通事故而造成的生命财产损失巨大，所以对于驾驶适应性的研究是十分必要的。

高速铁路与道路运输是我国最主要和常用的两种交通方式，且两者的驾驶员都面临着运营时间过长、驾驶速度较快、工作环境单一、视野范围狭小、极度容易疲劳等特点。本研究在大量理论文献的基础上，通过对高铁驾驶人员和道路驾驶人员驾驶适应性的相似性和差异性进行研究，为安全适应性状态检测技术的进一步开发提供理论基础，完善适应性检测研究，为交通行业安全管理部门提供更准确的资料，进而为交通运输的正常运行、降低事故发生率提供有价值的研究资料。

三、研究现状

(一) 国外现状

驾驶适应性检测是利用事故倾向性理论而开发出的一种对驾驶员生理、心理素质进行检测的技术。事故倾向性理论是探讨事故成因研究中最有影响的理论，该理论最早由 Greenwood 于 1919 年提出，他认为：个体之间不仅存在年龄、性别、体能等生理特征差异，也存在性格、智商、认知能力等心理特征差异。部分人群在本质上具有诱发事故的某些特征，具有事故倾向性。20 世纪 40 年代以后，由于道路交通事故急剧增加，人们便将事故倾性理论应用于汽车驾驶员的事故研究中去。

美国是最早依据事故倾向性理论开始进行适应性研究的。1930 年美国研制了一系列量表及问卷，用于驾驶适应性的测评，1936 年规定在高中生必修课中开设驾驶模拟器训练等，1947 年美国劳工部人力资源局正式采用一般职业能力倾向成套测验（General Aptitude Test Battery，GATB），作为职业咨询、指导和选拔的重要依据。但之后直至 20 世纪 70 年代中期，其才解决在驾驶适应性理论和测评技术上一直徘徊不前的局面，开始恢复对驾驶员个性与交通事故关系的研究。不过由于美国的特殊经济社会环境，导致人们更重视道路安全设施和车辆安全性的建设，而很少进行驾驶适应性研究。

日本警察厅和日本科学警察研究所为驾驶适应性的研究作出了巨大的努力。日本自 20 世纪 50 年代开始进行驾驶适应性检测。1957 年东京警视厅以对事故驾驶员的心理特征进行深度调查为基础，研究、开发了各种量表式的驾驶适应性检测技术。1973 年日本公布《自动车事故对策中心法》，“自动车事故对策中心”于同年成立，至 1976 年已建立了一套获得社会公认的，在全国范围内形成 50 个支所的网络的完整的检测系统。1988 年，日本警察厅开发出精度和实用性更高的检测驾驶适应性技术——GRT 驾驶适应性综合检测器。同一时期，日本汽车事故对策中心应用计算机技术研制出了新驾驶适应性检测系统（New Aptitude Testing System，NATS）。目前日本正在深入研究自动化检测，日后将朝着提高诊断可靠性方向发展，研究开发更敏感的检测指标和更精确的检测仪器。

（二）国内现状

20 世纪 60 年代我国开始驾驶员职业适性研究，早期仅用于驾驶员的选拔。进入 20 世纪 80 年代方开始驾驶适性研究，如鞍山心理测量科学研究所、吉林工业大学、安徽三联事故预防研究所、西安公路大学、福建省交通科学研究所等，并取得了不少研究成果，如吉林大学的“驾驶适应性检测系统”，中国车辆检测中心研制的“驾驶职业能力检测系统”，福建交通科学技术研究所开发的“JS - 驾驶适应性评测系统”，公安部交通管理科研所研制的驾驶适应性检测设备等，都促进了我国驾驶适应性检测的发展。其中以金会庆为代表的安徽三联事故预防研究所，为推动我国驾驶适性检测的发展和普及做了巨大贡献。其自 1989 年开始对驾驶员事故进行的大量研究发现，事故倾性驾驶员较安全驾驶员更具有注意力分散、反应准确性差、作业智商低、速度知觉误差大、对动态物体辨认不清、距离判断不准确、情绪不稳定、对潜在危险认识不足、驾驶态度不慎重等特征，并据此确立了中国机动车事故倾性驾驶员筛检系统指标体系，包括速度估计、复杂反应判断、操纵机能、深视力、夜视力、动视力、人格、安全态度、危险感受等。并结合中国国情，针对各项检测指标，分别制定了新考与在职驾驶员驾驶适性检测试用标准，并研制出国内第一套全新的驾驶适性检测系统。目前此项技术已在杭州、西安、济南等十多个城市推广应用,并取得了显著的社会经济效益。

此外我国相关部门也加强了对驾驶适应性的重视。

1992 年 8 月,杭州市公安局交通管理部门建立了我国第一个驾驶适性检测中心。

2001 年 10 月 22 日,国家质量监督检验检疫总局发布了国家标准《机动车驾驶员身体条件及其测评要求》(GB18463 - 2001)。

2008 年 9 月 6 日,中华人民共和国铁道部发布了铁道行业标准《铁路机车司机职业健康检查规范》(TB/T3091 - 2008)。为规范我国驾驶适应性检测方法,促进驾驶适应性检测工作的发展提供了依据。

(三)驾驶员心理因素对驾驶行为的影响

国外学者 Venables 采用了 EPT 对高事故率的驾驶人和低事故率的驾驶人进行测试,结果发现两组人群有明显的 N 分差,高事故率驾驶人 E 分倾向于极端内向和极端外向两个极端[1]。Deery 和 Fildes[2]对 198 人进行分析(其中 55% 为男性),认为发生高事故率的驾驶人有驾驶攻击性、飙车、寻求刺激、好斗、情绪适应性差、压抑程度高、易怒等这些明显的人格特征。Brown 和 Groeer[3]采用量表,分别对经常违章驾驶人和安全驾驶人进行测试,发现安全驾驶人有敏感、爱思考、冷静、紧张程度高等特点,经常违规的驾驶人则多有易冲动、紧张、猜疑、爱幻想等特点。Erdo、Frederick 等在对事故驾驶人和非事故驾驶人的临床精神病症状中发现,事故驾驶人在临床心理方面有情绪不稳定、偏执、易紧张、偏激、幻想、自私、疑心、有犯罪倾向、压抑、过分自信等特征[4]。Bose 等经过研究发现,驾驶人的逆反心理也与事故发生率显著有关,事故倾向性驾驶人的这些潜在的、稳定的、易发事故的个性特征在应激环境中极易诱发[5]。

国内赵中利[6]等学者通过对 310 名汽车驾驶员的答卷式检测结果表明,事故群和非事故群驾驶员的心理品质差异主要表现在观察能力、判断能力、推断能力、辨别能力、思维灵活性、注意的广度与稳定性及个性方面的安全驾驶态度、情绪的稳定性以及是否过分自信等方面,进而间接证明了驾驶员速度估计、复杂反应、操纵机能、个性等对驾驶员安全驾驶影响较大。张茜[7]对新手驾驶员和熟练驾驶员对危险感受的影响研究发现,熟练驾驶员对潜在危险的感受水平高于新手驾驶员。日本心理学家深沢[8]对日本驾驶员进行危险意识调查后发现,在含有明显交通状况冲突的项目上,事故驾驶员与非事故驾驶员之间差异不明显;但在含有潜在危险的测试项目上,两类人群存在显著差异。非事故驾驶员对潜在危险的感受程度比事故驾驶员高。之后利用“危险感受检测”技术深沢对日本某出租公司的职业驾驶员实施测试和相应教育后，1 年内事故降低 46%。金会庆等[9]采用速度估计、复杂反应判断和操纵机能对大量驾驶员进行了现场测试，结果表明，速度估计、复杂反应判断、操纵机能的异常是事故倾性驾驶员多发事故的原因之一，并推荐用这 3 项作为事故倾性驾驶员的应测项目。

有诸多研究证明人格与驾驶事故也存在很大相关。李彦章、尹志勇在其理论综述性研究中指出，外向型人格易出现交通事故，神经质个体易发生交通事故，情绪不良者也容易出现交通事故。沈玮和何存道[10]采用柳井晴夫等人编制的新性格检查问卷，对 60 名公交车驾驶员的人格特征进行了测量。结果表明事故组驾驶员与安全组驾驶员在五项人格特征上存在显著性差异，其中事故组驾驶员攻击性、神经质倾向较强，而持久性、协调性和同情性较差。孟祥红和连珂[11]采用戴忠恒等修订的中文版 16PF 对邯郸市 600 名驾驶员研究发现事故组驾驶员与安全组驾驶员的人格特征存在差异。事故组驾驶员在乐群性、稳定性、恃强性、兴奋性和敢为性的得分比安全组驾驶员得分低，且差异显著，在怀疑性、履行性和独立性的得分高且差异显著，说明事故组驾驶人性格上较内向、羞怯、拘谨不自然，而且优柔寡断，受人驱使而不能独立，依赖性强。金会庆等[1]采用驾驶员人格量表(DPS)对事故驾驶员的个性特征全面进行研究发现，事故驾驶员与安全驾驶员在稳定性、攻击性、敢为性、持久性和社会性 5 个指标上差异显著，进一步证实了易发事故的个性特征的存在。

（四）驾驶员生理因素对驾驶行为的影响

从事驾驶工作的首要条件就是身体健康，所以驾驶员的生理状况需达到一定标准也成为驾驶员是否适合出乘所必须具备的指标之一，驾驶人生理指标也是衡量驾驶适应性最直接显著的组成部分。根据国家的相关标准来看，与安全适应性相关的生理标准有很多，如体温、血压、心跳、肺功能、脑电波、色觉、听力、饮酒等，并且国内外都有研究证明这些生理指标与安全适应性是息息相关的。

辛鹏等对 249 名长、中、短途列车员进行调查发现，疲劳与不疲劳驾驶员的视觉再生测定值有统计学显著性差异。吴超仲等[12]通过大量模拟器驾驶实验，建立驾驶操作和驾驶员生理指标如脑电、肌电、皮电、心率、皮温等生理指标之间的关系模型，并发现利用驾驶员生理指标能较好判别驾驶员状态特性的特点，找出驾驶操作行为和驾驶状态之间的关系。金会庆等[13]从 28 项指标中筛选出身高、视力、听力、血压和肺活量是驾驶人的必备条件，复杂反应、速度估计、操作机能、动视力、夜视力、深视力与驾驶人的安全驾驶有高度关联(OR > 3)。王雷[14]在驾驶适应性指标在铁路机车乘务员中应用的研究进展中也提到，国内驾驶员检测指标通过20多年来的发展，主要把身体基本条件如身高、体重、坐高、血压、肺活量等作为驾驶适应性指标的首要条件。陈雪梅等[15]用心电仪、传感器、数据采集仪等设备测试、记录紧急情况下驾驶员的行为发现，紧急情况出现时，驾驶员生理发生变化，比如心率加快、血压增高、血管舒张和收缩、皮肤电阻增加等，并且发现情况越紧急，驾驶员生理指标的变化量越大。Lal等[16,17]通过脑电图实验得出脑电图中的信号与疲劳存在相关。在疲劳早期，脑电图中的delta波和theta波改变幅度小，随着疲劳的加深，delta波幅增加，在最疲劳时，delta、theta以及alpha波都会增加。宋国萍和张侃[18]采用对照组与实验组被试探讨驾驶疲劳对于听觉注意的影响，研究表明，驾驶疲劳后听觉注意能力下降，并表现在EEG数据上。吕宣伟等[19]从夜视力的形成机制阐述了影响驾驶员夜视力的因素，夜视力的缺陷严重影响了道路交通的安全。张芳等[20]运用YJS－II型夜间视觉检查仪对238名男性卡车驾驶员的暗适应时间和夜间视力进行了测试，结果表明，事故组与安全组卡车驾驶员暗适应时间存在显著差异（$p<0.05$），事故组卡车驾驶员的暗适应时间较长。彭楚翅等[21]对18名事故多发卡车驾驶员和18名安全驾驶员的视觉、听觉简单反应时间、选择反应时间以及决策时间进行了比较研究，结果发现事故多发组驾驶员的视觉、听觉简单反应时间与安全组相比差异不显著，而复杂反应时间和决策时间与安全组驾驶员反应时间有显著差异。该项研究说明驾驶员的复杂反应时间能有效区分事故多发组与安全组驾驶员。

四、高铁和道路驾驶人适应性检测的相似性和相异性

（一）相似性

通过现有的各种研究资料和检测标准，结合我国自身的实际状况，我们发现高速铁路驾驶员和道路交通驾驶员在驾驶适应性检测项目上有一定的相似性。都需要进行包括身高、视力、听力、辨色力、血压、心电、肺功能等驾驶员的一般身体素质检测，以及速度估计检测、复杂反应检测、操纵机能检测、深视力检测、夜视力检测、动视力检测、驾驶员人格量表、安全态度量表、危险感受度量表等专业的驾驶适应性检测。

（二）相异性

高速铁路驾驶员和道路交通驾驶员在各自的工作环境中，都有着自身的特殊性。道路驾驶员的检测可分为初考驾驶员和在职驾驶员，而高铁驾驶员一律为经

过专业培训的在职驾驶员；高铁驾驶员无论在速度、时间、路程、交通工具的操作程度上都远远难于道路交通驾驶员，因此通过专业数据和标准的比对，高铁驾驶员的适应性标准（除肺功能、血压外）一律高于道路驾驶员的适应性标准。例如，身高方面道路驾驶员只要大于或等于 155 cm，而高铁驾驶员必须大于 160 cm；视力方面道路驾驶矫正后大于 4.9，高铁驾驶员必须大于 5.1 且不允许佩戴任何辅助设备；辨色方面两者均不允许有红绿色盲症，高铁驾驶员在此基础上还必须辨认 9 组光信号等。此外鉴于其众多的特殊条件较道路适应性检测又新添了关于脑电波、酒精的测评项目。

由于道路交通在我国发展较快，所以对其安全适应性研究起步也早，虽然还有许多不足，但是目前我们已经拥有了一套相对完整的检测系统和指标——《机动车驾驶员身体条件及其测评要求》（GB18463－2001），其对驾驶适应性检测的指标体系及监测规范进行了相应的规定。

但高铁在我国运行的年限较短，相对而言对其的适应性研究也是极其稀少的，以至于适应性检测项目标准化也不全面。目前除了生理检测指标及动、夜、深视力已有国家规定标准外，其余的心理综合测试安全意识、危险感受、人格测试、速度估计、复杂反应、操作机能 6 项指标均没有规定标准。目前国家车辆驾驶安全工程技术研究中心、上海铁路局合肥机务段、上海竹稞交通智能科技有限公司等 3 家部门合作，对高速司乘人员安全适应性及检测技术进行了研究，在利用已有的国家标准下，主要针对着这 6 项指标，利用辨别和分析的方法给出了 5 类人群的综合评价：① 需提高动作控制与协调性，并通过教育提高其对安全的意识及估计；② 需要加强动作协调性及抑制性、需要对其进行安全意识教育以提高其安全意识，并且需要注意该类人群的情绪是否冲动；③ 最需要加强动作抑制性与协调性训练，加强安全意识教育并需要注意其人格的攻击性，加强其人格独立性指导；④ 需要加强对危险场景的应对，并且需要注意人格的攻击性，是否易冲动及出乘前的情绪状态，⑤ 需要注意加强安全意识的培训，并注意其速度估计是否过慢，人格中需要加强人际关系。但由于该 5 类人群皆由数据分析而得，所以有一定的局限性，且由于人格中各变量并没有绝对的好坏之分，每个人的人格中皆含有每个维度的特征，只是相对特征的大小不同而已，因此并不能根据分数的多少来判定人格的好坏，所以该分类及描述对高速司乘人员是否出乘的判别只具有一定的参考价值，但是并不能作为标准来进行评判。

五、通用驾驶适应性检测设备

结合以上的研究，我们发现以往的驾驶适应性检测设备过于单一，无法同时满足高速铁路驾驶员和道路交通驾驶员的适应性检测。本着提高效率、节约资源和不断进步的原则，我们自主研制开发了一套能够同时进行两者驾驶适应性检测的通用设备。

该设备由安徽三联集团在原先检测设备的基础上，进一步研制开发。主系统由测试柜和控制柜两大部分构成，包含了体温测试仪、听力测试仪、血压脉搏测试仪、深视力测试仪、动视力测试仪、夜视力测试仪、肺功能测试仪、酒精测试仪、脑电波测试仪九个检测仪器，能进行体温测试、酒精测试、血压测试、脉搏测试、听力测试、深视力测试、夜视力测试、动视力测试、脑电波测试、安全意识测试、危险感受测试、人格测试、复杂反应测试、操作机能测试、速度估计测试、色觉测试等十六项安全适应性检测项目的测评。可以同时满足高速铁路驾驶员和道路交通驾驶员两者的安全适应性检测。

六、结论

本课题以高速驾驶人员与道路驾驶人员的驾驶适应性检测为背景，通过大量的文献研究和资料对比，对两者进行了系统的分析研究，得出两者检测项目存在着相似性，但是在检测项目的标准化和具体细节上有着很大的差异性。利用设备研究开发的新型高铁和道路交通两用驾驶适应性检测系统，较以往的设备而言，在设计上更符合人类工效学，体现了一机多用的功效，更具人性化，给予测试者和被测者更多的便利，节约了时间，使得检测过程更加便捷、快速、准确。

本研究首次将高铁的适应性检测作为单一的个体和其他的驾驶适应性检测进行类比，但由于高铁驾驶适应性的研究资料有限，本研究在许多方面有着不足之处。因此我们应该加快高铁适应性这一方面的研究，加快其标准化进程。充实我国的驾驶适应性研究，从各方面完善驾驶适应性检测系统。使之能够在源头上检测出驾驶员的安全隐患程度，并对其进行相应的安全治疗和心理疏导，为确保我国的道路、铁路、地铁等交通运输网络的安全运行、快速发展，起到一定的作用。

参考文献

[1] 金会庆，陈嵘. 驾驶员个性与事故倾向研究概况. 应用心理学，1994(1)：47－50.

[2] Deery H A, Fildes B N. Young novice driver subtypes: Relationship high-risk behavior, traffic accident, and simulator driving performance. Hum Factors, 1999 (5): 628－641.

[3] Brown I D, Groeer J A. Risk perception and decision taking during the

transition between novice and experienced driver status. Ergonomic, 1988, 4 (4):585 - 597.

[4] Signor Bowman. On the study of personality factors in research on driving behavior. Perceptual Motor Skills, 1974, 38(3): 1067 - 1076

[5] Bose S, Roy K P, Das Gupta S C. An attitude study of multi accident omnibu drivers. Appl Psychol, 1969, 6(1): 3 - 12.

[6] 赵中利. 对安全驾驶适应性测验的可行性研究. 中国安全科学学报, 1999, 9 (2): 26 - 32.

[7] 张茜. 驾驶经验与人格特征对驾驶员危险感受影响的研究. 2010.

[8] 深沢伸幸. 危険感受性と視覚探索行動、適性診断ラストの改良開発に開する研究報告書. 1989:39 - 62.

[9] 金会庆, 陈嵘, 张树林. 机动车驾驶员的速度估计、复杂反应判断和操纵机能特征研究. 人类工效学, 1995(1): 13 - 18.

[10] 沈玮, 何存道. 事故驾驶员与安全驾驶员人格特征的比较研究. 心理科学, 1994(5):282 - 286.

[11] 孟祥红, 连珂. 机动车驾驶员人格特征研究. 统计研究, 2004(6):16 - 20.

[12] 吴超仲, 张晖, 毛喆, 等. 基于驾驶操作行为的驾驶员疲劳状态识别模型研究. 中国安全科学学报, 2007, 17(4): 162 - 165.

[13] 金会庆, 余皖生, 张树林, 等. 机动车驾驶人身体素质条件及测评指标的研究. 人类工效学, 2001, 7(3):1 - 6.

[14] 王雷. 驾驶适应性指标在铁路机车乘务员中应用的研究进展. 环境与职业医学, 2008, 25(5):504 - 508.

[15] 陈雪梅, 魏中华, 高利. 紧急情况下驾驶员行为研究. 北京工业大学学报, 2007, 33(5): 449 - 545.

[16] Lal S K L, Craig A. Electroence phalography activity associated with driver fatigue: implications for a fatigue: implications for a fatigue counter measure device. J Psychophysiol, 2001, 15(3): 183 - 189.

[17] Lal S K L, Craig A, Boord P, et al. Development of an algorithm for an EEG-based driver fatigue countermeasure. J Safety Res, 2003, 34(3):321 - 328.

[18] 宋国萍, 张侃. 驾驶疲劳对听觉注意影响的 ERP 研究. 心理科学, 2009, 32 (3):517 - 520.

[19] 吕宣伟, 张志刚, 谷欣. 夜视力与驾驶适应性. 人类工效学, 2000, 6(3):60 - 63.

[20] 张芳,何存道,汤震东,等. 卡车驾驶员的夜间视力研究. 心理科学,1996(1).

[21] 彭楚翘,何存道,陈斌,等. 事故多发驾驶员与安全驾驶员反应时的比较研究. 心理科学,2000,23(2):203 - 206.

金来,上海交通大学计算机系本科毕业,大阪大学获硕士、博士学位。历任 IBM 东京基础研究所副主任,IBM Japan GBS 部门主任。旅日期间,从事电子商务核心技术的研究,主持参与了日产自动车,NICOS,Panasonic,Sharp 等多个重大项目。2008 年作为归国华侨先后领衔参与两个国家“863”项目(担任项目主要负责人之一)。现任国家车辆安全驾驶工程技术中心副主任及上海竹稞信息科技研究院副院长。

Traffic Medicine in China

Zhengguo Wang

The Third Military Medical University, PR China

Abstract: It was estimated that these were about 1.2 million people died of road traffic injury each year. In 2020, the deaths from road traffic injuries will increase 65% in comparison with that of 1990. Among them, 85% of deaths and 90% of disability will occur in low/middle income countries. The paper presented the characteristics and occurrence of road traffic injuries after the year of 1978 and analyzed various dangerous factors for crash, and put forward some suggestions to improve traffic safety in China.

Key words: road traffic injury; speeding driving; drinking/drunk driving; driving violating traffic regulations

On Aug 17, 1886, the first fatal MV traffic crash occurred in London[1]. Since then there have been about 32 million people died of road impact, much more than the deaths due to wars or disasters. It is predicted that traffic casualties will still be one of the biggest focal points in the future. In some developing countries, the number of traffic casualties will even increase.

1 Global traffic crashes

WHO estimates that 1.2 million people are killed in road traffic crashes every year in the world, which means about 3 300 people died every day, this number is equal to that of 10 crashed large-type passenger planes, and the casualties of every year are near to 30 ~ 50 million. In 2020, the number of traffic casualties will increase by 65%, compared with that in 1990[2]. In particular, about 85% of road traffic deaths and 90% of disabled people occur in low and middle income countries. WHO predicts that in 2020, the number of traffic deaths from high income countries is expected to decrease by 27%, while in low and middle income countries, it will increase by 83% (Table 1). Road traffic injuries will become the third leading cause of the global burden of disease (Table 2)[2].

Table 1 Predicted road traffic fatalities by region (in thousands), adjusted for underreporting, 1990 – 2020

Region*	No. of countries	Predicted road traffic fatalities				Change (2000 –2020) /%	Fatality rate/ (Deaths/100 000 persons)	
		1990	2000	2010	2020		2000	2020
EAP	15	112	188	278	337	79. 8	109	16. 8
ECA	9	30	32	36	38	18. 2	19. 0	21. 2
LAC	31	90	122	154	180	48. 1	26. 1	31. 0
MNA	13	41	56	73	94	67. 5	19. 2	22. 3
SA	7	87	135	212	330	143. 9	10. 2	18. 9
SSA	46	59	80	109	144	79. 8	12. 3	14. 9
Subtotal	121	419	613	862	1 124	83. 3	13. 3	19. 0
High income countries	35	123	110	95	80	–27. 8	11. 8	7. 8
Total	156	542	723	957	1 204	66. 4	13. 0	17. 4

* Data are displayed according to the regional classifications of the World Bank

Source: Kopits E, Cropper M. Traffic fatalities and economic growth. Washington D C, The World Bank, 2003. With minor amendments.

LAC-Latin America & Caribbean; EAP-East Asia & Pacific; SSA-Sub-Saharan Africa; SA-South Asia; MNA-Middle East & North Africa; ECA-Europe & Central Asia.

Table 2 Change in rank order of DALYs for the 10 leading causes of the global burden of disease[2]

1990		2020	
Rank	Disease or Injury	Rank	Disease or Injury
1	Lower respiratory infections	1	Ischaemic heart disease
2	Diarrhoeal diseases	2	Unipopular major depression
3	Perinatal conditions	3	Road traffic injuries
4	Unipopular major depression	4	Cerebrovascular disease
5	Ischaemic heart disease	5	Chronic obstructive pulmonary disease
6	Cerebrovascular disease	6	Lower respiratory infections
7	Tuberculosis	7	Tuberculosis
8	Measles	8	War(wounds)
9	Road traffic injuries	9	Diarrhoeal diseases
10	Congenital anomalies	10	HIV

DALY: Disability-adjusted life year. A health-gap measure that combines information on the number of years lost from premature death with the loss of health from disability.

2 Traffic crashes in China

2.1 Guidance

In 1978, the Chinese government began to carry out its open door and reform policy with the national economy growing at a rapid pace. The number of motor vehicles has increased tremendously, the number of road traffic crashes and casualties also increased(Fig. 1,2). After 2002, although the number of motor vehicles continued to increase, the death toll and the number of casualties from road traffic crashes actually decreased (Table 3, Table 4)[3].

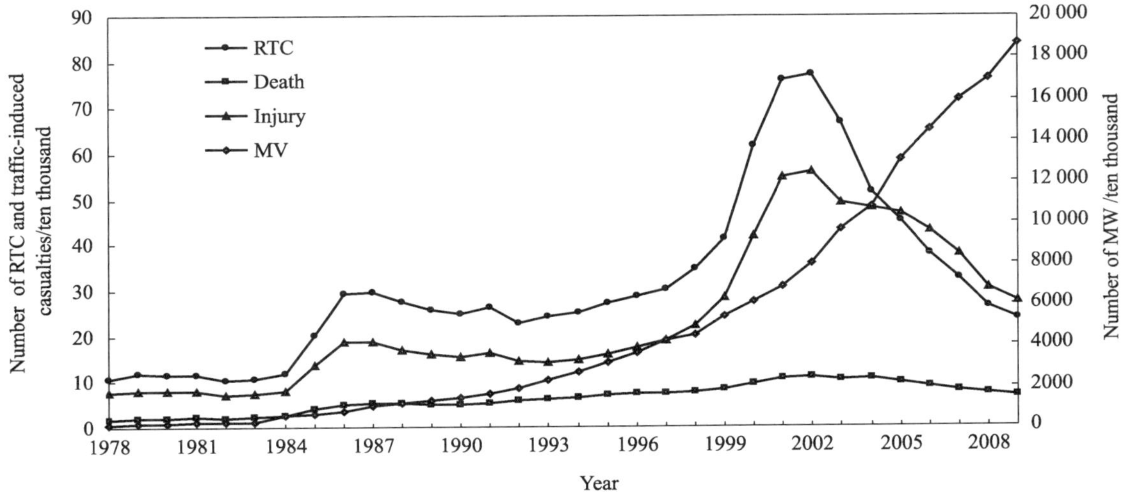

Fig. 1 Changes in the total number of MV, RTC and traffic-induced casualties in China(1978—2008)

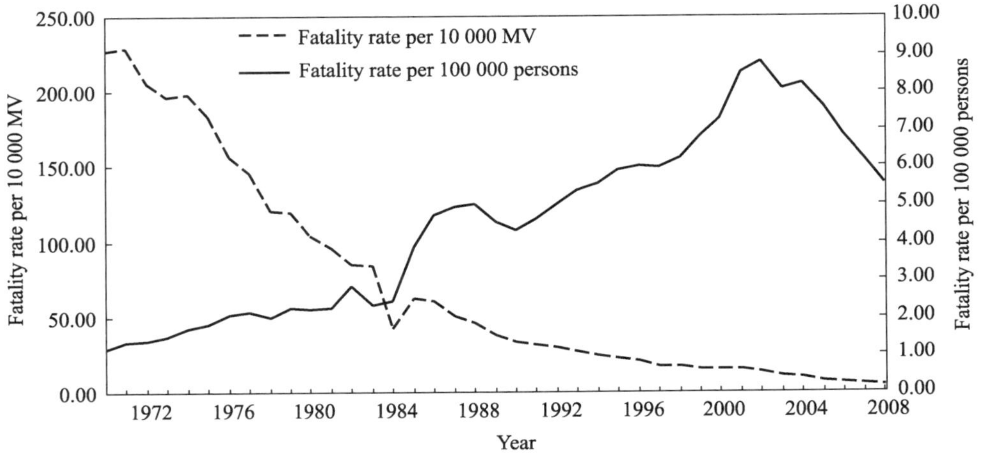

Fig. 2 Mortality rate per 10 000 cars and 100 000 people in China between 1970 and 2008

Table 3 Comparison of the number of MV, RTC and traffic induced casualties between 1978 and 2002 in China

Year	Total number of MV	Number of traffic crashes	Death toll	The number of injuries
1978	1 588 700	107 251	19 096	77 471
2002	79 756 763	773 137	109 381	562 074
2002/1978	50. 20	7. 21	5. 73	7. 62

Table 4 Comparison of the number of MV, RTC and casualties in 2002 and 2009 in China

Year	Total number of MV	Number of traffic crashes	Death toll	The number of injuries
2002	79 756 763	773 137	109 381	562 074
2009	186 580 700	238 357	67 751	275 125
2009/2002	2. 34	0. 30	0. 62	0. 49

It shows in Table 3 that the total number of MV, the number of road traffic crashes, the death toll and the number of injuries in 2002 was 50. 20, 7. 21, 5. 73 and 7. 62 times of that in 1978, respectively. While in 2009, even though the total number of MV increased to 2. 34 times that in 2002, the number of RTC, the death toll and the number of injuries decreased to 30%, 62% and 49% of that in 2002, respectively (Table 4)[3]. The data shows that there has been a significant improvement in traffic safety over the past decade.

2. 2 Epidemiological characteristics

1) The number of MV, drivers and the length of road kilometers

In 2009, there were 186. 58 million MV (including 76. 19 million automobiles), 3. 86 million road kilometers and 199. 77 million drivers in China (Table 5)[3]. These numbers were 89. 35, 42. 74 and 4. 35 times that in 1980, respectively (no drivers' data). Among them, from 1980 to 1989 they were 5. 31, 1. 87 and 0. 14 times (no driver's data); From 1990 to 1999, these numbers increased by 2. 66, 1. 67, 0. 31 and 2. 98 times, respectively. From 2000 to 2009, they increased by 2. 11, 3. 73, 1. 27 and 0. 68 times, respectively.

Table 5 The total number of MV, automobile, road kilometer and drivers in the past 30 years

Year	Total No. of MV /ten thousand	Total No. of automobile /ten thousand	Total No. of road kilometer /ten thousand	Total No. of drivers /ten thousand
1980	208. 84	178. 29	88. 83	
1989	1 318. 53	511. 32	101. 43	1 577. 99
1989/1980	6. 31	2. 87	1. 14	
1990	1 476. 26	551. 36	102. 83	1 635. 85
1999	5 404. 73	1 473. 72	135. 17	6 504. 38
1999/1990	3. 66	2. 67	1. 31	3. 98
2000	6 000. 49	1 609. 80	140. 27	7 479. 26
2009	18 658. 07	7 619. 31	386. 08	19 976. 59
2009/2000	3. 11	4. 73	2. 27	1. 68
2009/1980	89. 35	42. 74	4. 35	—

2) Human responsibility for crashes

Fig. 3 shows that from 1996 to 2008 the proportion of crashes caused by MV drivers increased continuously, while the proportion of crashes caused by pedestrians, passengers etc. continued to decrease[3].

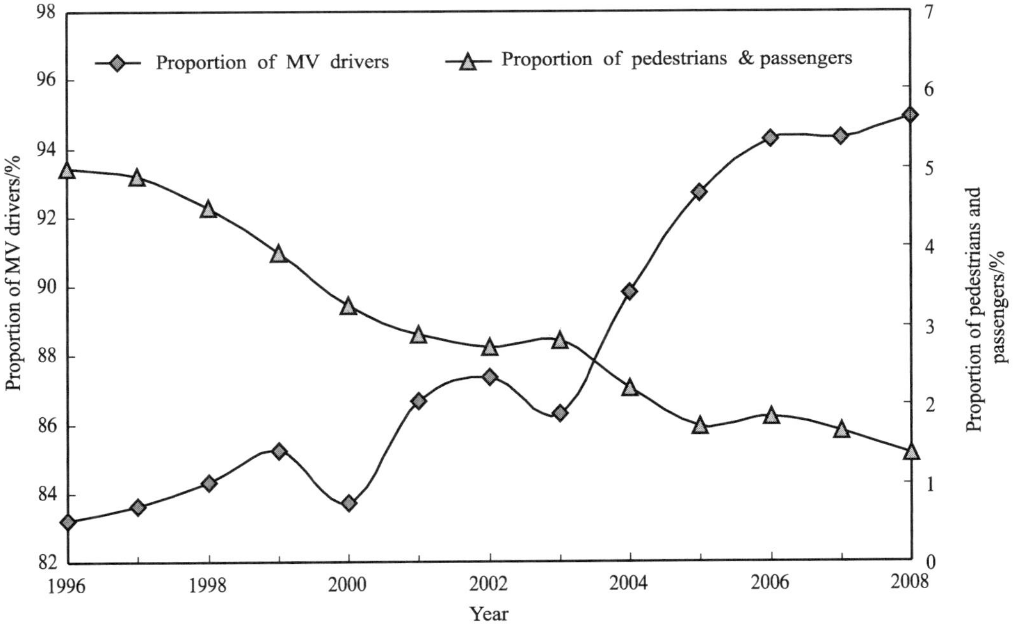

Fig. 3 The proportion of different road users responsible for crash

3) Proportion of casualties from different road users

Fig. 4 indicates that from 1996 to 2008, motor vehicle drivers represented a high percentage of deaths, with an increasing trend, while the proportions of deaths for pedestrians, non-motor vehicle drivers and passengers were relatively stable or trending down[3].

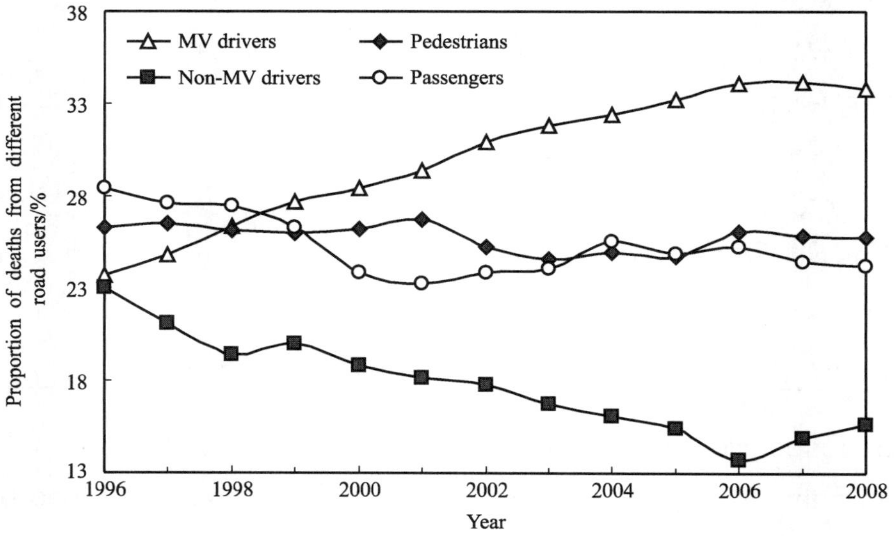

Fig. 4 The proportion of deaths from different road users

Fig. 5 indicates that among the injured, the proportion of motor vehicle drivers is the most, followed by passengers, while proportion of non-motor vehicle drivers and pedestrians is less.

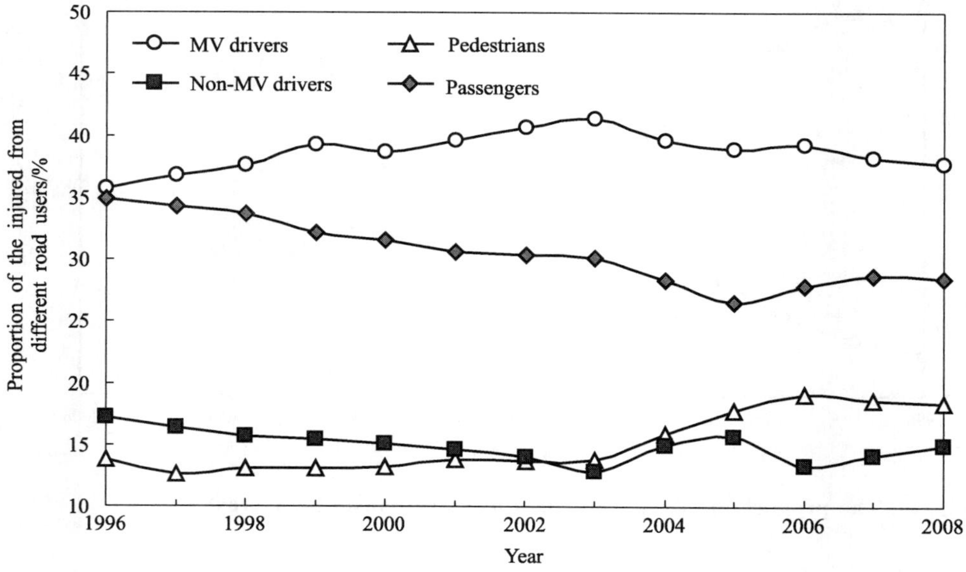

Fig. 5 Proportion of the injured from different road users

4) Characteristics of regional distribution

Fig. 6 shows that between 1996 and 2008, the mortality per 100 crashes and intensity in undeveloped areas (Tibet) is obviously higher than that of east developed regions (Guangdong)[3].

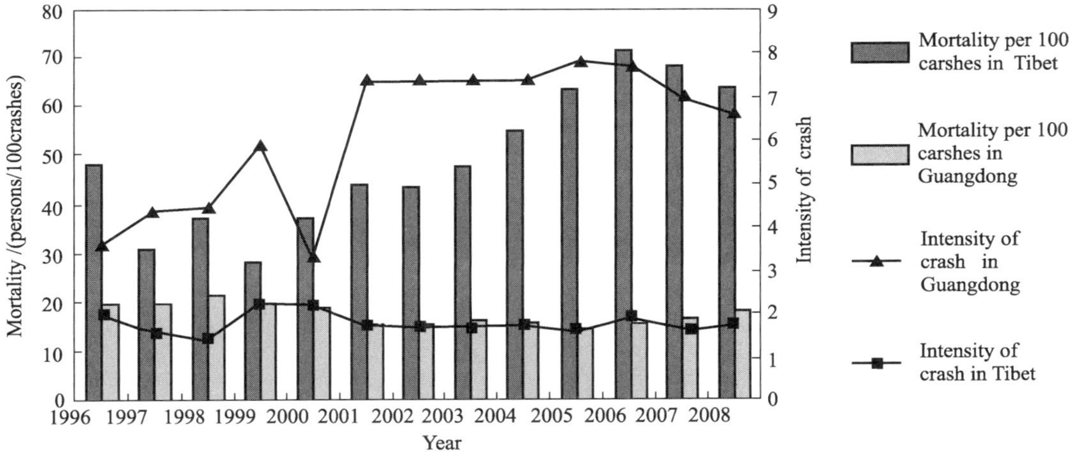

Fig. 6 The fatal rate of traffic crash in areas with different degrees of development

2.3 The causes of crash

It shows in Table 6 that between 2000 and 2009, in all traffic crashes, mechanical problems, accidents, natural disasters and road factor only account for 3%-5%, while human factor accounts for over 90%, in which MV drivers account for 83%-90%. The main causes of crash are that most MV drivers didn't follow traffic regulations. In addition, the traffic administration didn't consistently and strictly carry out punishment regulations to MV drivers who violated traffic laws. For instance, in 2009, traffic administrators focused attention on strict management of drivers with severe violation of traffic regulations. From June 20 to Aug. 31, they particularly rectified driving without license, which made traffic crash deaths decrease by 18.3% and 18.7%, respectively, extremely severe crashes (>10 deaths each time) decreased by 6 times. From July 4 to Oct. 10, traffic administration lunched a campaign for "greeting National Day, guarantying safety and creating harmonious atmosphere". During this period of time, the number of national traffic crashes and deaths decreased by 11.3% and 12.3%, respectively in comparison to those of previous year.

Table 6 Causes of traffic crash(%)

Year	Mechanical problems	MV drivers	Non – MV drivers	Pedestrians & passengers	Road factor	Others
2000	4. 94	83. 72	2. 98	3. 25	0. 14	4. 97
2001	2. 55	86. 69	3. 08	2. 90	0. 14	4. 64
2002	2. 70	87. 37	2. 87	2. 74	0. 12	4. 20
2003	2. 89	86. 32	2. 75	2. 81	0. 15	5. 09
2004	3. 41	89. 80	2. 76	2. 20	0. 26	1. 56
2005	2. 57*	92. 69	2. 75	1. 71	0. 00	0. 11
2006	0. 32*	85. 46	3. 52	1. 85	0. 01	0. 04
2007	4. 97*	89. 35	3. 81	1. 66	0. 01	0. 002
2008	4. 22*	90. 86	3. 58	1. 37	0. 00	0. 15
2009	3. 79*	90. 93	4. 01	1. 13	0. 01	0. 13

* Including both accidents and natural disasters.

The extremely severe crash (>10 deaths each time) reduced to one fourth; Since Aug. 15, due to stern control on drinking driving, the deaths had decreased by 39. 6% , more than 28. 8% of mean reduction.

In 2009 traffic administration severely published speeding driving, drinking driving and fatigue driving. The traffic death toll decreased by 10. 2% , 12. 9% and 14. 8% , respectively in comparison to those of previous year.

From the facts mentioned above, it indicates that to strengthen legalities, consciousness for all road users (especially MV drivers) and follow traffic rule are key points for improving traffic safety.

The faults that MV drivers often committed are as follows:

1) Speeding driving

From Table 7 and Fig. 7, we can see that speeding driving accounted for 5. 73% to 32. 69% of traffic crash and 8. 53% to 32. 7% of traffic death from 1987 to 2009. Before 1993, the traffic crashes caused by speeding driving were less than 9 000 each year, but it accounted for a higher proportion from 23. 5% to 32. 69% of the total crash. After 1994, with the continuous increase of MV, crashes went up to more than 30 000. In 2004, it went up to the peak(Fig. 7) , the number of speeding crashes was 64 474, but it only accounted for less than 20% (Fig. 8) , and the deaths were 18 410 persons. After 2005, the number of crashes and deaths caused by speeding decreased significantly.

In 2009, the number of crash from speeding driving was 23 990, accounting for only 37.2% of that in 2004, and the death toll was 9504 persons, accounting for 51.63% of that in 2004. It shows the speeding driving has got great improvement.

Table 7 The number of traffic crashes and death caused by speeding driving

Year	Number of crashes	Ratio/%	Death toll	Ratio/%	Year	Number of crashes	Ratio/%	Death toll	Ratio/%
1987	8 632	32.69	9 469	32.70	1998	31 721	9.20	9 885	12.70
1988	8 966	29.28	9 977	29.30	1999	33 813	8.19	9 681	11.59
1989	7 619	27.36	8 696	27.90	2000	39 979	6.48	8 001	8.53
1990	7 589	27.45	8 774	28.20	2001	44 878	5.94	9 242	8.72
1991	7 809	26.64	9 071	27.10	2002	44 311	5.73	9 672	8.84
1992	8 286	24.89	9 566	25.10	2003	55 515	8.32	12 107	11.60
1993	8 794	23.50	10 185	23.60	2004	64 474	12.45	18 410	17.19
1994	32 407	12.78	9 681	15.59	2005	52 655	11.69	16 015	16.22
1995	31 374	11.5	9 748	13.63	2006	36 586	9.66	11 828	13.22
1996	32 463	11.3	10 081	13.70	2007	33 187	10.23	11 478	14.06
1997	31 022	10.2	9 741	13.20	2008	26 966	10.17	10 584	14.40
					2009	23 990	10.06	9 504	14.03

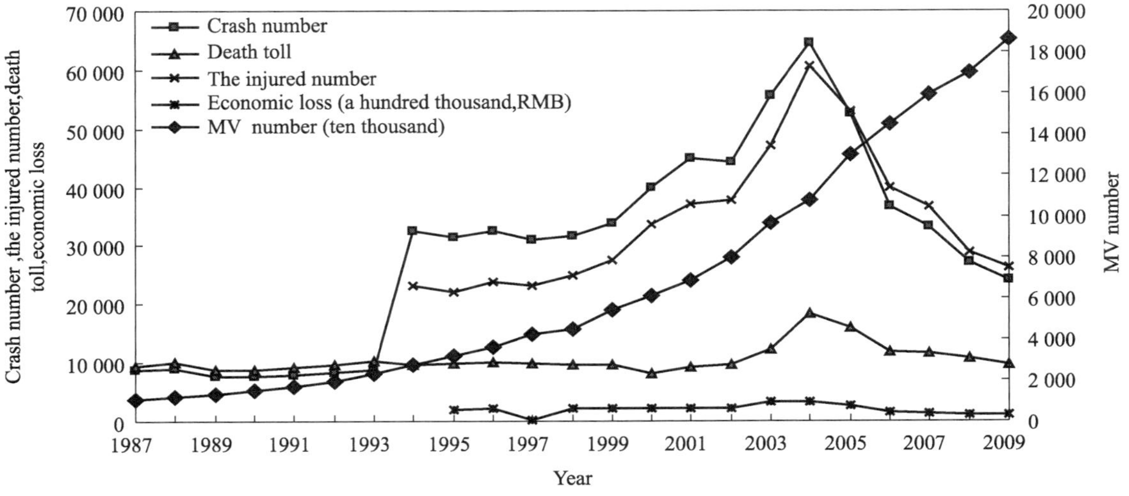

Fig. 7 Changes of MV number, number of road traffic crashes, casualties and economic loss caused by speeding driving in China in recent years

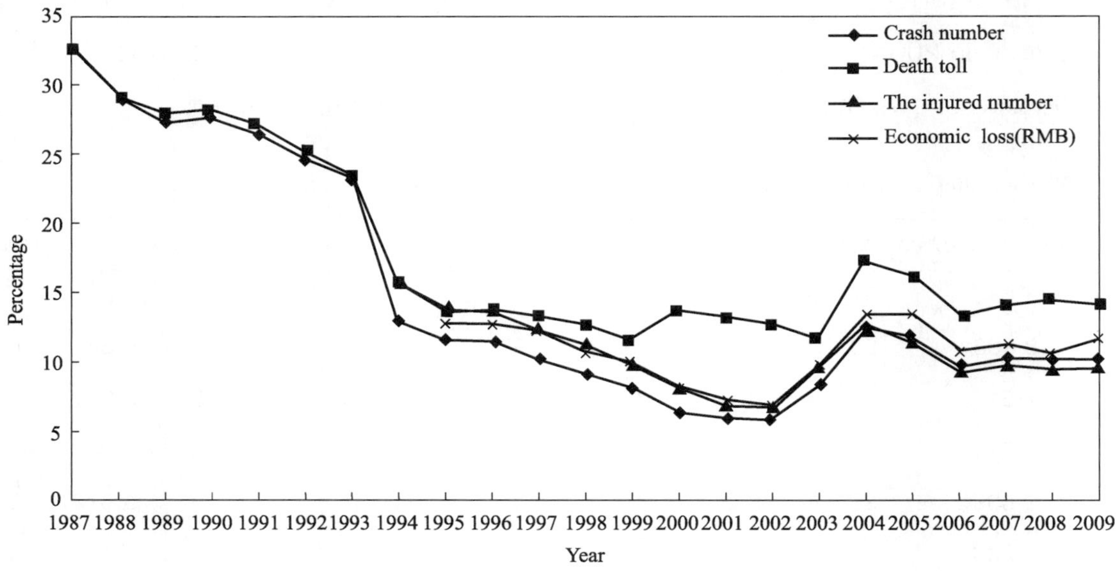

Fig. 8 Changes of road traffic crashes, casualties and economic loss caused by speeding driving in China in recent years

2) Drinking driving

In the 1990s, traffic crashes from drinking driving were less than 1 000, and the death toll fluctuated about 1 000 persons. After 1991, the number of crash and death toll from drinking driving remarkably increased. Up to 2001, they went up to 10 525 and 3 280 deaths respectively. In 2005, they went up to the peak, 12 250 and 4 715 deaths respectively. After 2006, it appeared a reducing tendency (Fig. 9). In 2009, the drinking-caused crash decreased to 5 969 and 2 665 deaths, relevant to 48. 73% and 26. 65% of those in 2004 respectively. The proportion of death decreased a little, while the whole number of crashes, the injured and economic loss decreased relatively less (Fig. 10). It shows that the effect on reducing drinking driving after strict punishment is obvious.

3) Overtaking with violating the traffic regulation

Overtaking with violating the traffic regulation is a major risk factor. It refers to not obeying traffic law and accident proneness for drivers. Before 1993, the number of national traffic crashes due to irregular overtaking was less than 4 200. From 1994 to 2007, it increased to more than 10 000. In 2001, it went up to the peak: 31 732. As for death, there were 4 554 persons died of overtaking. In 2009, the crashes caused by violating regulation decreased to 7 508, which was 23. 66% of that in 2001. The death toll was 2 122 persons, which was 46. 6% of that in 2004 (Fig. 11). Even the number of

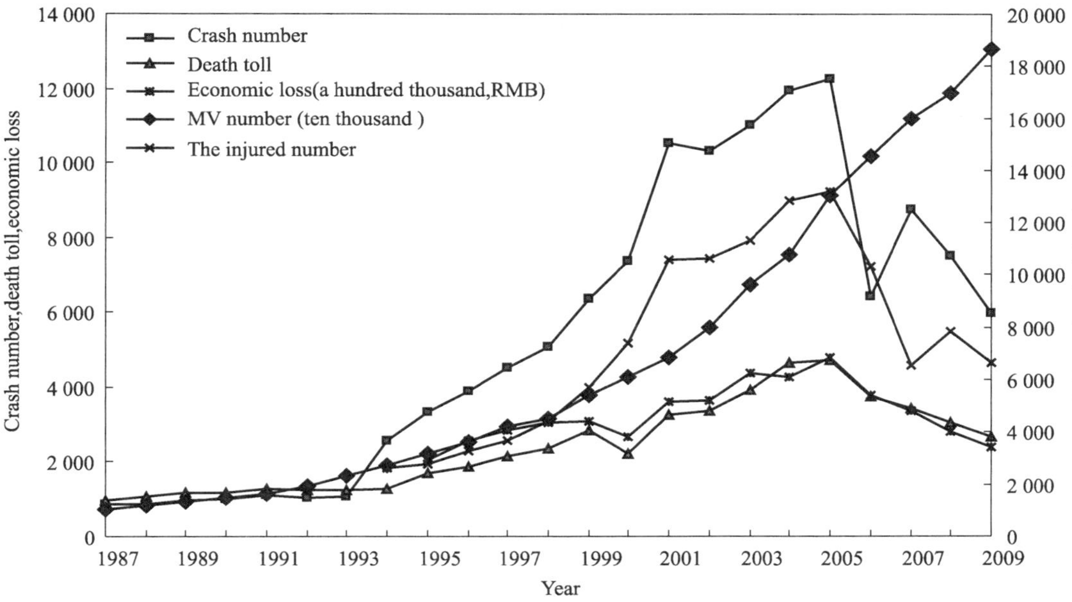

Fig. 9 Changes of MV number, number of road traffic crashes, casualties and economic loss caused by drinking driving in China in recent years

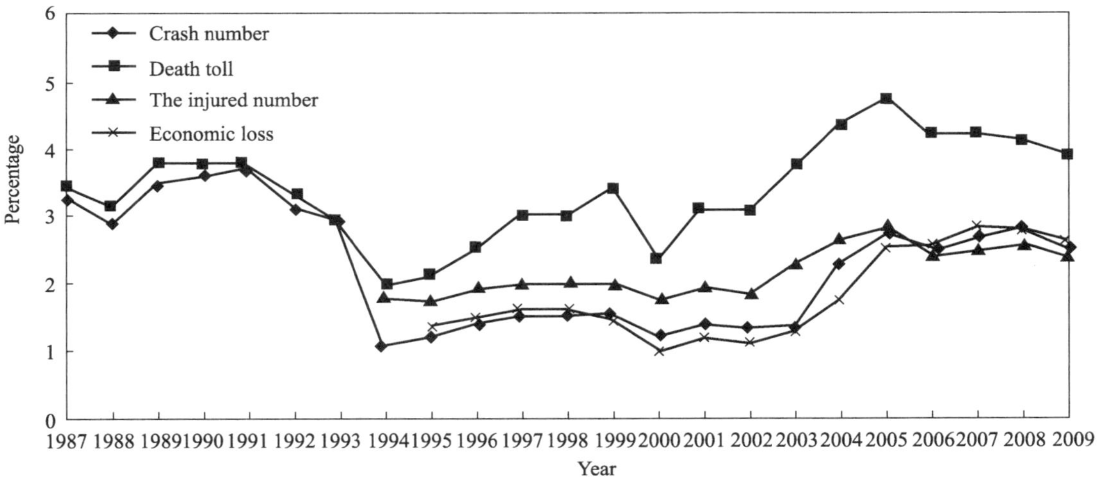

Fig. 10 Changes of road traffic crashes, number of casualties and economic loss caused by drinking driving in China in recent years

MV continuously increased; overtaking with violating traffic regulation significantly decreased, which indicates that the majority of drivers' consciousnesses on traffic safety have been greatly improved.

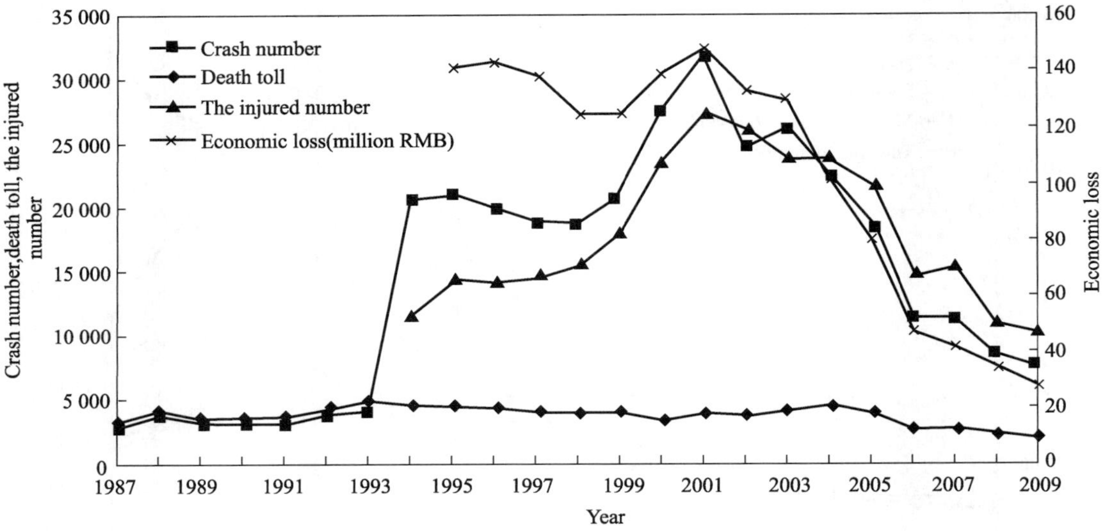

Fig. 11 Changes of the number of road traffic crashes, casualties and economic loss caused by overtaking with violating the traffic regulation in China in recent years

4) Failing to give way according to traffic regulation

Giving way to other MVs according to traffic regulation is the basically professional ethics for every driver. Before 1997, the number of traffic crash of this type was less than 30 000, and the death toll was less than 2 038 persons. After 1998, the number of crash continuously increased. In 2002, it went up to the peak, which was 88 989, while the peak of death was 10 226 persons in 2007. In 2009, the number of crash of this type decreased to 41 867, which was 47.05% of that in 2002, and the death toll decreased to 8 192 persons, which was 80.11% of that in 2007(Fig. 12).

The parameters mentioned above indicate that failing to give way to other MVs according to regulation is still a big challenge to traffic safety. It is because the number of crash and death was tremendous and fluctuated, and it indicates that both safety education and punishment should be strengthened.

5) Fatigue driving

Before 1999, the number of traffic crash from fatigue driving was less than 5 000 each year, and the peak of death was 2 106 persons (in 1995). In 2000, the number of traffic crash due to fatigue driving was more than 6 000 and it went up to the peak in 2004, which was 7 927, and the death was 3 056 persons. Since then, the crash and deaths were reduced gradually. In 2009, the number of crash decreased to 1 966 and the death was 1 153 persons, which were 24.80% and 37.73% of those in 2004

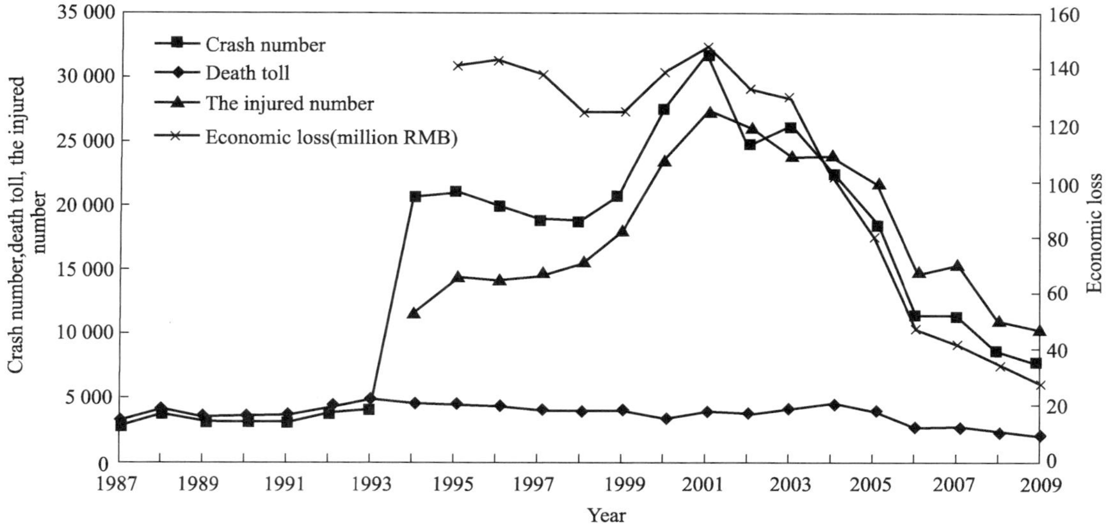

Fig. 12 Changes of the number of road traffic crashes, casualties and economic loss caused by not giving way to other MVs according to traffic regulation in China in recent years

respectively (Fig. 13). The reduction tendency is significant, but fatigue driving is still a very important risk factor for safety driving.

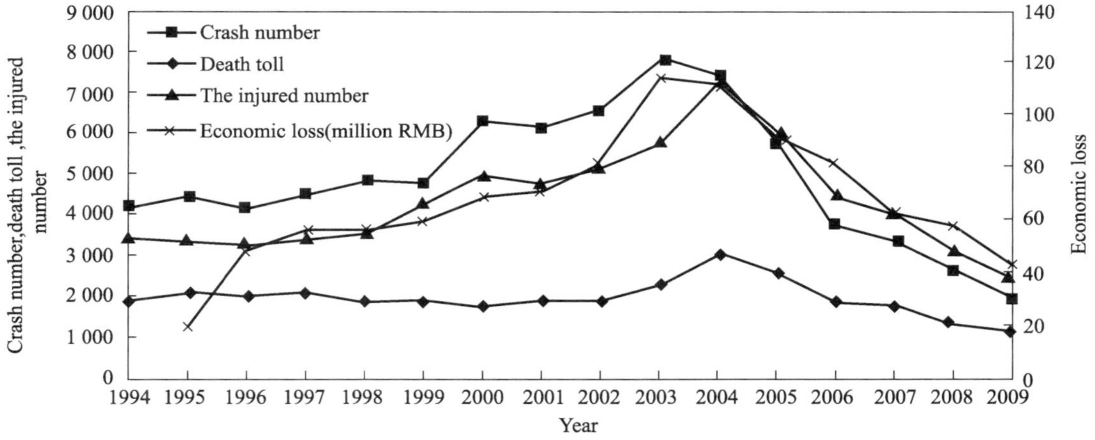

Fig. 13 Changes of the number of road traffic crashes, casualties and economic loss caused by fatigue driving in China in recent years

2. 4 Basic scientific research

1) Key laboratory of vehicle crash, bio-impact and traffic safety

This lab primarily conducts car crash tests and biological sled crash experiments. The instruments such as H-III dummy, recorder on board, high speed camera and electric machinery control system and the major test parameters are in accord with the requirements of current international standards. The maximal crash speed is up to 120 km/h while the test vehicles or sleds weigh 1 500 kg.

2) Accident proneness

The data of 1 545 accident MV drivers from different areas and times was analyzed (Fig. 14). Accident proneness is defined when drivers have 5 years or more driving experience and meanwhile commit 3 times or more crashes within 5 years[4]. The results showed that there was no obvious difference in different regions and times, and about 6% ~8% of drivers had accident proneness.

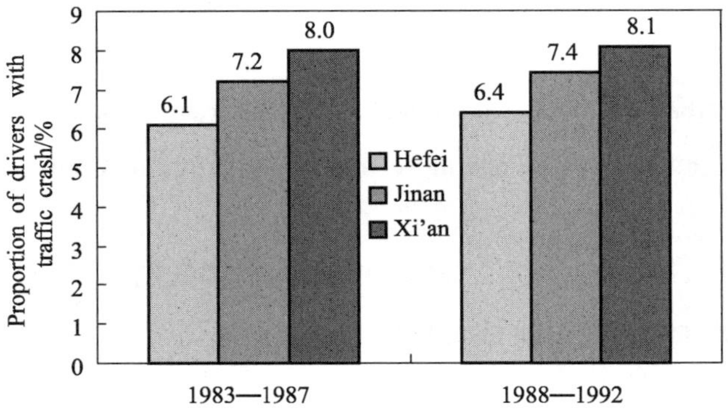

Fig. 14 The proportion of drivers with traffic crash from different areas and times

3) Whiplash injury

An experimental equipment, an animal (dog) model was used to produce the forward and backward process of neck whiplash injury (Fig. 15). It shows that the injured severity of spinal cord in neck section is closely related with stretching acceleration in the back of the neck[5].

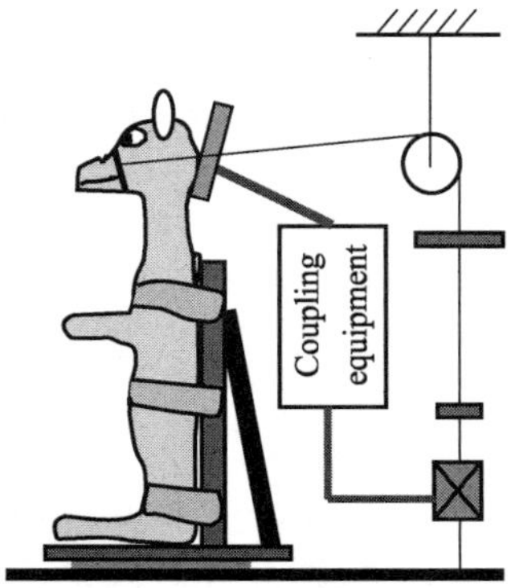

Fig. 15 Sketch map of injury induced equipment

2. 5 Problems

Although China has made a lot of progress in road traffic safety, many problems still exist.

(1) Lack of consciousness of traffic safety and obeying law for lots of road users. Many traffic Crashes were caused by those drivers who didn't obey traffic laws on regulations.

(2) There is not a complete set of traffic law in China. For instances, no systemic seat belt law, helmet law and child safety restrained equipment. etc.

(3) There was some "elasticity" when carrying out traffic law. i. e sometimes strict and other time loose.

(4) Lack of social supervision and publicity &education, for example, teachers and parents are encouraged to do work in order to make motor bicycler wear helmet in abroad; moreover, signboard like "they drink, they drive, we die" is displayed in order to prevent drinking driving, etc.

(5) Advanced monitoring device is not enough, and traffic management needs to be improved.

(6) Safety performance of vehicle needs to be improved, the design and construction of road are not so scientific.

What is more, on July 23, 2011, "Lancet" World Report published a paper entitled "Uncertainty clouds China's road-traffic fatality data". I t said "At the best, the Chinese Government's data for road traffic fatalities are contradictory, and at the worst, they misrepresent the level and trends of road-traffic safety in the country."

In this century, all of us should do our best to work for the lofty objective of no death and trauma in road traffic crash. We should do some profound consideration, and do our best to search and report correct data on traffic crashes and casualties, summarize our own experience while learning from others and find out the solutions corresponding our national conditions to create a safe, harmonious and gentle society.

References

[1] http://www. roadpeace. org/world first Death. html. 2003 - 12 - 11.

[2] Peden M, Scurfield R, Sleet D, et al. World report on road traffic injury prevention. Geneva: WHO, 2004, 5.

[3] Traffic Administration Bureau, Public Safety Ministry. Statistic data on national road traffic accidents. 2000 - 2008: 5 - 8, 66 - 67, 78.

[4] Jin H Q, Yu W S, Dai P. Study on driving adaptation of motor vehicle drivers. Clin J Epidemiol, 2000, 21(5): 390 - 392.

[5] Hang J J, Chen H B, Tang H. A simulative study on an emulation equipment for whiplash injury. Chinese Journal of Clinical Rehabilitation, 2005, 9(30): 122.

Zhengguo Wang, academician of CAE, born in Dec. 1935, Zhangzhou, Fujian province of China. He is the current (incoming chairman) vice President of International Transport Medical Association and the deputy editor of international "*Traffic Injury Prevention*" magazine, member of the standing committee of the Chinese Medical Association, director of Wu Jieping Medical Foundation, member of standing committee of Scientific and Technological Committee of PLA.

Professor Wang is one of the precursors in the fields of blast injury, wound ballistics and traffic medicine in China, academic leaders of National key disciplines "field surgery", the discipline's first doctoral and postdoctoral mentor. He devoted himself to basic theory and applied basic research of "field surgery" for over 50 years, made a number of leading international advanced and major scientific research achievements, which makes outstanding contributions to "field surgery" medicine development in our country.

He successively won one first prize of national scientific and technological progress, three second prize, four third prize, one prize for national invention, and more than twenty provincial and ministerial-level awards. In 1990 he was awarded by the National Ministry of Personnel the young and middle-aged experts with outstanding contributions; he enjoyed special government allowances in 1991; He won the "Award of Medical Sciences and Technology of Ho Leung Ho Lee Foundation of HK"; In 1998 he won the "Michael DeBakey International Award of Military Surgeon"; and he was the only Asian person since the prize has been set up; in 2000 he won "Chen Jiageng Award of Medical Sciences"; "Outstanding Achievement Award for International Traffic Medicine"; in 2002 he won the "Guanghua Engineering Science and Technology Prize" of the fourth session.

Why Not View Car Crashes As a Controllable Disease!

Huiqing Jin, et al.

National Center of Engineering and Technology for Vehicle Driving Safety, Anhui Sanlian University, Anhui Sanlian Accident Prevention Institute, PR China

Abstract: Based on cogitating upon conflict between effect of the domestic and international traffic accident prevention and reality with a high incidence of traffic accidents, and combining with our traffic accident systemic researches for 30 years, we analyzed causes of traffic accidents, and explicitly pointed out that the human is the main cause of traffic accidents, wherein bad driving behavior of drivers is the most prominent reason for today's traffic accident. and illustrated mechanism of traffic accident on three-dimensional model of "trait-period-environment", and summarized the "three lines of defence" in China's traffic accident prevention project and its intervention effect. Summing up the experience, we proposed the new idea of viewing traffic accident as a "disease", and appealed traffic accident prevention pattern should transfer in two directions as soon as possible: one is to transfer its focus from the prevention when or after traffic accidents occur to the prevention before traffic accidents occur; the other is to transfer its focus from the improvement of automobile performance and road condition to the control of bad driving behavior.

Key words: road traffic accident; Three Lines of Defense system; bad driving behavior; traffic safety city; accident proneness; three-dimension-model of "trait-period-environment"

Shortly after the first automobile took to the road, the first traffic accident occurred. Since then the total harm that automobiles have brought to human beings is more than any wars and natural disasters[1,2]. For a long time, researchers have made great efforts to prevent and control accidents, which include two parts: defensive measures against injuries and deaths as a result of road accidents, such as safe belt and airbag[3,4]; and measures implemented to prevent accidents, which are aimed to reduce the frequency of traffic accidents. For example, Germany, Austria, and Japan have launched tests on driver's driving adaptation through legislation to improve drivers' safety quality[5]; many countries have carried out traffic monitoring, snapshot system on violation of traffic rules, drinking driving ban and overspeed control so as to improve traffic conditions[6-8]. To some extent, these efforts have kept down the rapid growing of the harm incurred by traffic accidents. However, the number of traffic accidents is still very high. More than 1 000 000 deaths are caused by car crashes every year throughout the world. This situation has been seriously concerned by the government of each country and the UN[9]. Chinese scientists have treated car crashes as a "disease" and have conducted researches on "cause-pathogenesis-prevention" of traffic accidents, which is viewed as a system engineering[10]. It has achieved good results in China and can be viewed as a new mode of traffic accident prevention for reference.

1 The cause of traffic accidents

Studies show that drivers cause more than 70% of road accidents. Among all drivers, there is a fraction who repeatedly causing accidents: accident-prone drivers. They represent only 6% to 8% of the driver population, but they cause 30% to 40% of traffic accidents[11,12]. Accident prone drivers repeatedly causing accidents is mainly related with their bad driving behaviors[13].

Bad driving behavior refers to the wrong actions and reactions made by drivers that deviate from standard driving. Usually bad driving behaviors are violation of traffic rules, tired driving, distracted attentiveness and poor risk perception etc[14-16]. Psychologist (Horhota & Blanchard-Fields) have consistently found that some people have a strong tendency to overestimate internal factors, such as one's disposition, and underestimate the external factors driving people's behavior[17]. Famous safety expert Dekker (2002) pointed out that Human error is the cause of many accidents, the chief threat to safety comes from the inherent unreliability of people, and compared unreliable human components to "The Bad Apple" in an organization[18]. American scientist Richard J. Holden said, "although it is true that worker actions are often discovered to contribute to accidents, safety professionals often search further for more distal and root causes as well, The problem is that even a knowledgeable and well meaning professional may succumb to some of the biases of human nature described above. When some erroneous or risky human action has prominently contributed to an accident, it is a challenge to overcome the tendency to attribute that accident to some characteristic of the worker. Thus it is not surprising that theories that accidents are caused by inherently accident prone or dysfunctional workers, popular in the first half of the 20th century, persisted in the second half and today."[19] Bergomi, Vivoli, & Rovesti (Italy) suggested that the identification of psycho-physiological variables related to driving risky behaviour might be a useful instrument to design traffic safety programs tailored to high risk subjects, because they found that a positive correlation between Dopamine (DA) levels and frequency of driving violations while a negative relationship between Adrenaline (E) levels and frequency of driving errors[20]. It was similarly found in China that bad driving behaviors are correlated with blood levels of DA, 5-HT and ACTH[21]. Molecular biology studies show that bad driving behavior strongly associated with SNPs loci (rs6069499, rs3777150, rs950715) located at region of associated genome variation, which suggests the possibility of a susceptibility gene for bad driving behavior[13,22,23]. The above mentioned studies show that accident prone drivers are more likely to occurring bad driving behavior than safe drivers. Therefore, bad driving behavior is the main cause of traffic accidents[24].

Historically, little scholarly attention has been paid to understanding determinants of injury-related behaviors or how to initiate and sustain behavioral changes. Many scientists have noted the need to improve behavioral interventions by using better empirical data about determinants of behavior as well as theories and frameworks pertaining to change in behavior[25].

2 The "pathogenesis" of traffic accidents

Ergun Y. Uc, and Matthew Rizzo (University of Iowa, USA) have ever explained risk of crashes resulted from driving behaviors by interrupting driver information processing at several levels. These levels include: ① Perception and attention to stimulus evidence (e. g., through sensory inputs) and interpretation of the situation on the road; ②

Formulation of a plan based on the particular driving situation and relevant previous experience or memory; ③ Execution of an action (e. g., by applying the accelerator, brake, or steering controls); and ④ Monitoring the outcome of the behavior as a source of potential feedback for subsequent corrective actions[26].

Chinese scientists have put forward a "three-dimension-model" theory based on the happening mechanism of traffic accidents. They hold that accident prone drivers' normal driving behavior can extremely easily transform into bad driving behavior. This is a kind of individual trait which does exist objectively. Only when in a specific period can this behavior transformation occur. Car crashes will be induced when this transformed bad driving behavior exposed to a specific environment and highly stimulated. What is discussed above is called "three-dimension-model" of "trait-period-environment" for traffic accident[12,27] (as shown in Fig. 1).

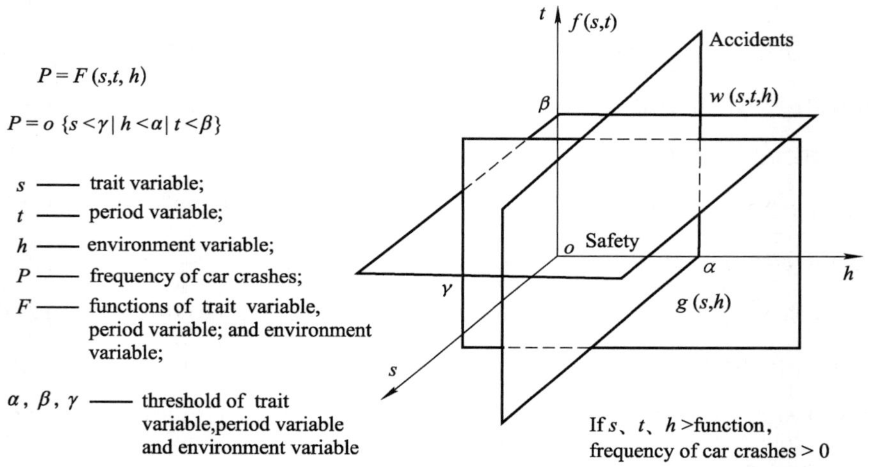

Fig. 1 "Three-dimension-model" theory

Its inducement mechanism is as follows:

Traits: Bad driving behavior, as the "pathogenesis" of car crashes, actually hides inside drivers. Under normal situation, it will not be obvious, and it will be relatively stable in a suppressed balanced state.

Period: Bad driving behavior will be extremely easy to be induced if lack of sleep, negative emotions, tiredness or over-loaded pressure occurs.

Environment: Car crashes will happen when drivers are exposed to high-risk driving environment, such as heavy traffic, others' violation of traffic rules, bad road condition, poor visibility and bad weather like rain, snow, fog or haze etc.

The "three-dimension-model" of "traits-period-environment" for traffic accident causes shows that there are two main approaches to control car crashes: one is to control the transformation from normal driving behaviors to bad ones, the other is to improve high-risk driving environment and reduce the exposure probability of bad driving behaviors.

Nevertheless, excellent expositions on behavior-based safety (BBS) theory and recent reviews showing that BBS interventions are quite effective hold promise for future use of behavioral modification and other psychological approaches, just as the clever Western Electric Slogan "It is better to bend metal than to twist arms". This is something that safety professionals know but may have trouble applying due to persistent psychological tendencies[19].

3 The prevention of traffic accidents

Based on the happening mechanism of traffic accidents, Chinese scientists put forth the "Three Lines of Defense" system engineering control strategy:—screening accident prone drivers—testing driver's safety condition before driving—monitoring in the high-risk driving environment[10,13]. The mathematical model[28] of this system engineering is as follows:

$$\lambda = \frac{\mu}{DE} = \mu / \left\{ \frac{\sum_i [d_i \mu(d_i)]}{\sum_i [d_i^0 \mu(d_i)]} \cdot \frac{\sum_j [e_j \mu(e_j)]}{\sum_j [e_j^0 \mu(e_j)]} \right\}$$

$$= \mu \cdot \frac{\sum_i [d_i^0 \mu(d_i)]}{\sum_i [d_i \mu(d_i)]} \cdot \frac{\sum_j [e_j^0 \mu(e_j)]}{\sum_j [e_j \mu(e_j)]}$$

Where λ is control factor of traffic accident probability, D is driver control factor, μ is constant, E is environment control factor.

The first line of defense is to test professional drivers' safety quality and screen those accident prone drivers, and then select those of higher safety quality to be professional drivers (such as bus drivers, school bus drivers, coach drivers, etc). The second line of defense is to detect the driver's state of safety before driving, which can find as early as possible the inducing factors of bad driving behaviors[29,30]. The third line of defense is to monitor driving behavior in high-risk driving environment (such as traffic order, road condition, visibility, bad weather, pedestrians, etc.) and to improve driving environment, which can perform real-time control of bad driving behavior during driving[13,14].

Chinese scientists have successfully put into practice the "Three Lines of Defense" system engineering in many inland cities, especially in the UN Global Compact Cities Program— Traffic Safety Pilot City Project in Jinan City[10,13]. The implementation of the strategy has relied on the organization and guidance of the local government, the collaboration of many departments such as public security, transportation, sanitation, planning, etc, as well as the participation of the government, enterprises and people in a comprehensive circle. In the past 5 years (2005—2010), the motor vehicles increased by 25% in Jinan city, whereas the traffic accident death toll decreased by 28.65%, and the mortality of 10 thousand cars decreased by 34.59%, all of which have achieved great social benefit. The successful application of "The Three Lines of Defense" control strategy in Jinan city has set a good example for the application of this strategy in other cities home and abroad.

How to control the harm of traffic accidents has been one of the major public health issues and serious social problems all over the world. Therefore, it's completely necessary for every country to change its traditional strategy of prevention and transfer its researches and focuses to two aspects: one is to transfer its focus from the prevention when or after traffic accidents occur to the prevention before traffic accidents occur; the other is to transfer its focus from the improvement of automobile performance and road condition to the control of bad driving behavior. China's experience tells us that if you rely on government-led, multi-sectoral collaboration and take policies and regulations to prevent every aspect of traffic accidents by using the mode of system engineering, car crashes can be effectively controlled!

References

[1] WHO. The World Report on Road Traffic Injury Prevention: Summary. Geneva: World Health Organization, 2004.

[2] 段里仁. 道路交通事故概论. 北京:中国人民公安大学出版社,1999:3 – 10.

[3] Crandall C S, Olson L M, Sklar D P. Mortality reduction with airbag and seat belt use in head-on passenger car collisions. Am J Epidemiol, 2001, 153(3):219 – 224.

[4] Cummings P, McKnight B, Rivara F P, et al. Association of driver air bags with driver fatality: a matched cohort study. Br Med J, 2002, 324(7346):1119 – 1122.

[5] 小川和久. 运输适性の现状. International Association of Traffic and Safety Science,

1990,16(4): 49 - 57.

[6] Sze N N, Wong S C, Pei X, et al. Is a combined enforcement and penalty strategy effective in combating red light violations? An aggregate model of violation behavior in Hong Kong. Accid Anal Prev, 2011, 43(1): 265 - 271.

[7] Shults R A, Elder R W, Sleet D A, et al. Reviews of evidence regarding interventions to reduce alcohol-impaired driving. Am J Prev Med, 2001, 21(Suppl 4): 66 - 88.

[8] Keall M D, Povey L J, Frith W J. The relative effectiveness of a hidden versus a visible speed camera programme. Accid Anal Prev, 2001, 33(2): 277 - 284.

[9] Toroyan T. Global status report on road safety. Inj Prev, 2009, 15(4): 286.

[10] 金会庆. 道路交通事故防治工程. 北京:人民交通出版社,2005:87 - 145.

[11] 金会庆. 车祸流行病学. 北京:人民卫生出版社,2001:13 - 17.

[12] 金会庆,王国军. 中国机动车驾驶员事故倾向性研究. 中华流行病学杂志,1994,15(增刊2): 35 - 42.

[13] Richard Stone. Car-crash epidemiologist pushes systemic attack on bad driving. Science, 2011, 332: 657.

[14] Jin Huiqing, Araki S, Wu X K, et al. Psychological performance of accident-prone automobile drivers in China: a case-control study. Int J Epidemiol, 1991, 20(1): 230 - 233.

[15] 金会庆,陈嵘,张树林. 机动车驾驶员的速度估计、复杂反应判断和操纵机能特征研究. 人类工效学,1995,1(1): 13 - 18.

[16] Marusic A, Musek J, Gudjonsson G. Injury proneness and personality. Nord J Psychiatry, 2001, 55(3): 157 - 161.

[17] Horhota M, Blanchard-Fields F. Do beliefs and attributional complexity influence age differences in the correspondence bias? Social Cognition, 2006, 24: 310 - 337.

[18] Dekker S W A. Failure to adapt or adaptations that fail: contrasting models on procedures and safety. Applied Ergonomics, 2003, 34: 233 - 238.

[19] Richard J Holden. People or systems? To blame is human. The fix is to engineer. Prof Saf, 2009, 54(12): 34 - 41.

[20] Bergomi M, Vivoli G, Rovesti S, et al. Role of some psycho-physiological factors on driving safety. Ann Ig, 2010, 22(5): 387 - 400.

[21] 金会庆,徐勇. 事故驾驶员与安全驾驶员体内神经递质水平的比较研究. 中华流行病学杂志,1994,15(增刊2): 42 - 44.

[22] Brunner H G, Nelen M, Breakefield X O, et al. Abnormal behavior associated with a point

mutation in the structural gene for monoamine oxidase A. Science,1993,262(22): 578 - 580.

[23] Plomin R, Owen M J, Guffin P M. The genetic basis of complex human behaviors. Science,1994,5166: 1733 - 1739.

[24] Evans L. The dominant role of driver behavior in traffic safety. American Journal of Public Health,1996,86: 784 - 786.

[25] Gielen A C, Sleet D. Application of behavior-change theories and methods to injury prevention. Epidemiological Reviews,2003,25:65 - 76.

[26] Ergun Y U, Matthew R. Driving and neurodegenerative diseases. Curr Neurol Neurosci Rep,2008(8): 377 - 383.

[27] 金会庆. 驾驶适性. 合肥: 安徽人民出版社,1995:5 - 29,145 - 168.

[28] 金会庆,宋扬,张树林,等. 基于事故倾向性理论的交通事故预防系统控制模型的构建. 人类工效学,2011,17(1):73 - 77.

[29] Scialfa C T, Deschênes M C, Ference J, et al. A hazard perception test for novice drivers. Accid Anal Prev,2011,43(1):204 - 208.

[30] Shahar A. Self-reported driving behaviors as a function of trait anxiety. Accid Anal Prev, 2009,41(2):241 - 245.

Huiqing Jin, born in 1956, Shanghainese, Doctor of Medicine of Tokyo University, now is the director of National Center of Engineering and Technology for Vehicle Driving Safety, president of Anhui Sanlian University. Jin Huiqing is the founder of Sanlian Group. He has been engaged in the research of traffic accident prevention for more than 30 years, and initiated a new discipline of traffic accident prevention, which taking people as object of study. Jin Huiqing has been the deputy to the ninth, tenth, eleventh and twelfth National People's Congress winner of the first and second prize of National Scientific and Technological Progress Award.

Recent Developments in Traffic Safety in the US

Kumares C. Sinha

Purdue University, USA

Abstract: The presentation first reviews the historical trends in road crashes and their characteristics. While significant gains have been achieved in traffic safety, particularly through vehicle and infrastructure related countermeasures, much is yet to be learnt about driver behavior. The naturalistic driving study, as a part of the Strategic Highway Research Project Phase 2, is intended to address this missing piece of information. A large scale data collection effort is underway to identify how driver behavior and performance interact with roadway, environmental and vehicular factors in a collision. The presentation provides details of the experiment, study design, data overview, data acquisition system and the types of analysis currently being tested. The ultimate goal of the study is to gain insights into driver behavior that cannot be obtained any other way. A discussion of potential uses of the data is included. Cooperative programs are needed to address the global traffic safety problem and the comprehensive database from the SHRP2 naturalistic driver behavior study can play a critical role in efforts to identify next generation road safety countermeasures.

Key words: traffic safety; driver behavior; crash monitoring; naturalistic study; SHRP2

1 Introduction

In 2003, a number of organizations including the U. S. Department of Transportation, American Association of State Highway and Transportation Officials

(AASHTO), the American Association of Motor Vehicle Administrators, and the Governors' Highway Safety Association came out with a goal of reducing highway fatality rate to at most one fatality per 100 million vehicle miles traveled by 2008 under the Strategic Highway Safety Plan which was first approved in 1997 (AASHTO, 2005). Although the goal is yet to be achieved, much effort has been made to enhance traffic safety over the past decade in the US. In fact, the reduction of the number and severity of traffic crashes has been a major focus in the U. S. transportation sector over the past several decades. While a multi-pronged effort to enhance traffic safety has been followed, an important component has been a comprehensive program of safety research. In this paper we discuss the US. traffic safety research, particularly highlighting the Second Strategic Highway Research Program (Campbell, 2012).

2 Trends in traffic crashes in the US

Since 1970's, when annual traffic fatalities were over 50 000, much improvement has been made. Annual fatal crashes in recent years are about 30 000 and the number continues to decline. Fig. 1 presents the trend in number of annual fatalities, vehicle miles of travel (VMT) and fatality rate per 100 million VMT. It can be noted that even with an increasing trend of VMT (a measure of crash exposure) since 1994, the fatality rate per 100 million VMT has continued to decline. During the same period (1994–2010), the number of licensed drivers (another measure of crash exposure) increased by approximately 20%; yet the fatality rate per 100 thousand licensed drivers decreased by about 33% (Fig. 2). The number of registered motor vehicles (another measure of crash exposure) continued an increasing trend during the same period (1994–2010), increasing by 34%; however the injury rate per 100 thousand registered vehicles decreased by 40% (Fig. 3). Similar trend can be noted in injury crashes. The number of injury crashes reduced by over 31% while the injury crash rate per 100 million VMT had 45% decline (Fig. 4). What these numbers indicate is that research on traffic safety and attendant countermeasures have been somewhat successful.

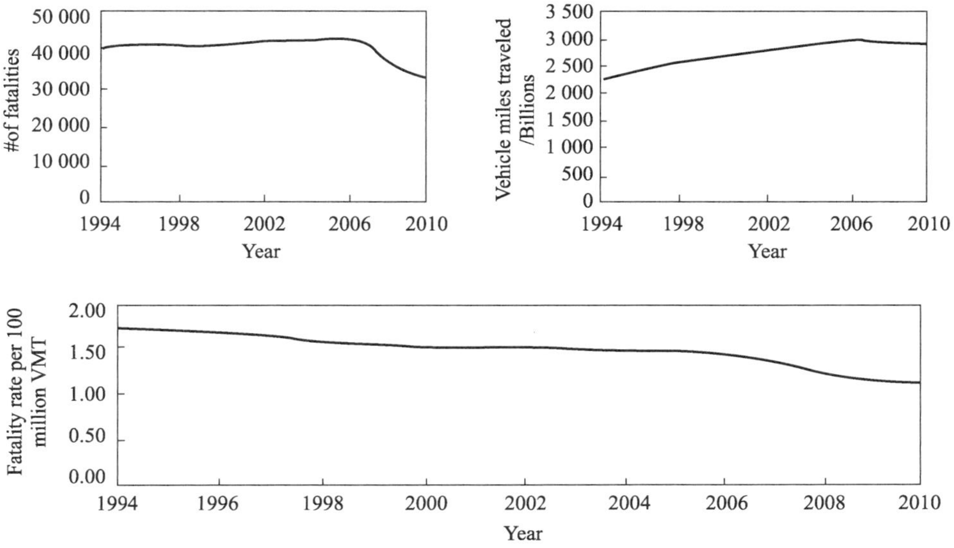

Fig. 1 Fatalities vs. vehicle miles of travel in US (Derived from NHTSA, 2012)

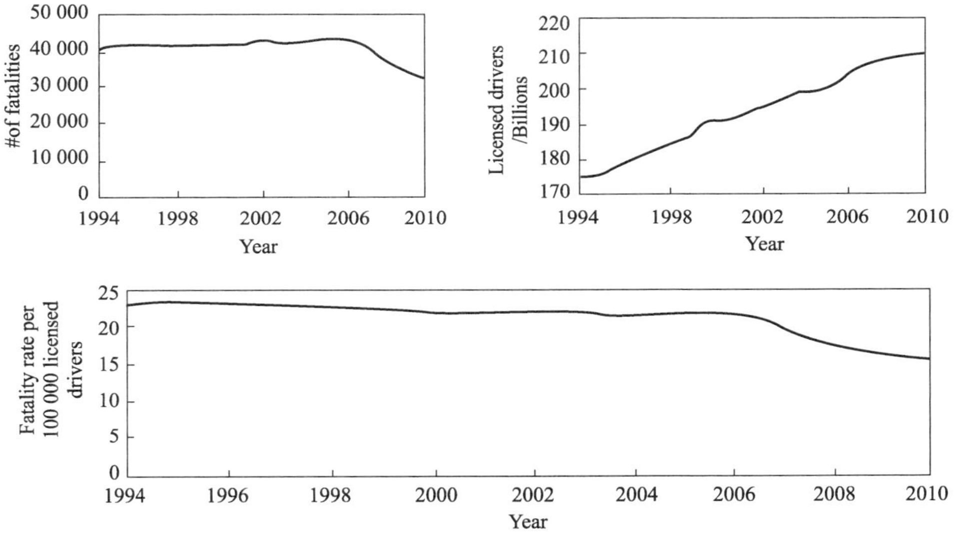

Fig. 2 Fatalities vs. licensed drivers in US (Derived from NHTSA, 2012)

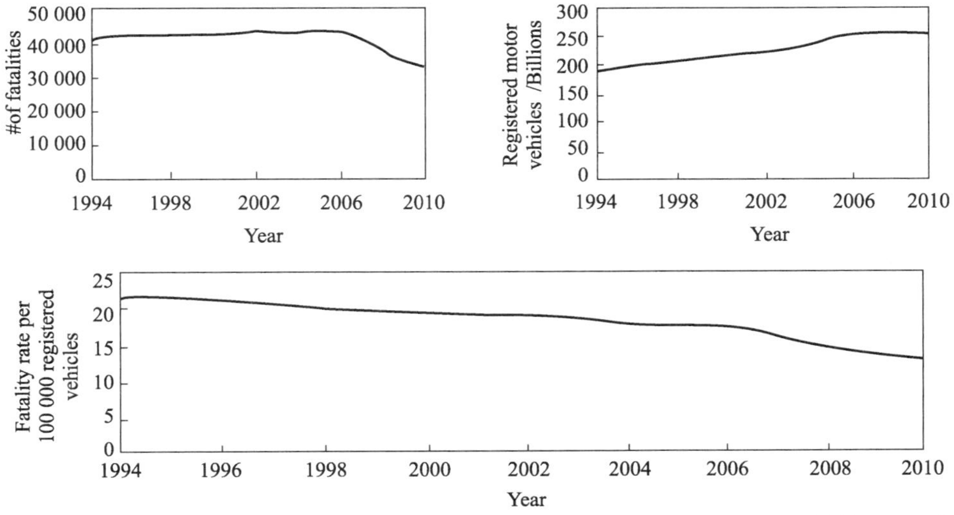

Fig. 3 Fatalities vs. registered motor vehicles in US (Derived from NHTSA, 2012)

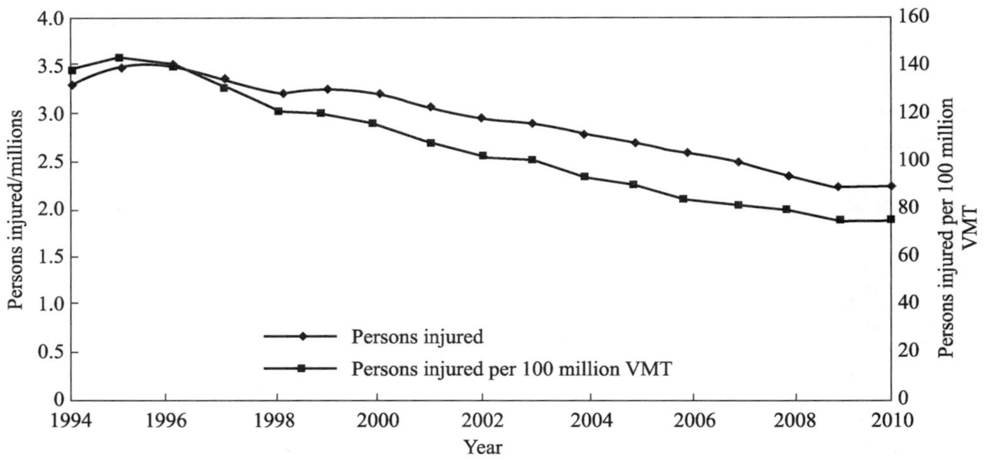

Fig. 4 Persons injured and injury rate in US 1994 – 2010 (Derived from NHTSA, 2012)

3 Dimensions of traffic crashes

The cause of traffic crashes can be classified under three broad dimensions: driver, roadway/environment and vehicle, as shown in Fig. 5.

Fig. 5 Three dimensions of traffic crashes

Driver related factors include driving skill and experience, age, sight, fatigue, intoxication, judgment, seat belt usage and alertness. Roadway and environmental factors include highway geometric design, traffic controls, surface friction, grade, cross-section, signage, weather and visibility. Vehicle related factors include provision of airbags, effective braking system, overall maintenance, and manufacture and vehicle design. These three dimensions by themselves or in combination cause crashes and effective countermeasures can be derived only if they are well understood and analyzed through effective research.

4 Roadway safety research

Over the years many research studies have been done to determine roadway features can be improved to enhance safety (Torbic et al., 2004; Neuman et al., 2003). Consequently, a number of improvements were adopted including: ① prevention of vehicles from leaving the road, ② decreasing the probability of errant vehicles from crashing into roadside objects or overturning, ③ minimizing the severity of an overturned vehicle in a crash, ④ reducing the opportunity for vehicles to overturn or strike fixed objects when they wander from the road, ⑤ decreasing injuries when a vehicle crashes with a fixed object, ⑥ improving design and operation of road intersections, ⑦ reducing head-on and across-median crashes, ⑧ designating safe speed limits, ⑨ effective design of safe work zones and many more. These improvements have significantly reduced the number and severity of crashes. Crash reduction factors associated with some of these improvements have also been quantified (Tarko et al., 2000).

5 Vehicle safety research

The investigative study by Nader (1965) dramatically changed how vehicles were designed in the early 1960's. Vehicle safety became a critical concern in vehicle design and not just comfort and style. The National Traffic and Motor Vehicle Safety Act was passed by the United States Congress (1966) which created the National Highway Traffic Safety Administration (NHTSA). The NHTSA thereafter established a series of automobile safety standards for the US automobile industry. Research on vehicle safety brought in airbags, antilock brake systems, sensors and many more safety related vehicle design features. Airbags are designed to prevent head-on collision with the steering wheel during a crash while the antilock brake system is to maintain vehicle stability and maneuvering control to reduce stopping distances when braking is required especially on icy and wet highways. While much research has been done on roadway and vehicle design, little information is available about how the driver interacts with and adapts to the vehicle, environment and roadway characteristics. It is well known that driver behavior holds the critical key to traffic safety. The seat belt use law has proved how a small change in driver behavior can significantly reduce severe injuries during a crash (Freedman et al., 2009). The use of safety belts was found to improve survivability in severe crashes by approximately 45 percent (Lucke et al., 2004).

6 Research on driver behavior

6.1 Use of driving simulator

One of the primary reasons for the use of driving simulators has been to study driver behavior in relation to roadway, environment and vehicle design features. Currently, the National Advanced Driving Simulator (NADS) at the University of Iowa is the most sophisticated research driving simulator (Fig. 6) in use. The simulator offers high-fidelity, real-time driving simulation and provides 400 square meters of horizontal and longitudinal travel and nearly 360 degrees of rotation in either direction. Recent research studies using the NADS include: safety warning systems for older drivers (Marshall et al., 2010), feasibility of vehicle-based sensors to detect alcohol impairment (Lee et al., 2010). The results from the NADS are used to understand injury and non-injury collisions, providing an objective estimate of injury risk, or the probability of injury in a collision. This allowed objective analytic methods for risk analysis associated with traffic injury prevention. This advancement was an essential step in the development of sophisticated occupant protection systems in today's cars.

Fig. 6 National advanced driving simulator (UOI, 2012)

6.2 Naturalistic driving behavior

The interrelationship of driver performance and behavior with roadway design and traffic conditions and its effects on the risk of collisions and casualties is largely a "black box", despite the fact that driver behavior contributes to most collisions. Although advanced driving simulators have provided useful information to understand some elements of human interactions with other factors at the simulated level, no major study was undertaken to assess driver behavior under naturalistic conditions until the Second Strategic Highway Research Program. Detailed information on driver behavior in relation to vehicle, roadway and environmental factors before, during and after a crash can support improvements in existing countermeasures and the development of future countermeasures. Advanced technologies, as envisioned for intelligent transportation systems, can also enable new research methods that may provide objective, exposure-based risk estimates and detailed information on driving performance-and driving errors-that could not be measured before. Future countermeasure development will require a rigorous and detailed understanding of the relationship of multiple factors responsible for collisions and casualties. In order to answer these questions, the safety components of the 2nd Strategic Highway Research Program (SHRP 2) were initiated.

7 Safety research in strategic highway research program Phase 2

The two main questions being addressed under the SHRP 2 traffic safety research program include:

(1) How driver behavior and performance interact with roadway, environmental, and vehicular factors?

(2) How roadway, environmental, and vehicular factors and their interactions influence collision risk?

8 SHRP 2 naturalistic driving behavior study

Data collection is the significant part of SHRP 2 safety research program. The major part of data collection efforts includes a naturalistic driving study and a companion study involves the use of a video system to record road inventory and characteristics. The naturalistic driving study (NDS), a state-of-the-art instrumentation package, installed in vehicles is collecting large field data on driving behavior and performance. The program will link these two databases providing unprecedented detail on driver behavior and driver interaction with roadway/environmental features and vehicular factors and how these factors influence collision risk, especially the risk of lane departure and intersection collisions.

The NDS uses volunteers to record detailed information on volunteer driver's behavior during pre-crash, near crash/incident and exposure (ordinary driving). Every trip by volunteer drivers is recorded over 12–24 months. The program has about 3 000 drivers, both males and females of all ages. The vehicles used by the volunteers are fitted with the data acquisition system (DAS). The DAS (Fig. 7) includes: forward radar; 4 video cameras, including one forward-facing, color, wide-angle view; accelerometers, some vehicle network information; GPS; on-board computer vision lane tracking, as well as other computer vision algorithms; and data storage capability.

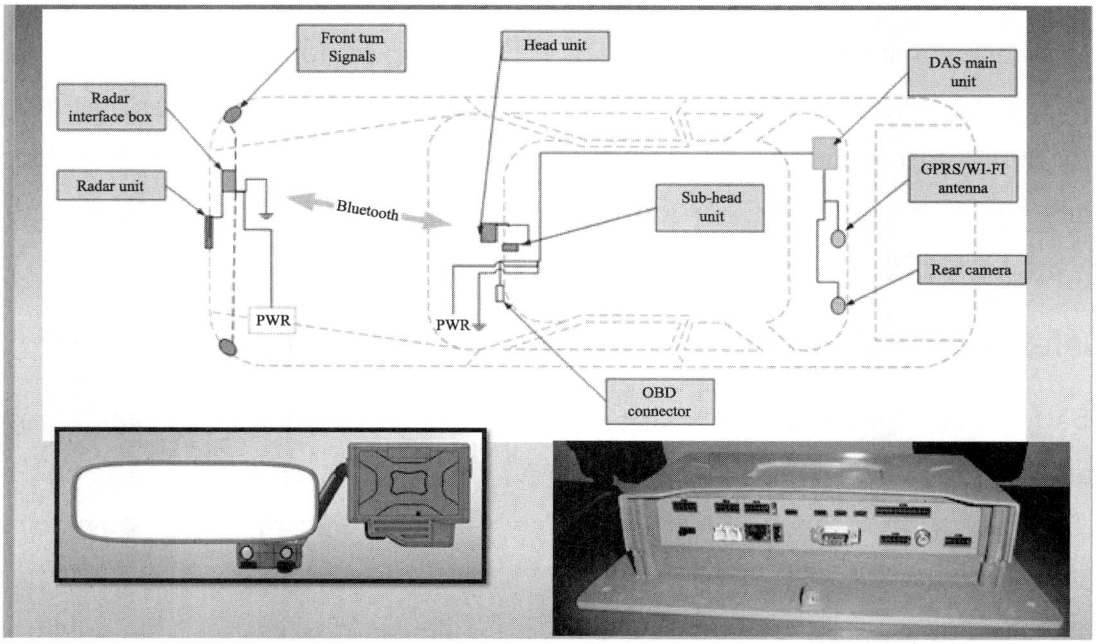

Fig. 7 Data acquisition system (Campbell, 2012)

Data from the DAS is recorded continuously while the participant's vehicle is operating; this continuous recording allows for an exposure-based approach. The NDS is being carried out in six sites (Fig. 8) with each site hosting 150–450 participant vehicles.

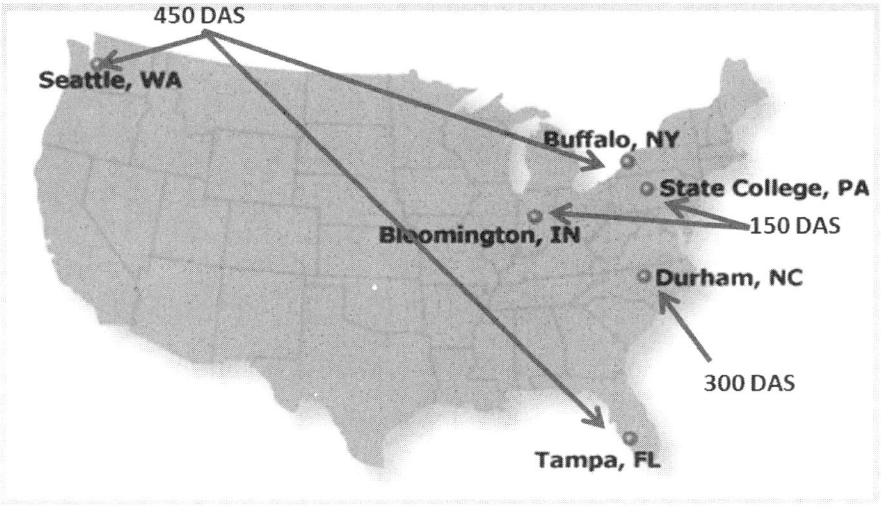

Fig. 8 Naturalistic driving study sites (Campbell, 2012)

9 Status report on NDS

Data collection started in 2010 and will end in 2013. In order to obtain information on driver factors including fatigue, inattention and distraction, the instrumented study vehicles will record videos of the driver's face, forward view, and instrument panel. Roadway inventory including entire information on intersections and road segments, environmental features and traffic operational characteristics during the period of the study will also be captured by multiple linked cameras placed overhead at selected sites. This will be captured by instrumented vans (Fig. 9) which will collect approximately 25 000 collection miles in the 6 NDS sites.

Fig. 9 SHRP 2 instrumented van and video road log (Campbell, 2012)

Roadway inventory data is being collected under three broad categories: New,

Existing and Supplemental. New roadway data inventory will be collected at highway speed, about 12 500 centerline miles (both directions) with the focus on data needed for lane departure, intersections, curvature location, length, radius; grade; cross-slope; number of lanes, lane widths and lane types, shoulder type (width if paved), speed limit signs, medians, rumble strips, lighting, intersection location, number of approaches, and control type. New data will be displayed in the video road log (Fig. 9). Existing data will come from state inventory including any available safety-related information along the NDS sites. Supplemental data includes traffic, weather, work zones, crashes, roadway improvements, policy-related information (safety campaigns and laws).

As of August 2012, the following have been accomplished in the SHRP 2 safety research program:

(1) 1859 vehicles on the road, 423 completed participants

(2) 1711 vehicle-years in database, 44% of 3900 goal

(3) 450K + trip files in database; 2. 5M + miles of driving

(4) 73 known crashes (more in database not yet identified)

(5) 5250 centerline miles of roadway data collected; will have 8800 by the end of 2012

The remaining schedule will include:

(1) Addition of data to NDS and roadway files

(2) Completion of NDS and roadway data collection by November 2013

(3) Completion of data files by March 2014

Four analysis contracts currently are beginning to test analysis methods on ① rural 2-lane curves application to estimate the most cost-effective roadway measures to prevent crashes; ② offset left-turn bays application to determine cost-effective intersection design; ③ driver inattention application to establish vehicle technology capable of tracking driver attention and warn distracted drivers and ④ crashes on congested freeways application will be used to determine effective methods to warn drivers of downstream congestion.

10 Users and potential uses of SHRP 2 data

When the project is completed, the ultimate goal will be to assist many users address significant safety issues with the NDS and roadway data. This will allow researchers to gain insights into driver behavior that can't be obtained any other way. The short-term goals will be to assist researchers in defining research questions and accessing the databases. A roadway interaction research question can be: how do roadway features affect driver behavior? This can be investigated by analyzing the effects on lane-keeping, gap acceptance, turning behavior at signalized and unsignalized intersections by the driver. The roadway information database offers potential uses with other safety databases without the NDS data. Some behavioral research questions could be: How often do drivers use cell phones? Does a state cell phone law affect cell phone use? Do drivers use cell phones less in risky situations such as heavy traffic? How does cell phone use affect driver compliance with speed limits, red lights, stop signs, etc? How does cell phone use affect risky driving behavior and crash risk?

11 Conclusions

Much progress has been made in addressing road and vehicle aspects over the years; however data on naturalistic driver behavior is lacking. The SHRP2 project is developing a comprehensive database for use by safety researchers. Similar studies should be undertaken in other countries, including China, where road traffic safety is a serious concern. Furthermore, international cooperative programs are needed to address traffic safety issues in a global context and driver related data is an essential component of these programs.

Acknowledgement

The assistance of Kenneth Campbell of SHRP 2 is gratefully acknowledged.

References

AASHTO (American Association of State Highway and Transportation Officials). 2005. Strategic highway safety plan: A comprehensive plan to substantially reduce vehicle-related fatalities and injuries on the nation's highways. http://safety. transportation. org/doc/Safety-StrategicHighwaySafetyPlan. pdf. [2013 - 1 - 31].

Campbell K. 2012. SHRP 2 safety: Making a significant improvement in highway safety. Presentation at the National Transportation Safety Board, Transportation Research Board, Washington D C.

Freedman M, Lerner N, Zador P, et al. 2009. Effectiveness and acceptance of enhanced seat belt reminder systems: Characteristics of optimal reminder systems. Final Report prepared for the National Highway Traffic Safety Administration, Washington D C. http://www.nhtsa.gov/DOT/NHTSA/NRD/Multimedia/PDFs/Human% 20Factors/Reducing% 20Unsafe% 20behaviors/811097. pdf. [2013 - 2 - 1].

Lee J D, Fiorentino D, Reyes M L, et al. 2010. Assessing the feasibility of vehicle-based sensors to detect alcohol impairment. Final Report, N10 - 005. National Highway Traffic Safety Administration, Washington D C.

Lucke R E, Raub R A, Pfefer R, et al. 2004. Guidance for Implementation of the AASHTO Strategic Highway Safety Plan. Volume 11: A guide for increasing seatbelt use. NCHRP Report 500. Transportation Research Board, Washington D C. http://safety. transportation. org/guides. aspx? cid = 28. [2013 - 2 - 1].

Marshall D C, Wallace R B, Torner J C, et al. 2010. Enhancing the effectiveness of safety warning systems for older drivers: Final project. U. S. Department of Transportation, National Highway Traffic Safety Administration, Washington D C.

Nader R. 1965. Unsafe at any speed: The designed-in dangers of the American automobile. NY: Grossman Publishers.

Neuman R T, Pfefeer R, Slack L K, et al. 2003. A guide for addressing head-on collisions. NCHRP Report 500, Volume 4. Transportation Research Board, Washington D C.

NHTSA (National Highway Traffic Safety Administration). 2012. Fatality analysis reporting system encyclopedia. http://www-fars. nhtsa. dot. gov/Main/index. aspx. [2012 - 8 - 15].

Tarko A, Sinha K C, Eranky S, et al. 2000. Crash reduction factors for improvement activities in Indiana. Joint Transportation Research Program, Purdue University, West Lafayette, IN.

Torbic J D, Hardwood W D, Gilmore K D, et al. 2004. A guide for reducing collisions on horizontal curves. NCHRP Report 500, Volume 7. Transportation Research Board, Washington D C.

UOI (University of Iowa). 2012. The national advanced driving simulator. http://www. nads-sc. uiowa. edu/projects. php. [2012 - 8 - 15].

Kumares C. Sinha is the Edgar B. & Hedwig M. Olson Distinguished Professor of Civil Engineering at Purdue University. He has been active in teaching, research and practice for over four decades in transportation planning, engineering and management. He consults for the World Bank on transportation and infrastructure issues and he is the Editor-in-Chief Emeritus of *Journal of Transportation Engineering*. He serves on the Executive Committee of the Transportation Research Board and on the Oversight Committee of the Second Strategic Highway Research Program. He is a Member of the U. S. National Academy of Engineering.

International Traffic-Fatality Rates—Comparisons among 26 Countries Using Data through 2011

Leonard Evans

Science Serving Society, US

Abstract: In the author's book "*Traffic Safety*" (2004), the chapter titled The Dramatic Failure of US Safety Policy concludes that US Safety policy, by rejecting science, ends up placing most emphasis where benefits are least (*JAMA* reviewer calls this chapter the Showstopper). The conclusion that disastrous US policy was killing more than ten thousand additional Americans every year was based on comparing US performance with that in three comparison countries (Britain, Canada, and Australia). This present paper uses data from the International Road Traffic and Accident Database (IRTAD) for 26 countries. Official data for China was included in an earlier oral presentation. However, uncertainty about the reliability of the Chinese data has led to its removal from this paper. Instead of comparing US safety performance to three comparison countries, the current paper compares US safety performance to 25 countries, each with 8 years more data than earlier. The increased amount of data adds vastly more support to the earlier conclusion that US safety performance is dramatically worse than that in other industrialized countries.

Key words: traffic fatalities; international comparisons; speed; driver behavior; safety policy; USA safety; traffic deaths; traffic crashes; traffic injuries; vehicle factors

1 Introduction

The launching pad for this paper is Chapter 15 of the author's 2004 book *Traffic*

Safety[1]. This chapter, titled *The Dramatic Failure of US Safety Policy*, was called the showstopper in one of the reviews[2].

US safety policy was examined relative to that in three comparison countries. These were Great Britain, Canada, and Australia, chosen because they have much in common with the US in terms of language, beliefs, and traditions. Performance was compared over the 23-year period from 1979 to 2002. At time of writing *Traffic Safety*[1] the latest available data, sometimes provisional, was for 2002. It was in the late 1970s/early 1980s that the safety policies of the US and other countries began to diverge. A main focus of this paper is to further compare US safety performance with that in other countries.

Fig. 1 is a reproduction from the 2004 book[1] which shows that in the period 1979 to 2002 US fatalities had declined by 16% (from 51 093 in 1979 to 42 815 in 2002). Taken in isolation this might look like impressive progress. Indeed, such reductions were heralded by US officials as proving policies were working. However, when the US 16% reduction was compared to the average reduction of more than 50% in the three comparison countries an entirely different conclusion was unavoidable.

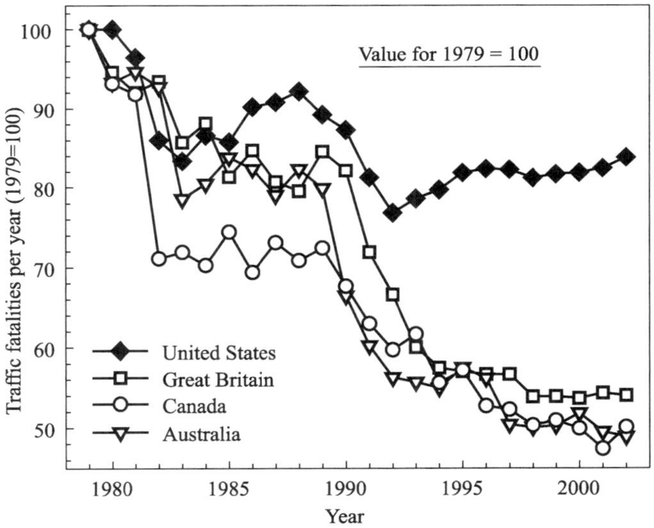

Fig. 1 Traffic fatalities per year in the US and in three comparison countries. All values are rescaled by dividing the actual number for each year by the number in 1979, and multiplying by 100. (Reproduced from p. 382 of Ref [1].)

If the US fatalities had declined by the same percent as in the comparison countries more than 16 thousand fewer people would have been killed on American roads in the single year of 2002. Adding the difference for each year led to the conclusion that about

200 000 additional Americans had died in the period 1979–2002 because of the failure of the US to match the declines in the comparison countries.

When presenting comparisons such as these one of the most common questions from US audiences is "What is so special about the other countries that they do so enormously better than the US". The questioner is often taken aback by my reply that there is nothing special about them-it is the US that is special-it is the USA that has aberrant safety policies.

Notwithstanding this response, the question still remains that the three comparison countries could have been especially successful at reducing fatalities, and that this is the source of the difference. Perhaps the US has made unusual progress since 2002, thereby reducing some of the large difference so apparent in Fig. 1.

It is the purpose of this paper to address these three questions.

(1) Do earlier conclusions based on data through 2002 persist?

(2) Are earlier claims that three comparison countries were not "special" validated by other countries?

(3) Are conclusions now validated with even more clarity and confidence?

2 Methods and materials

The data used for Fig. 1 was obtained from each of the responsible jurisdictions Great Britain[3], Canada[4], and Australia[5]. This paper uses data from the International Road Accident Database (IRTAD)[6] which collects values for a number of measures for 32 countries. The data used in this study[7], were kindly provided through the courtesy of IRTAD[6] members.

This paper focuses exclusively on fatalities. Fatalities, the highest level of harm from a traffic crash, provide the most reliably data. However, even this most reliable measure is often less reliable than it might seem, and for a number of reasons. First, the technical difficulty of including all those cases, and only those cases, that fit a clear definition of what a traffic fatality is. For example it is sometimes defined as death within 30 days of the crash as a result of the crash. As everyone has some probability of dying at any moment, some will die 30 days after a crash for reasons that have nothing to do with the crash. More importantly, the same government officials responsible for reducing traffic deaths are often the very ones collecting and analyzing the data, which can lead to all sorts of problems[8].

The IRTAD[6] data contains fatality and other data for 32 jurisdictions. These include the United Kingdom (UK), Great Britain (GB), and Northern Ireland (NI). As UK (1960) = GB (1901) + NI (59), no more than one of these should be included (the numbers in parenthesis are the number of fatalities in 2011). It would be preferable to use the UK data because it is for the entire nation, and sample sizes are about 3% larger. However, to provide a better comparison with Fig. 1 and to be compatible with the earlier discussion and analyses[1], and nearly all prior studies of British safety, we analyze the data for GB.

From the 29 remaining countries we exclude Slovakia because there are too many missing values, and Iceland (12) and Slovenia (141) because there are too few data (the values in parenthesis are the 2011 fatalities).

A selection of the data for the remaining 26 countries is presented in Table 1, in which some years' data are not printed because of space constraints. All the analyses in this report are based on fatality data for these 26 countries, in some cases the data going back to the mid 1960s. A main focus of the paper is to compare US safety performance with that in the other 25 countries. This paper, unlike an earlier one[9] does not include the previously used data for China. Serious criticisms have arisen regarding these data[10-12] and until these are resolved we will not use the Chinese data.

3 Results

3.1 Update of US compared to three comparison countries

Here we address developments after 2002 for the time series data in Fig. 1, and examine whether the difference between the US and the three comparison countries faded away in time.

By 2002 the US had fallen so far behind the three comparison countries (Fig. 1) that this should have presented a perfect opportunity to catch up. What in fact happened is shown in Fig. 2, which provides no evidence of the US closing the large difference from the comparison countries.

The post-2002 trend is examined in greater detail in Fig. 3. Rather than catching up on the 3 comparison countries, the US barely kept level with Canada and Australia, but fell yet sharply further behind Britain. Numerical values from Fig. 1, Fig. 2, and Fig. 3 are presented in Table 2.

Table 1 A list of the 26 countries and data used in the study (Not all years are shown due to space limitations)

Country	2011	2010	2009	2008	2007	2006	2005	2004	2003	2002	…	1979	…	1970	…
US	32 367	32 885	33 833	37 423	41 259	42 708	43 510	42 836	42 884	43 005	…	51 093	…	52 627	…
Japan	5 450	5 745	5 772	6 023	6 639	7 272	7 931	8 492	8 877	9 575	…	11 006	…	21 795	…
Germany	4 009	3 648	4 152	4 477	4 949	5 091	5 361	5 842	6 613	6 842	…	15 558	…	21 332	…
France	3 963	3 992	4 273	4 275	4 620	4 709	5 318	5 593	6 058	7 655	…	13 603	…	16 445	…
Italy	3 860	4 090	4 237	4 725	5 131	5 669	5 818	6 122	6 563	6 980	…	8 983	…	11 025	…
Great Britain	1 901	1 850	2 222	2 538	2 946	3 172	3 201	3 221	3 508	3 431	…	6 352	…	7 499	…
South Korea	5 229	5 505	5 838	5 870	6 166	6 327	6 376	6 563	7 212	7 222	…	6 907	…	3 529	…
Spain	2 060	2 478	2 714	3 100	3 823	4 104	4 442	4 741	5 399	5 347	…	6 752	…	5 456	…
Poland	4 189	3 908	4 572	5 437	5 583	5 243	5 444	5 712	5 640	5 827	…	5 793	…	3 446	…
Canada	na	2 227	2 230	2 419	2 761	2 884	2 898	2 731	2 779	2 921	…	5 863	…	5 080	…
Australia	1 275	1 352	1 488	1 442	1 603	1 602	1 627	1 583	1 621	1 715	…	3 508	…	3 798	…
Netherlands	546	537	644	677	709	730	750	804	1 028	987	…	1 977	…	3 181	…
Greece	na	1 258	1 456	1 553	1 612	1 657	1 658	1 670	1 605	1 634	…	1 483	…	1 099	…
Belgium	858	840	944	944	1 071	1 069	1 089	1 162	1 213	1 353	…	2 326	…	3 070	…
Portugal	891	937	929	974	1 071	1 066	1 372	1 423	1 701	1 843	…	2 741	…	1 777	…
Czech Rep.	773	802	901	1 076	1 222	1 063	1 286	1 382	1 447	1 431	…	1 377	…	1 983	…

Continued

Country	2011	2010	2009	2008	2007	2006	2005	2004	2003	2002	…	1979	…	1970	…
Hungary	638	740	822	996	1 232	1 303	1 278	1 296	1 326	1 429	…	1 750	…	1 627	…
Sweden	319	266	358	397	471	445	440	480	529	532	…	926	…	1 307	…
Austria	523	552	633	679	691	730	768	878	931	956	…	2 186	…	2 574	…
Switzerland	320	327	349	357	384	370	409	510	546	513	…	1 230	…	1 643	…
Israel	341	352	314	412	382	405	437	467	445	515	…	555	…	518	…
Denmark	220	255	303	406	406	306	331	369	432	463	…	730	…	1 208	…
Finland	292	272	279	344	380	336	379	375	379	415	…	650	…	1 055	…
Norway	168	208	212	255	233	242	223	258	282	312	…	437	…	560	…
Ireland	186	212	238	279	338	365	396	374	335	376	…	614	…	540	…
New Zealand	284	375	384	365	421	393	405	436	461	404	…	554	…	655	…

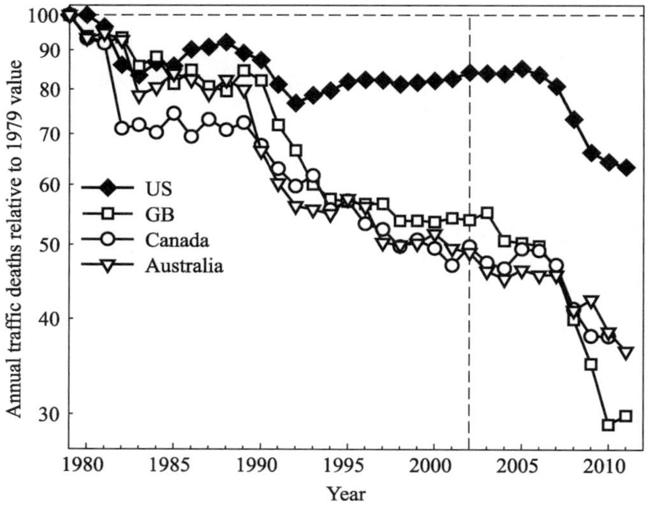

Fig. 2 The time series in Fig. 1 extended (logarithmic axis) to include data through 2011 (2010 for Canada)

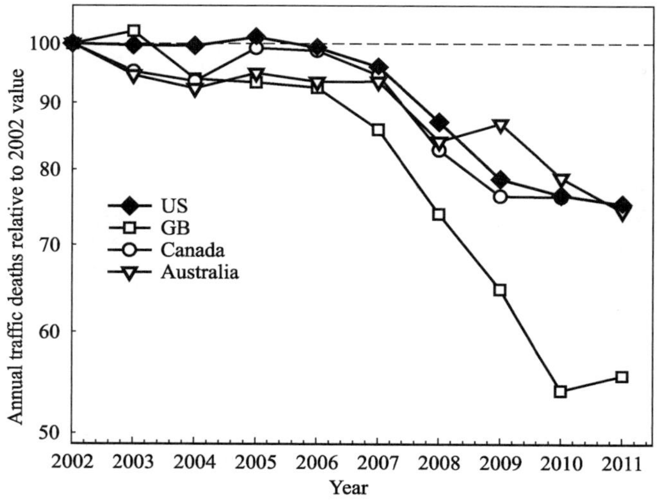

Fig. 3 Fatality changes from 2002 through 2011 (2010 for Canada)

Table 2 Percent changes in fatalities in different periods for different countries. All can be derived from data in Table 1 (except that the Fig. 1 values are those plotted using the 2002 preliminary values[1])

	Percent change in fatalities		
	2002 compared to 1979 (earlier result[a]) (Fig. 1)	2011 compared to 1979 (Fig. 2)	2011 compared to 2002 (Fig. 3)
United States	-16. 2%	-36. 7%	-24. 7%
Great Britain	-46. 0%	-70. 1%	-44. 6%
Canada	-49. 9%	-62. 0%[b]	-23. 8%[b]
Australia	-51. 1%	-63. 7%	-25. 7%

a Values are same as earlier analysis[1] using preliminary data then available-no material differences.

b Value for 2010.

3.2 A better safety measure

The above analyses were all based on selecting particular past years. The results are therefore dependant on what could be claimed is an arbitrary choice. Many prior analyses have been also performed using such rates as the number of fatalities per unit distance of travel, per registered vehicle, or per human population[1]. Every rate formed from these illuminates some aspect of safety, and each has its own interpretative or data deficiencies. For example, measures of distance of travel are unavailable or unreliable for most countries. It would be better to use a measure that does not depend on any source of data beyond the fatality data.

In the physical sciences, measures that are dimensionless are sought because of their many advantages. Even the simplest rate used use in fatality analysis, the number of fatalities in each year, has the dimensions fatalities per year (or T^{-1}). A dimensionless measure that involved only traffic fatalities and no other assumptions would have advantages in safety analysis.

Such a measure can be defined because an industrialized country's traffic fatalities reach a maximum number, F_{Max}. In the early days of motorization fatalities are low, then increase rapidly with industrialization, and eventually decline. It is apparent that the data for every country in Table 1 must exhibit such a pattern. We can therefore define a measure for any industrialized country as:

$$\text{Fatalities relative to max in year } Y = 100 \times \text{Fatalities in year } Y/F_{Max} \qquad (1)$$

Eqn. (1) has other advantages. It does not depend much on the definition of fatality provided this remains the same for all years (it may not). Also, if a jurisdiction's data are systematically biased, this will also not affect results from Eqn. (1) provided the bias remains the same for every year. This may not be true if data reporting is improved or if data is distorted to provide false indications of safety improvements.

Values of Eqn. (1) are shown plotted for the US and the three comparison countries in Fig. 4. The plot for each country has a different number of points because each country achieved its maximum number of fatalities in a different year, as given in Table 3.

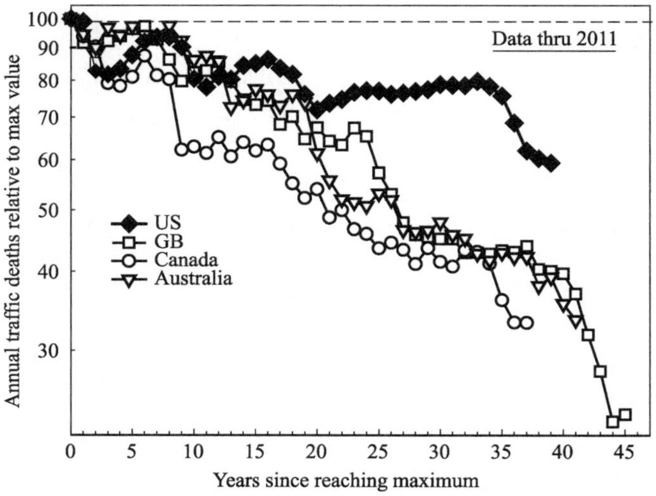

Fig. 4 Traffic deaths for each country relative to the maximum number reached (values in Table 3)

Table 3 Years in which countries experienced their greatest number of fatalities

	Maximum number of fatalities	Occurred in	Number of years since maximum
United States	54 589	1972	39
Great Britain	7 985	1966	45
Canada	6 706	1973	37[a]
Australia	3 798	1970	41

a Canada with respect to 2010, others 2011.

The data as presented in Fig. 4 support the same conclusions as before. Indeed, Fig. 4 and Fig. 3 are remarkably similar even though their basis is quite different. US performance is dramatically worse than in the three comparison countries. The question still remains whether these three comparison countries had uniquely impressive performance, so that US performance might not have been such a dramatic failure claimed previously[1].

Eqn. (1) provides an effective way to compare different countries. Fig. 5 shows US and the three comparison countries compared to that in a number of other countries. These were selected to establish that many countries achieved larger reductions than the three comparison countries. Others, including Japan and Sweden, are not plotted because their data largely overlap with that of GB, the one of the original three comparison countries that attained the largest fatality reductions.

Fig. 5 establishes clearly that the original three comparison countries were not uniquely successful. If other countries had been chosen, the measured difference between them and the US would have been even more dramatic.

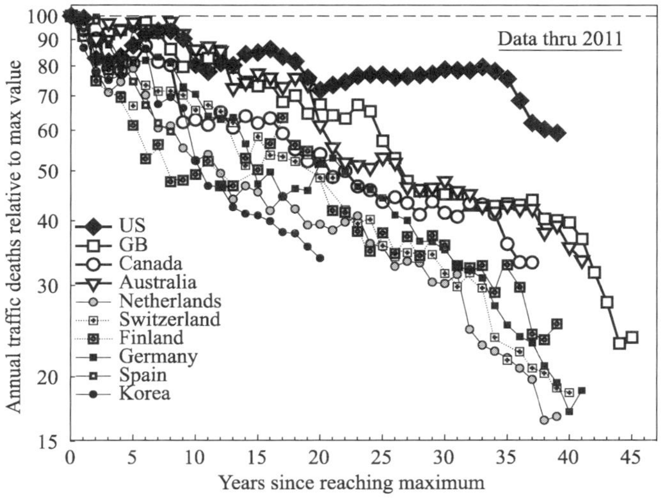

Fig. 5 Plots for some of the countries that performed even better than the three comparison countries (GB, Britain, and Australia). Others have not been plotted in the interests of clarity

Fig. 6 shows all available data for all 26 countries (it is not feasible to provide a legend for each country).

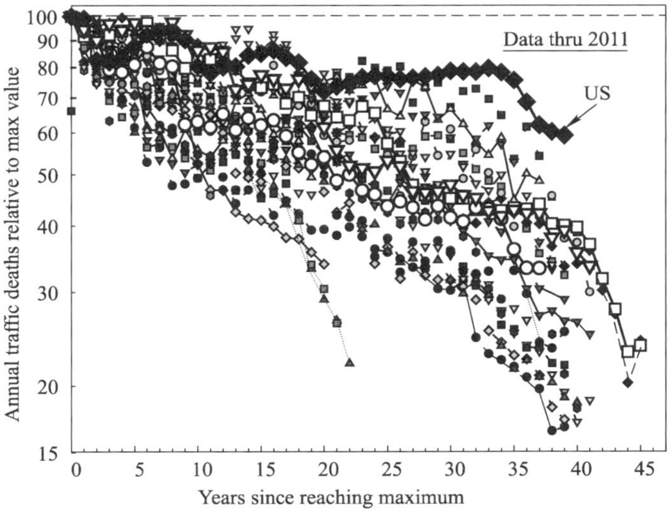

Fig. 6 Fatality reductions in the US compared to those in all 25 other countries. Fatalities in every one of the other 25 countries dropped further and/or faster than in the US, showing that the US is a unique outlier

4 Conclusions

It is not within the scope of this paper to explain why US fatalities remain at such relatively high levels compared to other countries. That subject has been examined elsewhere[1]. The central conclusion of this paper is that The Dramatic Failure of US Safety Policy is more clearly and reliably established by vastly more data and analyses than hitherto.

References

[1] Evans L. Traffic Safety. Bloomfield Hills, MI, USA: Science Serving Society, 2004.

[2] Eisenberg D. Book review *Traffic Safety* by L. Evans. J Am Medical Assoc, 2005, 294: 746 - 747.

[3] Department for Transport. Transport statistics, Table 9. 10. Road accidents and casualties: 1950 - 2002.

[4] Transport Canada. Canadian motor vehicle traffic collision statistics: 2002.

[5] Australian Transport Safety Bureau. 2002.

[6] www. irtad. net[2013 - 03 - 10].

[7] Personal communication via E-mail from Niels Bos. Department Road Safety Assessment, SWOV Institute for Road Safety Research. The Netherlands, 2013 - 03 - 05.

[8] Hauer E. The reign of ignorance in road safety: A case for separating evaluation from implementation. In: Moses L N. Savage I: Transportation Safety in An Age of Deregulation. Oxford University Press, USA, 1989: 56 - 69.

[9] Evans L. USA traffic safety provides examples worth copying and worth avoiding. In: Wang Z. Modern Traffic Medicine. Chongqing: Chongqing Publishing House, 2011: 919 - 934.

[10] Hu G, Baker T, Baker S P. Comparing road traffic mortality rates from police-reported data and death registration data in China. Bull World Health Organ, 2011, 89: 41 - 45

[11] Alcorn T. Uncertainty clouds China's road-traffic fatality data. Lancet, 2011, 378: 305 - 306.

[12] Zhou J. Oral presentation to Forum on Road Traffic Accident Prevention Engineering organized by Chinese Academy of Engineering. Beijing, China, 13 Sept. 2012.

Leonard Evans is an internationally renowned traffic safety expert who holds a doctorate in physics from Oxford University, England. He has presented traffic-safety lectures, including 22 Keynote Addresses, in 30 countries. His 186 publications include Traffic Safety (2004) and his distinctly different earlier book *Traffic Safety and the Driver* (1991). Traffic Safety is a college text in at least 25 countries, including many US universities.

Dr Evans' research has received awards from the National Highway Traffic Safety Administration, the International Association for Accident and Traffic Medicine, the Association for the Advancement of Automotive Medicine, the Human Factors and Ergonomics Society, the Detroit Institute of Ophthalmology, the Society of Automotive Engineers, and General Motors.

He has been president (and later president-emeritus) of the International Traffic Medicine Association (ITMA) and the Association for the Advancement of Automotive Medicine (AAAM), the only individual to have headed both organizations. He is president of Science Serving Society, a one-man organization he formed in 2000 to continue research and other professional activities after completing a 33-year research career with GM.

Dr. Evans was a Sigma Xi Distinguished Lecturer (2001 – 2002), and recipient of the Society of Automotive Engineering Lloyd L. Withrow Distinguished Speaker Award (2005, and also 2006). He is a fellow of the SAE, a fellow of the Human Factors and Ergonomics Society, a fellow of the Association for the Advancement of Automotive Medicine, and a member of the National Academy of Engineering.

Traffic Safety and Health in Japan and China—History of 25-year Collaboration

Shunichi Araki

The University of Tokyo, Tokyo, Japan

Abstract: We have conducted a joint study on prevention of traffic accident in Japan and China since 1989. Dr. Huiqing Jin, Director of Anhui Sanlian Accident Prevention Institute, and myself have represented a research group in each country. The study was highlighted as follows: In 1989, Dr. Jin became my post-graduate course student in The University of Tokyo, receiving the degree of Dr Med Sc in 1993. In February, 1991, I was appointed Honorary Director of the Sanlian Accident Prevention Institute, which was founded in 1990. In 1991, we published an original paper entitled "*Psychological Performance of Accident-Prone Automobile Drivers: A Case-Control Study*" in China in the *International Journal Epidemiology* (UK); in July of this year I organized International Symposium on Neurobehavioral Methods and Effects in Occupational and Environmental Health in Tokyo together with the ICOH, WHO & ILO, publishing a proceedings book in 1994 from the Academic Press (USA); and also in December Dr. Jin organized the First China-Japan Symposium on Traffic Accident Prevention in Shanghai. In 1995, we published an original paper entitled "*Autonomic and Central Nervous System Effects of Lead in Female Glass Workers in China*" together with late Professor S J Liu of the Beijing Medical School in the *American Journal of Industrial Medicine*. During those period, air-born lead levels were becoming high in urban areas of developing counties where lead had been used for motor car fuels. In this year, we also organized the 2nd Japan-China Symposium on Traffic Accident Prevention in Tokyo with 130 and 59 participants attended from Japan and China, respectively. The Proceedings

Book was published in Tokyo in 1998. In 1997, Dr. Jin organized the 6th International Symposium on Neurobehavioral Methods and Effects in Occupational and Environmental Health in Shanghai. In 2004, Dr. Jin also organized the Sino-Japanese International Symposium on Public Health in the 21st Century in Hefei under the support of the Chinese Academy of Engineering (CAE). In 2008, the Collegium Ramazzini (President Philip Landrigan) issued a statement and called for a worldwide ban on exposure to lead, claiming that recent research has proven conclusively that lead can cause permanent damage to human health and injury to multiple organ systems at a blood lead level about 5 microgram/dl. Currently in Japan, the number of deaths due to motor vehicle accident has decreased rapidly; and the proportion of death due to motor vehicle accident to total number of deaths in whole population became only 0.5 percent, whereas the proportion of suicide deaths has increased to 2.3 percent. On the other hand, in China the motor vehicle accident mortality and air pollution are on an upward trend. This is sharply contrasted by a downward trend in Japan. So continuation of our collaboration would be beneficial to each research group. I congratulate on Dr. Jin and many colleagues in China for foundation of the National Center of Engineering and Technology for Vehicle Driving Safety and for their success in motorization and remarkable economic development.

Key words: traffic accident; University of Tokyo; Sanlian Accident Prevention Institute; original papers; International Symposia; International Commission on Occupational Health(ICOH); Proceedings of Second Japan-China Symposium; lead exposure; motor vehicle accident mortality

1 Introduction

Our research collaboration on traffic accident prevention between Japan and China started in 1989, when Dr. Huiqing Jin became my post-graduate course student at the Department of Public Health in the School of Medicine of The University of Tokyo[1].

Dr. Jin founded the Sanlian Accident Prevention Institute in the Hefei City of the Anhui Province, China, in December, 1990. He became a successful student together with most of my 20 students who succeeded in receiving the degree of Doctor of Medical Sciences (DrMSc), which corresponds to PhD, by publishing original scientific paper with me during my 14-year department chair period.

In February, 1991, I was appointed Honorary Director of the Sanlian Institute as shown in Fig. 1[1].

Fig. 1 Honorary Director of Anhui Sanlian Accident Prevention Institute (S. Araki, 1991)

Dr. Jin was appointed Visiting Professor of the School of Medicine, The University of Tokyo, for the year 1994 – 1995[1].

1) Publication of original papers

In 1991, Jin et al. published an original paper entitled Psychological Performance of Accident-Prone Automobile Drivers in China: A Case-Control Study in the International Journal of Epidemiology as shown in Fig. 2[2].

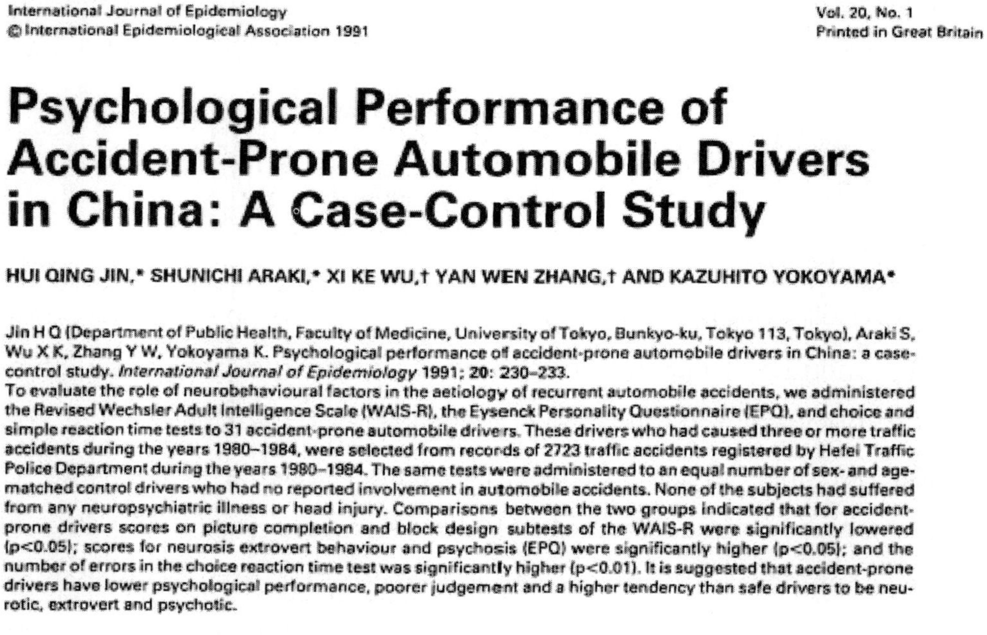

International Journal of Epidemiology
© International Epidemiological Association 1991

Vol. 20, No. 1
Printed in Great Britain

Psychological Performance of Accident-Prone Automobile Drivers in China: A Case-Control Study

HUI QING JIN,* SHUNICHI ARAKI,* XI KE WU,† YAN WEN ZHANG,† AND KAZUHITO YOKOYAMA*

Jin H Q (Department of Public Health, Faculty of Medicine, University of Tokyo, Bunkyo-ku, Tokyo 113, Tokyo), Araki S, Wu X K, Zhang Y W, Yokoyama K. Psychological performance of accident-prone automobile drivers in China: a case-control study. *International Journal of Epidemiology* 1991; **20**: 230–233.

To evaluate the role of neurobehavioural factors in the aetiology of recurrent automobile accidents, we administered the Revised Wechsler Adult Intelligence Scale (WAIS-R), the Eysenck Personality Questionnaire (EPQ), and choice and simple reaction time tests to 31 accident-prone automobile drivers. These drivers who had caused three or more traffic accidents during the years 1980–1984, were selected from records of 2723 traffic accidents registered by Hefei Traffic Police Department during the years 1980–1984. The same tests were administered to an equal number of sex- and age-matched control drivers who had no reported involvement in automobile accidents. None of the subjects had suffered from any neuropsychiatric illness or head injury. Comparisons between the two groups indicated that for accident-prone drivers scores on picture completion and block design subtests of the WAIS-R were significantly lowered ($p<0.05$); scores for neurosis extrovert behaviour and psychosis (EPQ) were significantly higher ($p<0.05$); and the number of errors in the choice reaction time test was significantly higher ($p<0.01$). It is suggested that accident-prone drivers have lower psychological performance, poorer judgement and a higher tendency than safe drivers to be neurotic, extrovert and psychotic.

Fig. 2 Our paper in International Journal of Epidemiology 1991

The findings of this paper suggested that accident-prone drivers have higher tendency to be lower psychological performance, poorer judgement and a high tendency to be neurotic, extrovert and psychotic. Dr. Jin made his debut to an international scientific circle by this paper.

In 1995, we, together with late Professor Shijie Liu of the Beijing Medical School, published an original paper entitled "*Autonomic and Central Nervous System Effects of Lead in Female Glass Workers in China*" in the American Journal of Industrial Medicine as shown in Fig. 3[3].

American Journal of Industrial Medicine 28:233–244 (1995)

Autonomic and Central Nervous System Effects of Lead in Female Glass Workers in China

Katsuyuki Murata, MD, Shunichi Araki, MD, MSc, Kazuhito Yokoyama, MD, Kazuo Nomiyama, MD, Hiroko Nomiyama, PhD, Yong-Xian Tao, MD, and Shi-Jie Liu, MD

To clarify the effects of lead on autonomic and central nervous system functions, electrocardiographic R-R interval variability (CV_{RR}) as well as visual and brainstem auditory evoked potentials (VEP and BAEP) were measured in 36 female workers exposed to lead (exposed group) and in 15 female textile workers (unexposed group). The $C\text{-}CV_{LF}$, $C\text{-}CV_{HF}$ (two component CVs of the CV_{RR} reflecting sympathetic and parasympathetic activities, respectively), and LF/HF ratio (indicator of sympatho-vagal balance) were also computed from component spectral powers by means of autoregressive spectral and component analyses. The exposed group had engaged in glass work for 2–17 (mean 7.8) years. Blood lead (BPb) concentrations were 25.8–79.3 (mean 55.6) μg/dl in the exposed group and 4.7–8.6 (mean 6.3) μg/dl in the unexposed group. The CV_{RR}, $C\text{-}CV_{LF}$, $C\text{-}CV_{HF}$, and LF/HF ratio in the exposed group were significantly lower than those in the unexposed group. Also, the exposed group had more complaints of subjective symptoms and signs than did the unexposed group. On the other hand, no significant differences in either VEP or BAEP latencies were found between the two groups. It is suggested that autonomic nervous function is more susceptible to lead than visual and auditory nervous functions; lead affects sympathetic activity more strongly than parasympathetic activity. © 1995 Wiley-Liss, Inc.

Key words: **lead neurotoxicity, R-R interval variability (CV_{RR}), sympathetic activity, parasympathetic activity, visual evoked potential, brainstem auditory evoked potentials, female occupation**

Fig. 3 Our paper in American Journal of Industrial Medicine 1995

During those period, airborn concentrations of lead were high in urban areas of developed countries where lead was used for motor car fuels[4]. Whereas, reduction in lead in air and in blood was reported in USA and in some European countries.

2) Organization of international symposia with proceedings books published

In July 1991, we organized the 4th International Symposium on Neurobehavioral Methods and Effects in Occupational and Environmental Health in The University of

Tokyo, Japan, together with Internal Commission on Occupational Health (ICOH), World Health Organization (WHO) and International Labor Organization (ILO). Publication of the Symposium Proceedings was made from the Academic Press in the USA (Fig. 4)[5]. A total of 106 original and review papers were published. All the papers had been published in the international journal: Environmental Research (Academic Press) beforehand, after peer reviews by international group of 15 American, 11 European, and 12 Japanese scientists.

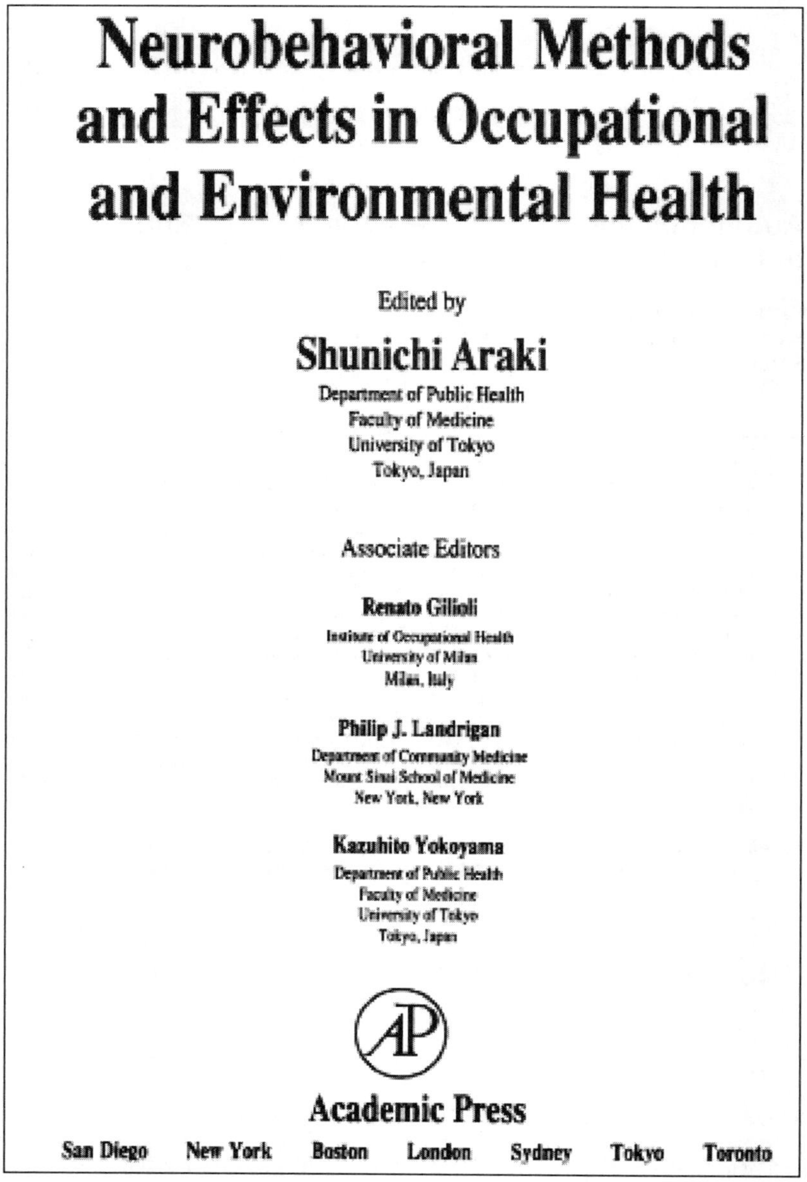

Neurobehavioral Methods and Effects in Occupational and Environmental Health

Edited by

Shunichi Araki

Department of Public Health
Faculty of Medicine
University of Tokyo
Tokyo, Japan

Associate Editors

Renato Gilioli

Institute of Occupational Health
University of Milan
Milan, Italy

Philip J. Landrigan

Department of Community Medicine
Mount Sinai School of Medicine
New York, New York

Kazuhito Yokoyama

Department of Public Health
Faculty of Medicine
University of Tokyo
Tokyo, Japan

Academic Press

San Diego New York Boston London Sydney Tokyo Toronto

Fig. 4 Publication of Symposium Proceedings (Academic Press, 1994)

In December of the same year, Dr. Jin organized the First China-Japan Symposium on Traffic Accident Prevention as Symposium Chair in Shanghai, China (Fig. 5). I represented Japan as one of the Symposium Co-Chairs.

Fig. 5 First China-Japan Symposium (Shanghai, 1991)

In 1995, we organized the Second Japan-China Symposium on Traffic Accident Prevention in Tokyo, Japan (Fig. 6)[6]. I served as Symposium Chair, and Symposium Co-Chairs were Dr. Jin, 3 Japanese and 2 Chinese specialists, and a representative from the OECD. Following Special Remarks by representatives of the OECD, Chinese Government, and Shandong Province of China, Workshops from 5 Ministries of Japanese government, 10 Memorial and Keynote Lectures, 19 Oral and 24 Poster Presentations were made. The total number of participants was 130 from Japan and 59 from China.

Fig. 6 Second Japan-China Symposium (Tokyo, 1995)

In memory of the scientific communication with China, we published Proceedings of this Symposium from a Japanese publisher in 1998 (Fig. 7)[6]. The book title was "*Traffic Safety and Health*". Each paper was written in either Japanese, Chinese or English.

Fig. 7 Publication of Symposium Proceedings (Kyorin Shoin, 1998)

In this book, we compiled our own past original papers as a review paper entitled Epidemiological Studies of Traffic Accidents in Japan and China (Fig. 8)[6]. The major findings were that: Rural residence, population growth, and high income were three major risk factors for traffic mortality in both the years 1970 and 1975, i. e., the time of high economic growth and the time of economic decline after "Oil Crisis" in 1972, respectively.

In 1997, Dr. Jin organized the 6th International Symposium on Neurobehavioral Methods and Effects in Occupational and Environmental Health in Shanghai as Symposium Chair together with the Scientific Committee of Neurotoxicology and Psychophysiology of the ICOH (Committee Chair: Shunichi Araki).

In 2004, the Sanlian College of Professional Technology and Sanlian Accident Prevention Academy of China (President: Huiqing Jin) and the National Institute of

日中の交通事故に関する疫学的研究

荒記俊一[1]，金　会庆[2]，横山和仁[3]

[1]東京大学大学院医学系研究科・医学部公衆衛生学教室教授　[2]中国三聯事故預防研究所所長　[3]東京大学大学院医学系研究科・医学部公衆衛生学教室助教授

ABSTRACT：*Shunichi Araki (Department of Public Health and Occupational Medicine, Graduate School of Medicine, University of Tokyo) et al.*：*Epidemiological studies of traffic accidents in Japan and China. Araki, S. (Ed.)*：*Traffic Safety and Health, 13-21, Kyorin Shoin Publisher, Tokyo, 1998*. Three epidemiological studies of traffic accidents in Japan and China were reported. In the first study, the following three social risk factors were found to affect mortality from motor vehicle accidents in all 46 Japanese prefectures in 1970 and 1975：(1) rural residence for persons of major driving age (15-54 years), especially males, and for young male children (0-4 years)；(2) population growth by social mobility for schoolboys aged 5-14 years；and (3) high income (and employment) for schoolgirls and proportion of elderly population for middle-aged women. The age-adjusted male mortality rate from motor vehicle accidents within 46 prefectures was significantly higher in rural than urban areas in the two years. Results of a case-control study in Hefei, China, indicated that accident-prone drivers have lower psychological performance, poorer judgment and a higher tendency to be neurotic, extroverted and psychotic than safe drivers. A descriptive study showed that the mortality rate from traffic accidents per vehicle in the same city was higher than that in developed countries；the incidence rate of traffic accidents involving bicycles was high in young males and elderly females；and the incidence rate of traffic accidents involving pedestrians was high in peasants.

Key words：交通事故，疫学，リスクファクター，事故多発運転手，神経行動機能，会長論文

Fig. 8　Our paper on traffic accidents in Japan and China (1998)

Industrial Health of Japan (President: Shunichi Araki) organized The Sino-Japanese International Symposium on Public Health in 21st Century (Fig. 9) in Hefei, China, under the support of the Chinese Academy of Engineering (CAE)[7].

2　Today and future: Conclusions

In 2008, the Collegium of Ramazzini (President Philip Landrigan) issued a statement and called for a worldwide ban on exposure to lead, claiming that recent research has proven conclusively that lead can cause permanent damage to human health and injury to multiple organ systems at a blood lead level about 5 microgram/dL[8]. I was Fellow of the Collegium at that time and am now Honorary Fellow since 2011.

Concerning this statement, Dr. Mosen Vigeh of our research group, together with our research members in the Department of Public Health and the National Institute of Occupational Safety and Health of Japan, have found significant increases in blood lead levels, on average to 4 to 6 microgram/dL, in Iranian women living in Teheran with

Fig. 9 Proceedings Book 3

pregnancy hypertension, preeclampsia, spontaneous abortion, rupture of membrane, and preterm labor, publishing the findings in Arch Env Health 2004[9], Env Research 2006, Women & Health 2010, Reprod Tox 2010, and Occup Env Med 2011, respectively.

I understand that air-born lead levels should be intensively examined in busy streets of China and at work to prevent subclinical health effects of lead on general populations since it has been reported internationally that historically serious air pollution has just started in Beijing and in other cities of this country.

Currently in Japan, the mortality due to motor vehicle accident is remarkably decreasing (the red curve in Fig. 10: the year of Shouwa or Heisei era on *X* axis, and number of deaths on *Y* axis)[10]. It has increased in parallel to economic development since the end of the Pacific War (1945). The first peak was the end of high economic growth, i.e., around the year 1970 (the 45th year of the Shouwa era). The second peak, i.e., around 1990 (the 2nd year of the Heisei era), was the end of the so-called "Bubble Economy".

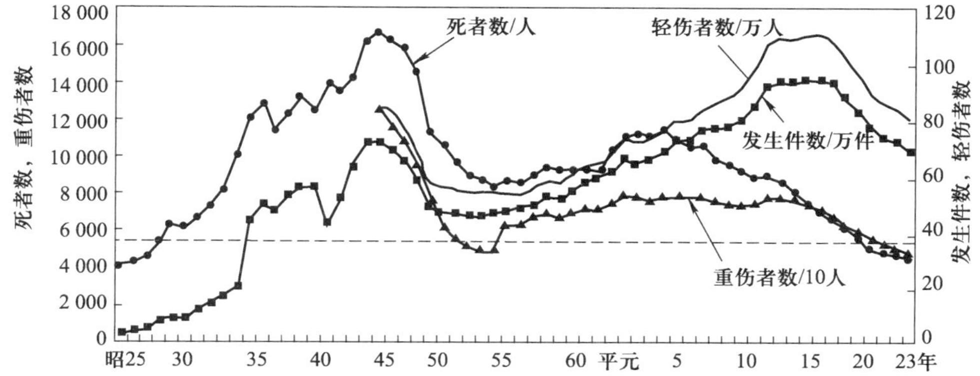

Fig. 10 Secular trend in traffic accident (all Japan)

The proportion of the deaths due to motor vehicle accident to a total number of deaths for all Japanese was only 0.5% in 2011 (5.3 deaths per 100 thousands population), whereas the proportion for suicide was 2.3% and that for all accidents was 4.8%[10].

On the other hand, the mortalities for 3 major diseases, i.e., malignant neoplasms (恶性新生物), heart diseases (心疾患), and pneumonia (肺炎) are remarkably increasing until now; whereas only the trend in the mortality of cerebrovascular diseases (脑血管疾患) is similar to the pattern of traffic accidents (Fig. 11: deaths per one hundred thousands population on *Y* axis)[10].

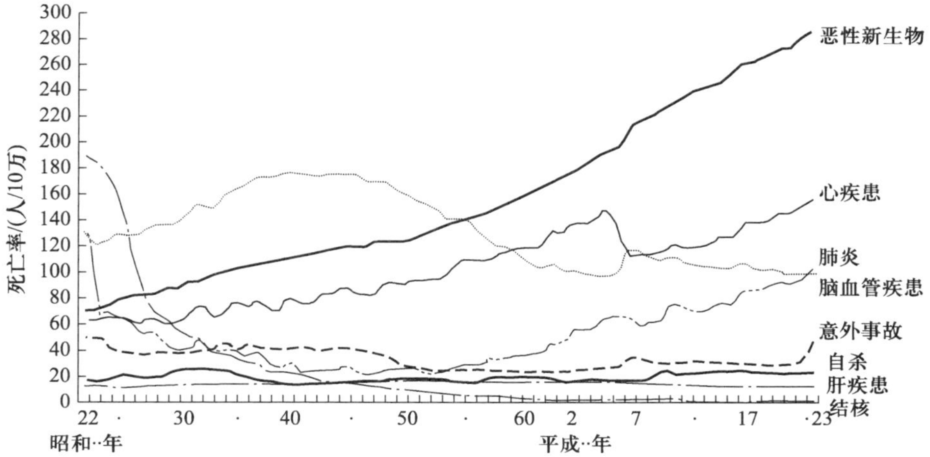

Fig. 11 Secular trend in 3 major diseases (all Japan)

According to the recent publication by Dr. Jin[11], it has been reported that in 2005 the mortality rate due to motor vehicle accident for all Chinese was 7.60 per 100 thousands population, and still on an upward trend; since the second half of the 20th century the mortality for all accidents has become the fifth urban cause of death following malignant tumor, cerebrovascular diseases, respiratory diseases, and cardiovascular diseases; and motor vehicle mortality accounts for about 25% of all accidents mortality.

The upward trends in China for the motor vehicle accident mortality and for air pollution are sharply contrasted by the downward trends in Japan. Thus continuation of our collaboration would be beneficial to each other in terms of historical overview.

Finally I congratulate on the foundation of the National Center of Engineering and Technology for Vehicle Driving Safety in China on June 14, 2011[12]. Also I congratulate Dr. Jin and many colleagues in China on their contribution to the success in motorization and to its rapid development in economy.

References

[1] Department of Public Health. Festschrift for Professor Shunichi Araki. Department of Public Health, The University of Tokyo, Tokyo, 2000.

[2] Jin H Q, Araki S, Wu X K, et al. Psychological performance of accident-prone automobile drivers in China: A case-control study. Int J Epid, 1991, 20:230.

[3] Murata K, Araki S, Yokoyama K, et al. Autonomic and central nervous system effects of lead in female glass workers in China. Am J Ind Med, 1995, 28: 233.

[4] WHO Task Group. Inorganic Lead, Environmental Health Criteria 165. Geneva: World Health Organization, 1995.

[5] Araki S, Gilioli R, Landrigan P J, et al. Neurobehavioral Methods and Effects in Occupational and Environmental Health. San Diego/New York: Academic Press, 1994.

[6] Araki S, Jin H Q, Yokoyama K. Traffic Safety and Health. Tokyo: Kyorin Shoin Publisher, 1998 (In Japanese, Chinese and English).

[7] 三联职业技术学院,三联事故预防中心,日本国家工业卫生研究所. 会议记录关于21世纪公共安全的问题. 中日国际研讨会. 三联集团,合肥,2004.

[8] Collegium Rammazzini. Collegium Lamazzini statement: Call for worldwide reduction in exposure to lead. Eur J Oncology, 2008, 13:205.

[9] Vigeh M, Yokoyama K, Araki S, et al. Relationship between increased blood lead and

pregnancy hypertension in women without occupational lead exposure in Teheran, Iran. Arch Env Health, 2004, 59: 70.

[10] Traffic Bureau, Japan National Police Agency. Occurrence of Traffic Accident 2011. Japan National Police Agency, Tokyo, 2012 (in Japanese).

[11] Jin H Q. Traffic Crash Epidemiology. 北京:科学出版社,2013.

[12] 国家汽车工程技术中心. 国家汽车工程技术中心汽车驾驶安全开幕式. 合肥,2012.

Shunichi Araki graduated from School of Medicine of The University of Tokyo (Japan) recieving the degree of M. D. and got his Master of Science (Occupational Medicine) from University of London (UK) and Doctor of Medical Sciences from The University of Tokyo. His main research areas are occupational health, public health and social medicine. He was Professor and Chairman of Department of Public Health at The University of Tokyo from 1997 to 2001, and Director-General of National Institute of Industrial Health from 2000 to 2001. Professor Araki served as President of National Institute of Industrial Health from 2001 to 2006, and then President of National Institute of Occupational Safety and Health (JNIOSH) until 2009. He is now Professor Emeritus of The University of Tokyo, Director of Saitama Occupational Health Promotion Center of Japan Labour Health and Welfare Organization, Saitama, Japan, Adjunct Professor of Mount Sinai School of Medicine, New York, USA, and Honorary Director of Anhui Sanlian Accident Prevention Institute, Hefei, China.

The Relationship between Secular Trend of Road Traffic Injuries and GDP Per Capita in China

Shengyong Wang, et al.

Center for Injury Prevention and Control, Medical College of Jinan University, PR China

Abstract: To explore the relationship between secular trend of road traffic injuries(RTI) and GDP per capita in China. Statistical description was used in the data about cases, injuries, deaths, mileage mortality and 10 million population mortality from 1970 to 2009. Cluster analysis was used to classify the 31 provinces, municipalities and autonomous regions in China. Ecological study was used to explore the relationship between RTI and GDP per capita. There were three stages of RTI in China. It grew rapidly in 1970-2002 (from 1.16 to 8.52 per 10 million population), kept steady in 2003-2004 (from 8.08 to 8.24 per 10 million population), and decreased obviously in 2005-2009 (from 7.55 to 5.08 per 10 million population). The ecological study showed that the population mortality of RTI rose along with the GDP per capita's growth. When the GDP per capita reached to 14 053.00 Yuan (equivalent to 1 716 US dollar, in 2005), the mortality began to decrease obviously, the average annual decreasing rate was 10.16% (8.14% ~ 10.52%) in the following five years. According to the GDP per capita during the period of 1999—2009, the 31 provinces, municipalities and autonomous regions in China were divided into three categories of region. The curves of population mortality of RTI and GDP per capita in different category possessed the same ecological trend. That was the population mortality early rose and then fell along with the GDP per capita's growth. All of them started to decrease obviously in 2005. The GDP per capita among three categories of region was different (4.5 million yuan, 2.2 million yuan and 1.1 million yuan respectively) in the same period. Conclusion In the early stage of economic development, the mortality of RTI increased along with the economic development. When the economic development reached a certain level, the mortality decreased along with the GDP per capita's growth.

Key words: injury; traffic; mortality; GDP per capita

Road traffic injuries (RTI) is an important problem of global public health and social security. China is one of the most serious countries influenced by RTI across the world. There are many factors influencing RTI mortality. This paper discusses the relationship between the economic development and the prevention and control of RTI in our country, through analyzing the relationship between secular trend for RTI mortality and gross domestic product (GDP) per capita.

1 Material and method

1.1 Source

(1) Statistics annual annals of the Traffic Management Bureau of the Ministry of Public Security (1990–2009).

(2) The China Population Statistical Yearbook (1990–2009).

(3) China Economic Statistical Yearbook (1990–2009).

(4) New China 55 Years Statistical Data Compilation (2005).

(5) China Central Western Area Development Yearbook (2000–2009).

(6) Report of World Road Traffic Injury Prevention (2004).

1.2 Statistical analysis indicators

(1) Statistical indicators of RTI: population mortality (/100 000), mileage mortality (/10 000 kilometers).

(2) Economic indicators: gross domestic product (GDP) per capita (yuan).

1.3 Statistics analysis methods

(1) Using the statistical software SPSS 16.0 input and analyze the data. Describe the numbers of cases, injuries, deaths, population mortality and mileage mortality of RTI.

(2) Clustering analysis and regression curve fitting methods: The GDP per capita from 31 provinces, municipalities and autonomous regions in mainland China is used to classify, describe and compare.

(3) Ecological comparison: Ecological comparison the population mortality of RTI and GDP per capita in nationwide and different economic regions.

2 Results

2.1 Secular trend of RTI in China

1) Mortality

40 years during 1970–2009, population mortality of RTI in our country (hereinafter referred to as the "mortality") can be divided into three phases: the 33 years during 1970–2002 is in a stage of rapid growth, mortality of RTI doubles every ten years, the year 2002 (8.52/100 000) is 7.35 times higher than that of 1970 (1.16/100 000), with an average annual rate of 19.83%; Between 2002 and 2004 is the stationary phase and the mortality is stable with a slight decline; the year between 2005 and 2009 is obviously in the stage of decline and the mortality has declined sharply for five consecutive years with an average annual speed rate 10.16% (8.14% ~ 10.52%), the mortality has declined by 38.35% from 5.08/100 000 in 2009 to 8.24/100 000 in 2004. While mileage mortality has declined year by year as it reaches its peak in 2000 (669.09/10 000 kms), and close to the level of 1970s in 2009.

2) The number of cases, injures and deaths

The number of cases, injures and deaths of RTI during 1970–2009 has been rising upward in 1970–2002, and has been declined steadily in 2003–2009 (see Table 1).

Table 1 China's RTI and casualties from 1970 to 2009

Year	Number of people/ ten thousand persons	Number of accidents	Number of injuries	Number of deaths	Milage death rate/ (/ten thousand kilometers)	Mortality rates/ (/hundred thousand)
1970	82 992	55 437	37 128	9 654	151.63	1.16
1975	92 420	91 606	71 776	16 862	215.19	1.82
1980	98 705	116 692	80 824	21 818	245.62	2.21
1985	105 851	202 394	136 829	40 906	434.06	3.86

Continued

Year	Number of people/ ten thousand persons	Number of accidents	Number of injuries	Number of deaths	Milage death rate/ (/ten thousand kilometers)	Mortality rates/ (/hundred thousand)
1990	114 333	250 297	155 072	49 271	479. 15	4. 31
1995	121 121	271 843	159 308	71 494	617. 93	5. 54
2000	126 743	616 971	418 721	93 853	669. 09	7. 40
2001	127 627	754 919	546 485	105 930	623. 85	8. 30
2002	128 453	773 137	562 074	109 381	622. 05	8. 52
2003	129 227	667 507	494 174	104 372	576. 70	8. 08
2004	129 988	517 889	480 864	107 077	572. 39	8. 24
2005	130 756	450 254	469 911	98 738	511. 46	7. 55
2006	131 448	378 781	431 139	89 455	258. 76	6. 81
2007	132 129	327 209	380 442	81 649	227. 83	6. 18
2008	132 802	265 204	304 919	73 484	197. 00	5. 53
2009	133 474	238 351	275 125	67 759	175. 51	5. 08

2. 2 The ecological relationships of China' s economic development and road traffic injury mortality

The year as independent variable, and the GDP per capita as the dependent variable, there' s some index relationship found through scatter diagram, curve regression results: $Y=5.107\exp(0.128X)$ ($F=1\ 683.219$, $P<0.001$), $R^2=0.978$, $\exp(0.128)=1.137$. In 2002, the GDP per capita (9 398. 00 yuan) has increased by 33 times than in 1970 (276. 34 yuan), with an average annual rate of 103. 15%, and mortality has increased by 6. 3 times for the same period (1. 16/100 000 ~ 8. 52/100 000); after 2002 the GDP per capita has an average annual growing rate of 24. 05%, without rise for the mortality, but experienced two years wandering period (8. 52/100 000 and 8. 24/100 000), the mortality has declined since 2005 for five consecutive years, with an average annual decline of 7. 67%.

In 2002, the GDP per capita reached 9 398. 00 yuan (equivalent to 1 136, taking exchange rate of the RMB against the U. S. dollar for the same period, the same below), the trend of the rise of mortality has been controlled; When in 2005, the GDP per capita reached 14 053.00 yuan (equivalent to 1 716), mortality was obviously falling (see Fig. 1).

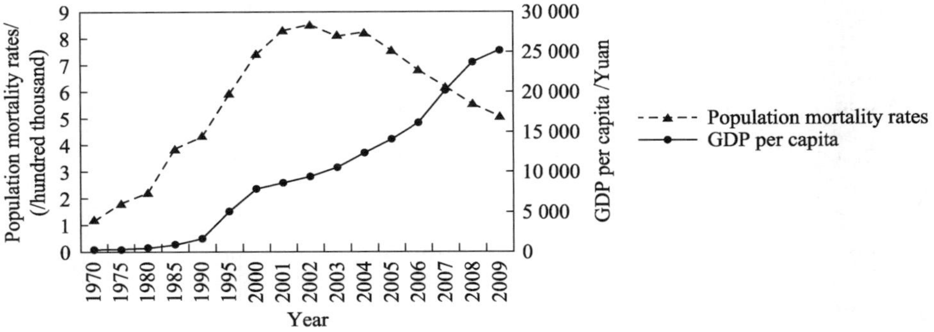

Fig. 1 The relationship between GDP per capita and the traffic years for national road injuries mortality/ 100 thousand in 1970 – 2009

2.3 The relationship between different economic development areas and RTI

1) Classification of the regions for economic development

Hierarchical cluster analysis was used to classify the GDP per capita among 31 provinces, municipalities and autonomous regions in China during 1999 – 2009, select the minimum deviation sum of squares method (Ward's method) as clustering method, the result can be divided into three groups. The first areas: Beijing, Tianjin, Shanghai three municipalities (GDP per capita is 22 000 ~ 72 yuan), the second areas: Guangdong, Jiangsu, Zhejiang, Shandong, Fujian, Inner Mongolia, Liaoning, 7 provinces (GDP per capita is 10 000 ~ 40 000 yuan); The third areas: other 21 provinces, municipalities and autonomous regions (GDP per capita for 5 000 ~ 19 000 yuan) (see Fig. 2).

2) The relationship between GDP per capita and mortality of RTI for three types of areas

GDP per capita has increased by exponential development for three different types of economy in recent ten years, the mortality curve and the ecological relationships of GDP per capita are basically the same with national trend, namely the mortality increased with the rise of GDP per capita; When GDP per capita reached a certain level, it decreases obviously in 2005 after 2 to 5 years of relative stability (see Table 2). The first area in 2000 GDP per capita is 24 091.15, with the highest mortality (10.36/ 100 000), in 2005 when GDP per capita reached 45 281.28 yuan, mortality began to

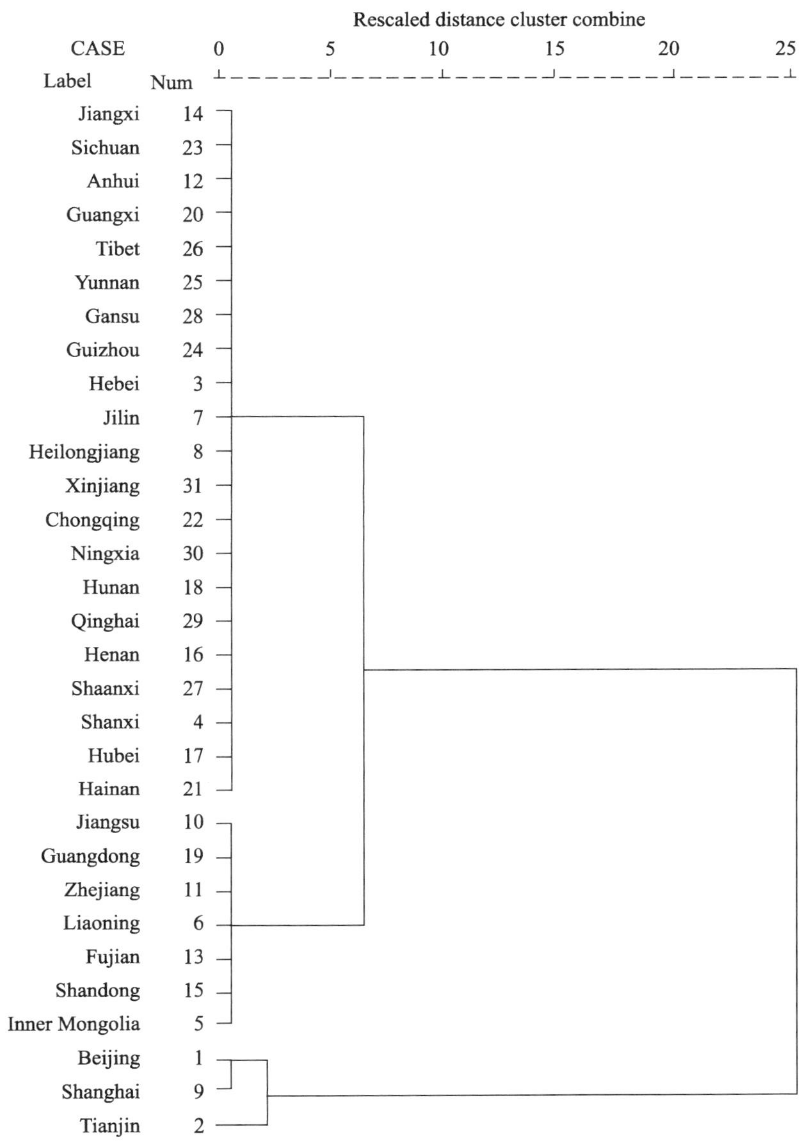

Fig. 2 Cluster analysis of GDP per capita in 31 provinces (municipalities and autonomous regions) in 1999 – 2009

decrease obviously (average annual drop of 7.24%); The second area in 2002 GDP per capita reached 905.52 yuan, with the highest mortality (11.56/100 000), in 2005 when GDP per capita reached 22 242.94 yuan, mortality began to decrease obviously (average annual drop of 7.81%); The third area in 2002 GDP per capita is 6 405.72 yuan, with the highest mortality (7.12/100 000), in 2005 when GDP per capita reached 10 475.08 yuan, with the mortality began to decrease obviously (average annual drop of 7.00%) (See Fig.3).

Table 2　From 1999 to 2009, GDP per capita and mortality in three types of regions and nationwide

Year	National		The frist areas		The second areas		The third areas	
	GDP/yuan	Mortality rate/ (/hundred thousand)	GDP per capita/yuan	Mortality rate/ (/hundred thousand)	GDP per capita/yuan	Mortality rate/ (/hundred thousand)	GDP per capita/yuan	Mortality rate/ (/hundred thousand)
1999	7 159.00	6.64	22 675.53	8.86	10 514.03	9.72	4 948.98	5.35
2000	7 858.00	7.40	24 091.15	10.36	11 334.97	9.86	5 403.09	6.19
2001	8 622.00	8.30	27 092.55	10.17	12 475.64	11.22	5 870.21	6.94
2002	9 398.00	8.52	30 141.04	10.15	13 905.52	11.56	6 405.72	7.12
2003	10 542.00	8.08	34 217.40	10.00	16 167.28	11.08	7 240.33	6.68
2004	12 336.00	8.24	40 488.57	9.78	19 123.80	11.09	8 702.77	6.89
2005	14 053.00	7.55	45 281.28	8.90	22 242.94	9.92	10 475.08	6.53
2006	16 165.00	6.81	50 538.58	7.79	25 943.73	8.94	12 141.88	5.88
2007	20 169.46	6.18	57 734.63	6.95	30 617.60	8.13	14 497.70	5.32
2008	23 707.71	5.53	67 039.04	6.96	36 388.41	7.20	17 631.92	4.75
2009	25 221.00	5.08	71 999.05	6.24	39 562.77	6.76	18 822.86	4.24

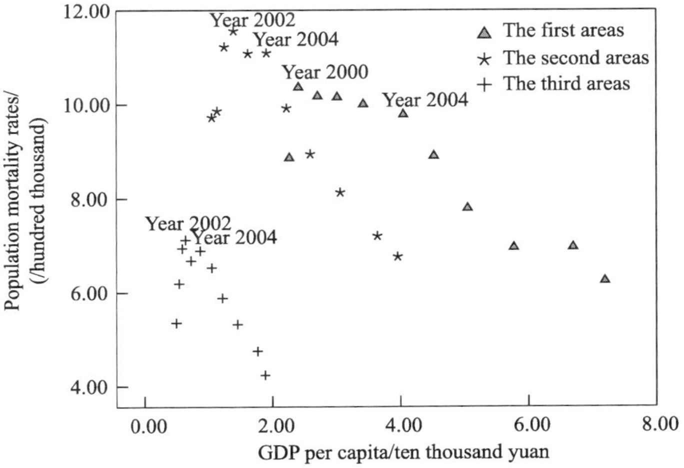

Fig. 3 The relationship between road traffic injuries mortality for three different areas and GDP per capita in 1999 - 2009

3 Discussion

A half of century before 2005, the Chinese RTI mortality has been rising, with the high-speed development of national economy, the trend is particularly obvious after the 1980s[1]. The GDP per capita in 2002 is 33 times higher than that of 1970, with an average annual rate of 103. 15%, for the same period RTI mortality increases by 6. 3 times (1. 16/100 000 ~8. 52/100 000); During 2002-2004 GDP per capita is 9 398. 00 ~12 336. 00 yuan (equivalent to 1136 ~ 1500 U. S. dollars), with an average annual growth rate of 15. 63%, for the same period the number of death resulted from traffic accidents has more than 100 000 a year, with mortality highest in the historical level (8. 00/100 000 above). In 2005, GDP per capita reached 14 053. 00 yuan (equivalent to 1700), the mortality of RTI suddenly drops (called "inflection point"), the following five years, GDP per capita remains the high speed development momentum at an average annual growth rate of 20% (in 2009 reaching 25 221 yuan), the mortality has continued to decline during 2004-2009, the mortality with an average annual decline of 7. 67%.

Foreign scholars found a discipline from the traffic accident mortality and non-intentional injury mortality studies of dozens of countries worldwide in 2000, there is a certain relationship between mortality and economic development. In the early stage of economic development, injury mortalities such as traffic accidents increased with the economic development; when economic developed to certain levels, the mortalities declined with the economic development[2-3]. In 2003, The World Bank analyzed the data of RTI mortalities from 88 countries during 1963 – 1999 in "Policy Research Work Report", and the results showed that mortality increased dramatically with the increase of GDP per capita, when GDP per capita reached 8 600, the mortality began to fall[4]. In 2006, Bishai et al.[5] analyzed the data of RTI mortalities for 41 countries across the world in 1992–1996 proved that when GDP per capita is between 1 500 and 8 000, RTI mortalities showed the trend of decline (countries with different economic levels with different inflection point). This study found that, when China's GDP per capita is less than 10 000 yuan (about 1200), RTI mortality rose with the increase of GDP per capita, when GDP per capita reached 10 000 – 12 000 yuan (about 1 200 to 1 500), the mortality showed a trend of declining steadily; When the GDP per capita is above 12 000 yuan (about 1 500), the mortality declined steadily with the increase of GDP per capita, which coincide with the results of other researches.

China has a vast land, with economic development unbalanced, according to GDP per capita between 1999 and 2009, the first areas after classification are Beijing, Tianjin and Shanghai, with the highest degree of urbanization and motorization and the earliest economic development; the second areas are Guangdong, Jiangsu, Zhejiang, Fujian, Shandong, Liaoning and Inner Mongolia as the regions of rapid economic growth; the third areas are central and western regions with the latest economic development. In the further test of relationship between different economic development areas of RTI mortalities and GDP per capita, found that the inflection point of the mortalities all appeared in 2005, but GDP per capita corresponding to inflection point for three areas is different (45 000 yuan, 22 000 yuan and 11 000 yuan respectively), which shows that different regions with different levels of economic development will reduce the RTI mortalities at the same time, by implementing national relevant measures aimed to reduce RTI (The National Road Traffic Safety Law, taking injury into national disease control work[6], continue to carry out special road traffic management, etc.).

In the early stages of economic development in China, frequent economic activity, flowing population, and mechanization degree increased rapidly, the number of cars owned by per thousand people increased from 0.11 in 1951 to 42.97 in 1999, with growth rate of 389.64%[1]. The steady increase of mechanization degree makes RTI mortalities raise continually. When the economy develops to a certain degree (GDP per capita is 12 000 yuan, equivalent to 1 500), the government has the ability to increase investment on road traffic, through improving the quality and quantity of the road, the design of the road infrastructure, and the safety performance of motor vehicles and other transport (such as since 2003, the state has invested 14.74 billion yuan on implementation of road safety and security project, renovating the road with potential safety hazard 134 000 kilometers)[7]; At the same time, citizens' traffic safety consciousness and behavior have been deepened[8]; On the other hand, the continuous improvement of medical conditions improves the level of first aid, prehospital treatment and other aspects, which makes the rising momentum of RTI mortality controlled. It can be seen that the road traffic environment, the government's traffic safety management and the treatment level are the leading measures to reduce RTI deaths. The level of economic development indicated by GDP per capita is the logo of RTI mortality decline, its connotation is that when local and national economy reach to certain levels, comprehensive prevention measures such as "engineering intervention, economic intervention, forced intervention, emergency intervention and education intervention" for RTI can be achieved.

References

[1] 池桂波,王声湧.中国道路交通伤害长期趋势及其影响因素分析.中华流行病学杂志,2007,28:148-153.

[2] Van Beeck E F, Borsboom G J, Mackenbach J P. Economic development and traffic accident mortality in the industrialized world, 1962-1990. Int J Epidemiol, 2000, 29(3): 503-509.

[3] Ahmed N, Andersson R. Unintentional injury mortality and socio-economic development among 15-44-year-olds: in a health transition perspective. Public Health, 2000, 114(5): 416-422.

[4] Kopits E, Cropper M. Traffic fatalities and economic growth. Accid Anal Prev, 2005, 37(1): 169-178.

[5] Bishai D, Quresh A, James P, et al. National road casualties and economic development. Health Econ, 2006, 15(1): 65-81.

[6] 王声湧.从资料到行动:挑战中国的伤害控制工作.中华预防医学杂志,2006,40:221-222.

[7] 张弘.全国道路交通事故连续七年"三下降". http://www.mps.gov.cn/n16/n1252/

n1837/n2557/2406500. html.

[8] 王彦亭,赵爱国. 我国道路交通安全发展情景分析. 中国安全科学学报,2005,15(1): 43 -46.

Shengyong Wang, the famous epidemiologist, the first session of national star teacher, senior professor at Jinan University, the pioneer and academic leader of medical injury and injury control. He is now the director of the Center for Injury Prevention and Control of medical school at Jinan University; committee member of injury prevention and control branch of Chinese Preventive Medicine As-sociation, managing director of the Chinese Preventive Medicine Association, deputy chairman of Institute of Emergency Management in Guangdong Province.

He presided over 43 scientific research subjects at the ministerial, provincial and departmental level, published about four hundred papers in the Lancet , and participated in compilation around 50 monographs and teaching materials as chief editor, chief reviewer, and co - author; won award for scientific and technological advancement and outstanding teaching achievement for 12 times. He enjoys special government allowances of state council, and becomes the winner of China's public health and preventive medicine development & contribution award, China's epidemiological outstanding contribution award and lifetime contribution award of Jinan University. Since 2007, he has been constantly enriching and expanding the connotation and denotation of injury prevention and control, achieving disaster emergency medical rescue and emergency man - agement, from the perspectives of the big health concept as a whole. He also finds the discipline of emergency medicine in our country, and puts forward the theory of emergency medical rescue system, illustrating the strategy of emergency management in emergency infectious disease events.

The Research on Safety Adaptation and Detection Technology of High Speed Railway Drivers

Yang Song, et al.

National Center of Engineering and Technology for Vehicle Driving Safety, PR China

Abstract: The physical and psychological quality of the driver is closely related to the traffic accident. In particular, the high-speed railway driver needs a good physical and psychological quality. In order to provide the basis for the safety education of the driver, improve the physical and psychological quality of the driver and reduce the accident rate, on the basis of a great number of previous researches on the driving adaptability and for the high speed of the railway, the long operating time, the single scenery (two tracks), being easily fatigued and other characteristics, the project develops a detection prototype of the safety adaptability integration of the driver and conductors of the high-speed railway and a set of application software system of the detection and evaluation on the safety adaptability of the driver and conductors of the high-speed railway, has a detection on the adaptability of safe driving of the driver and conductors of the high-speed railway by the system and establishes the range and system of the indexes of the safety adaptability detection of the driver and conductors of the high-speed railway according to the results, providing the theory basis and guarantee for the safe operation of China's railway network.

Key words: high-speed railway driver, safety adaptability, driving adaptability, detection index

1 Introduction

In recent years, the rapid development of the high-speed railway in China not only raises various high technical standards for the construction of related hardware facilities, but also puts forward higher requirements on the training, assessment and other human factors.

In all the related personnel for the railway operation, the high-speed railway driver is the central figure who plays an important role in the process of train operation. The driver's physiological and psychological quality is an important factor to ensure the safe driving. Many studies[1] indicate that the traffic accident is closely related to the psychological quality of the driver. It was found in some articles in the study of the causes of traffic accidents that about 90% of the traffic accidents were due to the drivers' responsibilities. One study[2] also pointed out in their study that, in all types of road traffic accidents, the accidents with the driver taking the full responsibility or the primary responsibility accounted for 70% ~80%. More studies[3] revealed that, among the drivers, there were significant differences in the physiological and psychological indexes of the accident-proneness drivers, which fully showed that the physiological and psychological factors of the driver played important roles in the driving. Therefore, in order to avoid man-made accident factors as much as possible and prevent the accidents before they occur, it is an urgent matter to research and establish a detection index system for the safety adaptability of the high-speed railway driver in China.

In foreign countries, the prevention of the high-speed railway security incident mainly focuses on the research and development of the equipment security technology and relies on the advanced hardware technology to avoid accidents. There are relatively less studies on the physiological and psychological conditions of the drivers, with the security control made. For example, the security incident prevention of the Japanese Shinkansen mainly focuses on the governance of the following aspects[4]. The first is to enhance the security education. The second is to do a good job in the accident investigation, mainly in the examination and repair and doing a good job in the fire signs, including the use and allocation of the fire hydrant and safety tools. Finally, the highest attention is paid in the research and development of the safety technology and equipment of the Japanese Shinkansen as it is the most important means of preventing accidents. For example, the tolerance of the bearing is improved to make the link between two carriages of the train stronger without coming apart[5]. Another example, a L-type navigator is developed to prevent the vehicle from coming apart; an automatic detection device is developed to ensure the traffic safety, which detects the obstacle

400 meters ahead by the image processing to ensure the traffic safety. In the man-made operation, Japan has developed a tool to enhance the training of the driver's driving operation ability and minimize the driver's errors in the driving operation[6]. The above information shows that the developed countries, including Japan, are also relatively short of the researches starting from the relationship between the driver's physical and psychological quality and the traffic accident and also insufficient in the enhancement of the detection on the safety adaptability of the high-speed railway driver at ordinary times, so as to eliminate the man-made accident factors and prevent the accident before they occur, which is also the emphasis of this paper.

With the development of the society, the relation between the driving safety and the driver's physical and psychological quality is more obvious. The driver with a good psychological quality is critical to the safe operation of the high-speed railway. The study on the safety psychology shows that the human behavioral characteristics, psychological process and individual mind are related to the hidden dangers of accidents[7]. In the occupation adaptability, it is also clearly pointed out that the driving adaptability refers to the basic physiological and psychological characteristics for the safe and effective driving[8]. The accident proneness theory first proposed by Greenwood in 1919 is the most influential theory in the study of the causes of accidents, which believed that the accident was not accidental but differed from man to man, that is, different people have different degrees of internal accident proneness[9].

In conclusion, in the safety controls of driving, most of the studies at home and abroad attempted to ensure the safe operation from the technology, personnel management, man-machine environment and crisis management. But the discussion on how to prevent the accidents on the driver's psychological aspect was rarely mentioned. Under this background, this topic studies the safety adaptability and detection technology of the high-speed railway driver, providing the basis for the determination and standardization of the detection indexes of the physical and psychological quality of the high-speed railway driver, so as to reduce the accident rate.

2 Research design

Based on the massive literature and information and through the documentation method, expert interview method and field investigation method, the study primarily establishes the detection indexes of the safety adaptability of the high-speed railway driver (especially the comprehensive detection indexes of the psychological quality) and develops an application software system for the detection and evaluation on the safety adaptability of the high-speed railway driver based on it. The simple random sampling method is used to randomly select some high-speed railway drivers in Hefei Locomotive Depot of Shanghai Railway Bureau for the sampling of the detection of various indexes. The intensive integration detection prototype for the safety detection of the high-speed railway driver is used for sampling the data of the indexes and calculating the averages, standard deviations and percentiles of the indexes as well as the qualified rates of some indexes. Afterward, the cluster analysis is used to divide the safety adaptability of the detected drivers into five categories and comparatively describe the characteristics of each category according to the center of the category. Then, the discriminant analysis is used to establish the discriminant function according to the divided five categories. The drivers to be tested in the future can be classified into one of the five categories according to the discriminant function and the characteristics of the category can be used to determine what significant characteristics the driver has and what kind of feature or body condition needs to be trained, or whether the driver is suitable for driving. Finally, a detection index system for the safety adaptability state of the high-speed railway driver before driving is established on the basis of the data obtained.

3 Methods and procedures

3.1 Material collection

According to the screening and detection index system of the Chinese motor vehicle accident-proneness drivers established in the study of Jin HQ[10]. and combined with the domestic research status, this study determines the detection indexes of the safety adaptability of the high-speed railway driver, including the detection indexes of the body status (body temperature, blood pressure, heartbeat, brain waves, pulmonary function, vision, hearing, drinking, night vision, dynamic vision and deep vision), the detection indexes of the psychological status (safety attitude, risk perception, personality test) and the driving adaptability detection (velocity estimation, complex reaction judgment, operation function). Wherein, the psychological comprehensive test is to respectively test six different driving qualities of the high-speed railway driver (which correspondingly in turn are the level of safety awareness, the risk perception, the driver's personalities, the inhibition on the action and the velocity estimation) mainly from six dimensions of the detected indexes, including the safety awareness, risk perception, personality test, complex reaction, operation function and velocity estimation. In the test, the risk perception testing index needs to be based on the high-speed railway scene. But there is no testing material readily available, while other testing dimensions have the testing materials readily available. Therefore, it needs to collect the risk perception testing materials. The details are as follows.

1) Expert interview

Interview and have the questionnaire surveys on the expert drivers with more than 15 years of management and operational experience in the Railway Bureau, collect the emergencies incurred during the driving of the high-speed railway driver, the signals that the driver needs to accept, the security situation encountered during the driving and the safety awareness that the driver should have, and write down the factors and scenes usually related to the safety in the way of description. For example, "Safe driving requires professional skills"; "I will well adjust the overall state before driving so as to ensure the safe driving". The results were used for the modification of the testing items of the risk perception.

2) Field investigation

The field video or photograph was used to collect the driving scene of the high-speed railway driver, so as to provide materials for the scenes and subjects of the safety awareness and the risk perception in the detection index system. The author took the train from Shanghai to Hefei together with the leaders of the Ministry of Railways and used the camera with videos and photos in the front of the train to record the railway running scene, the arrival scene and the setting of the equipment along the railway, and asked the flash production staff to produce the risk perception scene graph according to it. The subjects answered the questions corresponding to the graph according to the scene graph.

3.2 Subjects

The simple random sampling method was used to randomly select 550 drivers from all the high-speed railway drivers in Hefei Railway Section as the subjects for the testing.

All the subjects included the high-speed railway drivers with different speeds and different mileages. All the subjects should have naked eyes and their corrected vision was normal. And they haven't participated in the detection of the safety adaptability before.

3. 3 Testing procedure

The intensive integration detection prototype for the safety detection of the high-speed railway driver was used for the testing. It was carried out according to the orderly dispatching. The subjects had enough rest before testing. The testor explained the testing process to the subjects with the unified guidance language during the testing. The subjects had the testing after the full understanding of the contents and procedures of the test. There was one practice or were twice of practices before formally starting the testing.

3. 4 Data management

The psychology statistical tool spss16. 0 was used for the data management and analysis. The invalid data and the data with extreme values were deleted. The final amount of valid data in the 550 data was 518, with the effective rate of 94. 18%. The data except for the three standard deviations in the six psychological tests was deleted.

4 Results

4. 1 Several psychological index values

As the physiological indexes have national standard, they will not be mentioned here. The data given below was the standard of the normal values of the psychological indexes. The 10th percentile and the 90th percentile were used in the standard to be the threshold of screening the normal value range. The observed data viewed greater than the 10th percentile or less than the 90th percentile according to the practical situation could be regarded that the detection of this item of the testee failed. The specific description was as follows.

In 518 valid questionnaires of the dynamic vision data, the missing value of the item was 0, there were 14 data outside of the 3δ. There were totally 504 valid data for the analysis. With reference to the national standards, the data greater than or equal to the

10th percentile should be selected as qualified. The data analysis results showed that the 10th percentile P_{10} =0. 20. Therefore, the dynamic vision was ⩾0. 2 (with reference to GB18463-2001, the dynamic vision provided is ⩾0. 2).

In 518 valid questionnaires of the night vision data, the missing value of the item was 0, there were 19 data outside of the 3δ. There were totally 499 valid data. With reference to the national standards, the data less than or equal to the 90th percentile should be selected as qualified. The data analysis results showed that the 90th percentile P_{90} =8. 00. Therefore, the night vision was ⩽8s (with reference to GB18463-2001, the night vision provided is ⩽35s).

In 518 valid questionnaires of the deep vision data, the missing value of the item was 0, there were 12 data outside of the 3δ. There were totally 506 valid data. With reference to the national standards, the data between the 10th percentile and the 90th percentile should be selected. The data analysis results showed that the 10th percentile P_{10} = − 20. 00 and the 90th percentile P_{90} = 23. 33. Therefore, the deep vision was −20 ~ 23 mm (with reference to GB18463 - 2001, the deep vision provided is −25 ~25 mm).

In 518 valid questionnaires of the velocity estimation, the missing value of the item was 13, there were 11 data outside of the 3δ. Afterward there were totally 494 valid observed values for the data statistics. With reference to the national standards, the velocity estimation value should be between the 10th percentile and the 90th percentile. The data analysis results showed that the 10th percentile P_{10} = − 330. 00 and the 90th percentile P_{90} = 2330. 00. Therefore, the velocity estimation was 330 ~ 2330 ms (with reference to GB18463-2001, the velocity estimation provided is 500 ~2400 ms).

In 518 valid questionnaires of the total times of the mistaken complex reaction, the missing value of the item was 11, the data outside of the 3δ was 11. Afterward there were totally 496 valid observed values for the data statistics. With reference to the national standards, the data less than or equal to the 90th percentile should be selected as qualified. The data analysis results showed that the 90th percentile P_{90} = 4. 00. Therefore, the complex reaction was ⩽4 times (with reference to GB18463-2001, the complex reaction provided is ⩽5 times).

In 518 valid questionnaires of the misuse times of the operating function, the missing value of the item was 43, the data outside of the 3δ was 5. Afterward there were totally 470 valid observed values for the data statistics. With reference to the national standards, the data less than or equal to the 90th percentile should be selected as qualified. The data analysis results showed that the 90th percentile P_{90} = 96.00. Therefore, the operating function was ≤96 times (with reference to GB18463-2001, the operating function provided is ≤110 times).

4.2 The discriminant functions of six psychological indices

1) Cluster analysis

In the six psychological items, including the risk perception, safety awareness, personality test, velocity estimation, complex reaction and operating function, as the dimensions in the personality test respectively represent different meanings and the values of the dimensions cannot be simply summed up, the dimensions are included independently in the statistics as a variable. Moreover, as the authenticity variable is only a variable to test whether the testee tells lies, its role is to specify whether the questionnaire of the subjects is valid. Therefore, it is also not included in the statistics. Thus, there are totally 10 variables included in the statistics, including the operating function, velocity estimation, risk perception, total score of safety awareness, total number of errors in the complex reaction and the stability, sociality, aggressivity, boldness and independence in the personality test.

The first is the cluster analysis. For the six indexes of psychological analysis, on the basis of the 518 observed data, the data outside of the 3 standard deviations and 20 missing values are first deleted. Then there are totally 483 data included in the statistic analysis. First, the conversion of the standard score is conducted for the data needed to analyze and then the data is included in the analysis. The quick clustering method is used in the cluster analysis to classify the observed values. In the cluster analysis, it is defined as 5 categories and the 483 observed values are respectively divided into the five categories. The result is that the center of each category is given (as shown in Fig. 1, the discriminant analysis is carried in the figure according to the five category centers in the cluster analysis and the category feature scattered diagram of the canonical discriminant function is given at the same time). The classification results are re-saved as new variables. The above analyses are derived in the basis of the data standardization. As shown in the final cluster center values (as Table 1), the final category features can be described.

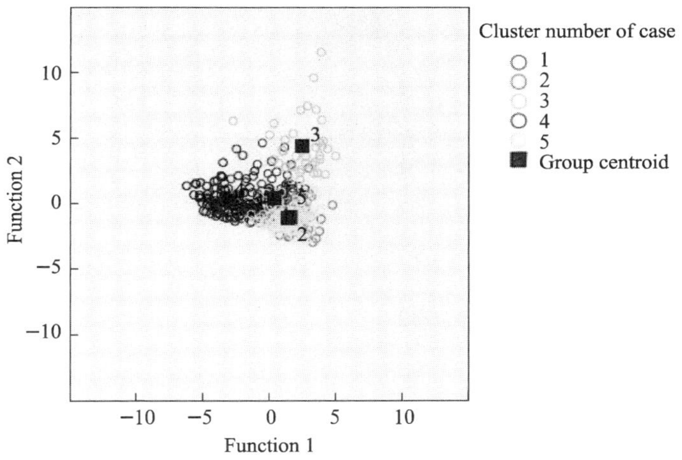

Fig. 1 Canonical discriminant functions

Table 1 Final cluster centers

Variable	Category center				
	1	2	3	4	5
Safety awareness	−0. 296 72	−0. 253 31	−0. 276 88	1. 004 33	−0. 351 77
Risk perception	0. 428 57	0. 532 40	0. 046 57	−1. 280 34	0. 447 27
Personality (stability)	0. 299 61	−0. 700 48	0. 034 05	−0. 131 08	0. 264 95
Personality (sociality)	−0. 207 70	0. 790 76	−0. 068 15	0. 061 30	−0. 315 30
Personality (aggressivity)	−0. 486 58	1. 193 84	0. 116 19	−0. 371 68	−0. 042 04
Personality (boldness)	−1. 157 77	0. 684 25	0. 174 38	−0. 220 05	0. 534 12
Personality (independence)	0. 272 97	−0. 210 44	−0. 117 27	−0. 457 86	0. 322 97
Total number of errors in the complex reaction	−0. 109 96	−0. 203 94	2. 542 63	−0. 301 74	−0. 332 40
Times of errors in the operating function	0. 308 41	−0. 124 16	0. 559 66	−0. 264 45	−0. 094 61
Velocity estimation	0. 129 30	0. 062 56	0. 240 19	−1. 063 35	0. 607 88

2) Discriminant analysis

The discriminant analysis is conducted according to the five categories given by the cluster analysis. The standardized data is not very convenient in the practical application. Therefore, the discriminant function coefficients of the data not standardized in this paper are given, which is as shown in Table 2.

Table 2 Unstandardized classification function coefficients

Variable	Cluster number of case				
	1	2	3	4	5
Safety awareness	0.911	0.748	0.887	1.453	0.780
Risk perception	2.334	2.450	2.256	1.285	2.332
Personality (stability)	11.016	7.591	8.746	10.020	10.226
Personality (sociality)	6.633	8.659	6.842	7.515	6.348
Personality (aggressivity)	6.093	9.493	7.361	5.668	6.379
Personality (boldness)	0.795	4.661	3.089	2.418	4.711
Personality (independence)	4.835	4.248	4.630	3.929	5.015
Total number of errors in the complex reaction	1.259	1.139	5.136	0.727	0.831
Times of errors in the operating function	0.083	0.047	0.086	0.035	0.056
Velocity estimation	0.004	0.004	0.005	0.002	0.005
Constant	-73.717	-85.645	-90.328	-61.635	-79.607

The equations of the five categories can be respectively written down according to the coefficients of the discriminant functions in the above table.

$D_1 = -73.717 + 0.911 \times$ (score of safety awareness) $+ 2.334$
$\times$ (score of risk perception) $+ 11.016 \times$ (score of personality stability) $+ 6.633$
$\times$ (score of personality sociality) $+ 6.093 \times$ (score of personality aggressivity) $+ 0.795$
$\times$ (score of personality boldness) $+ 4.835 \times$ (score of personality independence) $+ 1.259$
$\times$ (Total number of errors in the complex reaction) $+ 0.083$
$\times$ (Times of errors in the operating function) $+ 0.004$
$\times$ (Velocity estimation)

$D_2 = -85.645 + 0.748 \times$ (score of safety awareness) $+ 2.450$
$\times$ (score of risk perception) $+ 7.591 \times$ (score of personality stability) $+ 8.659$
$\times$ (score of personality sociality) $+ 9.493 \times$ (score of personality aggressivity) $+ 4.661$
$\times$ (score of personality boldness) $+ 4.248 \times$ (score of personality independence) $+ 1.139$
$\times$ (total number of errors in the complex reaction) $+ 0.047$
$\times$ (times of errors in the operating function) $+ 0.004$
$\times$ (velocity estimation)

$D_3 = -90.328 + 0.887 \times$ (score of safety awareness) $+ 2.256$
$\times$ (score of risk perception) $+ 8.746 \times$ (score of personality stability) $+ 6.842$
$\times$ (score of personality sociality) $+ 7.361 \times$ (score of personality aggressivity) $+ 3.089$
$\times$ (score of personality boldness) $+ 4.630 \times$ (score of personality independence) $+ 5.136$
$\times$ (total number of errors in the complex reaction) $+ 0.086$
$\times$ (times of errors in the operating function) $+ 0.005$
$\times$ (velocity estimation)

$D_4 = -61.635 + 1.453 \times$ (score of safety awareness) $+ 1.285$
$\times$ (score of risk perception) $+ 10.020 \times$ (score of personality stability) $+ 7.515$
$\times$ (score of personality sociality) $+ 5.668 \times$ (score of personality aggressivity) $+ 2.418$
$\times$ (score of personality boldness) $+ 3.929 \times$ (score of personality independence) $+ 0.727$
$\times$ (total number of errors in the complex reaction) $+ 0.035$
$\times$ (times of errors in the operating function) $+ 0.002$
$\times$ (velocity estimation)

$D_5 = -79.607 + 0.780 \times$ (score of safety awareness) $+ 2.332$
$\times$ (score of risk perception) $+ 10.226 \times$ (score of personality stability) $+ 6.348$
$\times$ (score of personality sociality) $+ 6.379 \times$ (score of personality aggressivity) $+ 4.711$
$\times$ (score of personality boldness) $+ 5.015 \times$ (score of personality independence) $+ 0.831$
$\times$ (total number of errors in the complex reaction) $+ 0.056$
$\times$ (times of errors in the operating function) $+ 0.005$
$\times$ (velocity estimation)

In determining which category the observed values of the subject newly tested belongs to, the discriminant method is to substitute the results of the testee in the above formulas of the five categories and then compare the five values obtained. The one with the largest value belongs to the category. The current psychological conditions of the high-speed railway driver can be proposed according to the category characteristics. According to the above equations of the five categories, the characteristics of each category can be obtained, which is specifically described as follows.

Category 1: The score of safety awareness of the crowd in this category is the second from bottom in the five categories, indicating that they need to strengthen the safety awareness. The score of risk perception ranks the third in the five categories, indicating that the processing skill of the dangerous scene is at the medium level and they need to improve. The scores of the total number of errors in the complex reaction and the times of errors in the operating function rank the second; indicating that there are many times of errors and the action inhibition and coordination are not high and they need to strengthen. The score of velocity estimation ranks the third. In the personality, the scores of the personality stability and independence are relatively higher, while those of the aggressivity, boldness and independence are lower, indicating that the aggressivity of the crowd in the category is not strong and the personality is relatively independent. However, the score of the sociality is also relatively low, indicating that they need to strengthen the social interaction and develop harmonious interpersonal relationship. Therefore, the crowd in this category "needs to improve the action control and coordination and improve their safety awareness and estimation through education". (See Fig. 1)

Category 2: The score of safety awareness of the crowd in this category ranks the second in the five categories. But as the score is relatively low and their safety awareness is not strong, they need to strengthen the safety awareness. In the rish perception, the score of the crowd is the highest, indicating that the processing skill of the dangerous scene is good. The scores of the total number of errors in the complex reaction and the times of errors in the operating function rank the third and the fourth respectively, indicating that the action inhibition and coordination are good. The velocity estimation also ranks the fourth, indicating that the velocity estimation is slightly faster. In the personality, the score of the personality stability is the lowest while those of the aggressivity and boldness are relatively higher, indicating that the aggressivity of the crowd in the category is strong and they are impulsive. In short, the crowd "needs to strengthen the action coordination and inhibition, improve the safety awareness through the education and pay attention to the personality impulsivity and emotional stability". (See Fig. 1)

Category 3: The score of safety awareness of the crowd in this category is the second from bottom in the five categories. Therefore, they need to strengthen the safety awareness. The score of risk perception is also relatively low, ranking the fourth in the five categories. So, the processing skill of the dangerous scene is not good and they need to strengthen it by training. The scores of the total number of errors in the complex reaction and the times of errors in the operating function are the highest, indicating that the action inhibition and coordination are the worst and they need the training of the action coordination. The score of velocity estimation also ranks the second, indicating that the velocity estimation is slower. In the personality, the scores of the personality aggressivity and boldness are relatively higher, higher than other three categories except for Category 2. Therefore, the relative aggressivity of the crowd is stronger and they need to pay attention to it. In addition, the scores of the sociality and independence are relatively lower, indicating that the crowd needs to strengthen the social interaction. Therefore, the crowd "needs most to strengthen the training of the action inhibition and coordination, strengthen the education on the safety awareness and needs to pay attention to the personality aggressivity, as well as strengthen the guidance of the personality independence". (See Fig. 1)

Category 4: The score of safety awareness of the crowd in this category is the highest in the five categories and much higher than those of other categories, indicating that the level of the safety awareness of the category is the highest. But the score of risk perception is the lowest, indicating that the processing skill of the dangerous scene needs to be improved and trained. The scores of the total number of errors in the complex reaction and the times of errors in the operating function are the lowest, indicating that the action inhibition and coordination are the best. However, the score of velocity estimation is the lowest, indicating that the reaction time of velocity estimation is the shortest and the velocity estimation is too fast. In the personality, the scores of the personality aggressivity and boldness are relatively the lowest, but slightly higher than Category 1. Therefore, the aggressivity of the crowd is stronger and they are impulsive. The score of the stability is not high, indicating that the crowd in this category is less stable than those in other categories. What to be paid attention to is that the score of the personality independence is also the lowest, indicating that it is not independent. Therefore, the crowd "needs to strengthen the processing skill of the dangerous scene and to pay attention to the personality aggressivity, the impulsivity and the emotional status before driving". (See Fig. 1)

Category 5: The score of safety awareness of the crowd in this category is the lowest in the five categories, indicating that the level of the safety awareness of the category is the lowest. The score of risk perception ranks the second, indicating that the processing skill of the dangerous scene is relatively higher. The score of the total number of errors in the complex reaction is the lowest, indicating that the action inhibition is the best, while the times of errors in the operating function is the third, indicating that the action control is at the medium level. However, the score of velocity estimation is the highest, indicating that the velocity estimation is the slowest and the reaction time is the longest. In the personality, the scores of the personality stability, boldness and independence are high, while those of the sociality and aggressivity are lower, indicating that the crowd is resolute, independent, adventurous and relatively stable. But the aggressivity is not strong. What to be paid attention to is that the score of the personality sociality of the crowd is the lowest and they need the training to strengthen the interpersonal relationship. In short, the crowd "needs to pay attention to strengthen the training of the safety awareness and to whether the velocity estimation is too slow and needs to strengthen the interpersonal relationship in the personality". (See Fig. 1)

The analysis of the crowd in the five categories is obtained from the data, which has some limitations. And since there is no absolutely good or bad variable in the personality, each person's personality contains the characteristics of each dimension. It is only the size of the relative characteristic. Therefore, the score cannot be used for determining whether the personality is good or bad. So, the classification and description of the discrimination of whether the high-speed railway driver is suitable for driving have certain reference value, But they cannot be used for judgment as a standard.

5 Summary

In summary, based on the previous researches, in this study, an integration detection prototype for the safety adaptability of the high-speed railway driver is developed, which can effectively detect the physical and psychological condition of the driver and give the detection results directly.

Firstly, Compared with the previous researches, there are no big differences in the selections of the normal critical scores of the dynamic, night and deep visions, the velocity estimation, the complex reaction and the operating function. There is no difference in the dynamic visual standard and the standards of the night vision, deep vision, velocity estimation, complex reaction and operating function are stricter than the previous ones. The reasons for the differences may be due to the different groups of people studied. The subjects for the standard in the previous researches were the ordinary motor vehicle drivers, which the subjects of this study are the high-speed railway drivers. Comparatively speaking, the selection standards of the railway drivers are relatively higher, which may cause the differences in the data.

In addition, in the cluster analysis of the six items of psychological detection data, the obtained five categories can be basically distinguished with the characteristics of the categories and the characteristics of each category may be specified according to the category characteristics. Moreover, it can also clearly point out that what aspect of skills needs to be strengthened for the category. Thus, it can give specific instructions to each driver participating in the test and point out the physical and psychological conditions of the driver. According to the testing results, the driver can timely adjust the physical and psychological states so as to achieve the purpose of the safe driving.

6 Conclusion and prospect

With the detection of the safety adaptability of the high-speed railway driver before driving as the background, on the basis of reference to a large number of documents and in accordance with the previous research results of Anhui Sanlian Group and relevant psychological theories, the following findings are obtained in this Study. ① The values of the six psychological indices of the high-speed railway driver, including the dynamic vision, night vision, deep vision, velocity estimation, complex reaction and operating function. ② The psychological comprehensive detection and evaluation equations of the six psychological testing indices are established.

In this study, the adaptability detection is firstly applied in the high-speed railway system. According to the research findings, some high-speed railway drivers not suitable for driving can be firstly excluded before driving, and the safety detection index system and detection tool are used before dispatching to detect the high-speed railway drivers with security risks from the source. And then, according to the problems of the high-speed railway driver found in the detection, the targeted psychological counseling, safety clinics and other recovery methods are used to enable the high-speed railway driver to work in a safer state. However, there are some insufficiencies in the study. For example, there are some problems in the selection of the subjects, the influence of the test environment on the subjects and whether the basis for selecting the normal standards of the indices is appropriate. Based on the above analysis, the author hopes that better and more comprehensive researches on the psychology of the driver can be carried out in China.

In a word, the detection technology of the high-speed railway driver has a great significance in the safe driving of the high-speed railway driver and is also bound to play an invaluable role in ensuring the safe operation and benign development of the railway network and even the subway network in China.

References

[1] 赵中利. 对安全驾驶适应性测验的可行性研究. 中国安全科学学报,1999,9(2):26 - 32.

[2] 李百川. 交通事故中的预防心理学. 西安:西安交通大学出版社,1998:18 - 20.

[3] 金会庆,王国军. 中国机动车驾驶员事故倾向性研究. 中华流行病学杂志,1994,15(2):35 - 41.

[4] 武山祐也,小野寺顺,佐々木敦. 保守用車運転従事者能力向上訓練ツールの開発.

[5] 連載記事. 機械要素技術のボータルサイト.

[6] 梶谷泰史,加藤博之,浅野浩二. 車両逸脱防止 L 型ガイドの開発.

[7] 邵辉,王凯全. 安全心理学. 北京:化学工业出版社,2004: 5.

[8] 金会庆,张树林. 驾驶适性研究的回顾与展望. 中华创伤杂志,2004,16(4).

[9] Thali A. Accidents and their sequelae have psychosomatic characteristics: do accidents happen by chance? Krankenpfl Soins Infirm,1987,80: 72 - 76.

[10] 金会庆,张树林. 驾驶适性研究的回顾与展望. 中华创伤杂志,2004,16(4):197 - 199.

Yang Song, researcher, Doctor of Fudan University, visiting scholar of Japan's Osaka University, the 11th CPPCC member of anhui province, is now executive deputy director of National Center of Engineering and Technology for Vehicle Driving Safety.

Her research areas are computer software and theory, artificial intelligence engineering development. Her research focus is intelligent transportation engineering and is good at Ontology algorithm and construction of evaluation model. She as the core member, has participated in the projects of Chinese Traffic Accident Prevention Research and Application for many years, "Standardization and Development of Drivers' Training Based on the Individuals", "Simulating-driving Teaching System" etc, participated in the key technology research and development program of Anhui during "10th Five-Year Plan", Anhui "intelligent traffic control system and related equipment of the small and medium-sized city"; key scientific research project of Anhui province "Chinese motor vehicle road traffic accident prevention technology research and application", and the project of "traffic accident prevention engineering technology research center organized by anhui technology department", etc, and made almost 10 technological achievements, and published more than 40 academic papers. She has won the first and second prize of National Scientific and Technological Progress Award, two second prize of scientific and technological progress of Anhui Province, one third prize of scientific and technological progress of Anhui Province, honors of "Model Worker of Anhui Province", and "Anhui Provincial Science and Technology Award for the Youth".

China's Road Traffic Injury Data Difference and Thinking

Jihong Zhou et al.

Institute for Traffic Medicine, Daping Hospital & Research Institute of Surgery, Third Military Medical University, Chongqing, PR China

Abstract: In the past thirty years, with the rapid development of China's transportation, the data announced by the Ministry of Public Security shows that, after 2003, the road traffic injury has been greatly controlled and the death has been reduced from 109 000 in 2002 to 65 000 in 2010. However, the findings of the researches of many scholars showed that the annual road traffic deaths in China were over 120 000 to 270 000. Our survey data shows that the road traffic accidents in the surveyed area and the overall injuries were increased slowly, without significant decrease. The loss rates of data of the deaths and injuries in the public security departments surveyed are respectively up to 67.62% and 82.10%. The reason may be mainly related to the statistical standards and methods of the traffic accidents and casualties and the management mechanism of the public security and police system. These problems can be improved by integrating the registration contents and standards of the traffic accidents and injuries with the international custom, reforming and improving the management and assessment methods of the traffic safety and establishing the multi-sourced public, scientific and accurate traffic injury data system and the publishing and sharing system of the national traffic injury information.

Key words: road traffic injury; injury prevention and control; data; error

1 China's road transportation industry developing with high-speed

Since the 1980s, the road transportation industry in China has been increasing at an amazing speed. The highway mileage, the number of car ownership and the number of drivers are doubled[1]. In the highway construction, the highway mileage in China had reached 4.008 2 million kilometers by the end of 2010, which is 2.86 times of 1.402 7 million kilometers in 2000 and 4.51 times of 888 300 kilometers in 1980. Wherein, there was no expressway in China in 1980, while the expressway had been up to 74 100 kilometers by 2010. The motor vehicles in China totally amounted to 207.061 3 million at the end of 2010, which is 3.45 times of 60.004 9 million in 2000 and 99.17 times of 2.088 4 million in 1980. At the same time, the number of the motor vehicle drivers also increases rapidly. The registered motor vehicle drivers in 2010 were up to 212.937 1 million, which is 17.19 times of those in 1987 (there was no statistical data of this item in China before 1986). Wherein, the motorists in China in 2010 were up to 151.819 million, while there were 36.933 1 million in 2000 and only 2.452 3 million in 1980. Those in 2010 were 61.91 times and 4.11 times respectively in 1980 and 2000.

2 Difference of published data of road traffic accidents and injuries

According to the data released by the Ministry of Public Security[1], in 1951 after the founding of New China, the number of road traffic accidents was 5 922, causing 852 deaths and 0.15 death/100 000 populations. It has been increased year by year afterward and amounted to the peak by 2002, with 773 137 accidents, 109 381 deaths, 562 071 injuries and 8.97 death/100 000 populations. Afterward, the safety of road traffic has been improved gradually year by year, mainly for the decrease of the number of road traffic accidents, injuries and deaths year by year. The total number of the road traffic accidents dropped to 219 521 in 2010, with 65 225 deaths, 254 075 injuries and 4.89 death/100 000 populations, which were respectively only 28.39%, 59.63%, 45.20% and 55.63% of those in 2000.

It is generally believed that the rule of the road traffic injuries is obviously related to the level of national economic development. Is it that the peak of the road traffic injuries in China has passed and it has been effectively controlled after 2002?

However, Wang Shengyong, researcher of the China Preventive Medicine, said in the study report that: The average annual traffic injuries and deaths in China from 2002 to 2006 were up to 273 900, taking 32. 35% of the total deaths caused by injuries. Especially since 2000, the road traffic injuries have become the first death reason of injuries in China[2]. In addition, it was pointed out in the article of Hu GQ and others: In the death registration in the Ministry of Health in China from 2002 to 2007, the mortality rate of the road traffic accident casualties was twice of that in the published data of the public security and traffic administrative department[3]. However, it is found that the death due to the road traffic accidents in China may exceed 124 000 predicted with the WHO statistical model[4].

In the analysis of the data of the inpatients treated in 210 hospitals in China due to the traffic injuries, our group noted that, from 2001 to 2007, the number of the inpatients due to the traffic injuries and the deaths after hospitalization increased slowly each year, without significantly increase or decrease. Meanwhile, we collected all the archives of the road traffic accidents from 2000 to 2006 in a local traffic police detachment and had a registration and study of the data of the accidents and casualties. We noted that the overall number of the road traffic accidents and injuries also increased slowly, without significant decrease. Moreover, the actual deaths due to the traffic accidents were 3. 09 times of the data announced by the public security department, with the loss rate of the data up to 67. 62%. The number of the injuries was 5. 59 times of the data announced by the public security department, with the loss rate of the data up to 82. 10%. The highest loss rate of the data of the number of the injuries in some area was up to 95. 73%.

Although the data is not a precise overall sampling survey data and cannot accurately reflect the exact road traffic injuries in China, we still believe that, it reflects that the current status of the traffic injuries in China is still very serious and the current prevention and control of the traffic injuries are still grim.

If there is no scientific and accurate data of road traffic injuries, it is difficult to have real scientific and efficient policies and measures and the way to truly and effectively control the road injuries in China will become longer and more arduous.

3 Causes of data errors of road traffic injuries

We know that the Chinese police system has a very strict management system, perfect accident archive registration and preservation system and good registration system of road traffic accidents. Why is the data of the deaths and injuries of the road traffic accidents announced by the public security and police system far less than the actual data? The results of the investigation and analysis suggest that there are many factors. We think that it may be mainly related to the following reasons.

(1) Definition of the time of deaths of the road traffic accident. In China, the death caused by the road traffic accident refers to the death in the site of accident and within 7 days (including on the 7th day) after injuries caused by crashes and invalid treatment. The deaths of the road traffic accidents calculated by the police department must meet these two conditions. Therefore, the number of the deaths due to the road traffic accidents calculated in China will be lower than the data of WHO.

In the data of the deaths in the traffic accident areas sampling surveyed, up to 13.21% of the deaths due to the road traffic injuries occurred after 7 days after the injuries, much higher than 7% of the WHO ratio. Some studies suggest that, due to the continuous improvement of the technical level of the medical ICU in the recent years, the lives of many dying patients with serious road traffic injuries can be maintained after 7 days, resulting in the substantial increase of the deaths of the injured patients after 7 days. In addition, in order to ensure the low mortality of the inpatients in hospital, most hospitals often acquiesce in the requirements of the dying inpatient, who are unable to heal, to discharge after 7 days, resulting in the number of deaths of the inpatients after 7 days calculated far less than the actual data.

(2) Limitation of the site of road traffic accident. In the Road Traffic Safety Law of the People's Republic of China, the road traffic accident refers to the event of the deaths or property damages caused by fault or accident when the vehicle is on the highway, urban road or the road and place under the jurisdiction of the unit and allowable for the access of the social motor vehicles. Therefore, there are many cases not included in the data of the road traffic accidents reported by the public security and traffic police due to "occurring off the road", "road and place where the social vehicle cannot access", "non-public road" and other reasons. This part of data differs greatly due to the different standards mastered by different police units.

(3) In the management system of the road traffic data, part of the data fails to be included in the data announced by the Ministry of Public Security due to the affiliation of the management system. For example, the expressways in Chongqing attribute to the management of the "high-grade highways administrative law enforcement unit in Chongqing", because it is independent of the Traffic Management Bureau of the

Ministry of Public Security. Therefore, the road traffic accidents and casualties incurred in the expressways in Chongqing are not included in the data released by the State. Though this part is of a very low percentage, it also affects the integrity of the data.

China has a large number of farm vehicles, farm automobiles, tractors, mini trucks and motorcycles, etc. These vehicles attribute to the management of the Agricultural Machinery Department. However, the Agricultural Machinery Department is not responsible for the accident. And since the traffic police is not responsible for these vehicles, generally, they also do not take charge of the accidents. There are more than 800 kinds of agricultural vehicles in China. In 2010, there were 14 633 456 tractors on the road in China. Therefore, many road traffic accidents of the agricultural vehicles are ignored, in particular the road safety accidents of the agricultural vehicles incurred on the country roads.

(4) The management pattern of the traffic police has a great influence on the data statistics. At present, the management pattern of the Chinese traffic police is known as the "target-oriented" responsibility system, i. e., each unit has a clear target requirement: The number of the road traffic accidents each year must be less than a certain amount and that of the deaths must be less than a certain amount, etc. If the serious road traffic accidents and injury index cannot meet the required targets, they will not only lose the year-end rewards and part of their wages, but also even lose the positions and jobs. Under the increasing pressure of the provided target, the police at all levels are inevitable to acquiesce in the grassroots to eliminate the data of the "substandard" road traffic injuries with various "legitimate" reasons. The achievement of the "excellent" target management will also "create" a good foundation for the competition of a higher position.

4 Countermeasures and thinking

The accurate and scientific data is the foundation and conditions of the decision-making of the efficient prevention and control of the traffic injuries. The wrong data will result in a large number of inefficient or ineffective decisions and actions, even causing some results worse than the "patting heads" policy. Therefore, we strongly urge the country to strengthen the scientific and public registration, publication and mechanism of use of the data of the traffic injuries and efficiently promote the progress and development of the prevention and control of the traffic injuries in China. We shall focus on solving the following problems.

(1) Integrating the registration contents and standards of the traffic accidents and injuries according the international custom. For example, count death in 30 days as road traffic death; register and report the motor vehicle injury accidents; cancel the habit of the non-registration of the off-road and other accidents; open the statistics, raw data and the sources of the traffic injuries to the society; use the data under the supervision of the society; encourage the social research institutions to carry out efficient intervention studies on the prevention and treatment of the traffic injuries and establish a mechanism with constant improvement and sustainable development through the continued accumulation and comparison of the data.

(2) Changing relevant assessment methods of the traffic safety management. Although the traffic police department has recorded all the data of the road traffic accidents and casualties, under the existing rigid target-oriented responsibility system of controlling the number of the deaths and serious accidents, for the achievements, wages, jobs and other interests, the staffs at all levels are bound to fail to or conceal to report a significant number of the casualties of the traffic accidents. The appraisal system shall take the truth and integrity of the data and the effects of the improvement with the targeted measures and safety measures as the primarily core factors. The increase and decrease of the numbers of the accidents and casualties shall be in a relatively minor position. A mechanism of speaking the truth, reporting the true data and doing the effective and practical things shall be established. To have the ugly truth rather than to have the dangers in the fog.

(3) Establishing the multi-sourced public, scientific and accurate traffic injury data system and the publishing and sharing system of the national traffic injury information. ① The database of the road traffic accidents and injuries of the National Traffic Management Bureau: The Traffic Management Bureau of the Public Security establishes a perfect mechanism of reporting the data of road traffic accidents and injuries. Meanwhile, it is also an authoritative department of recording, reporting and publishing the data of the road traffic accidents and casualties, which shall have the most accurate and complete data. It shall guarantee the integrity and accuracy of the data reported and published from the system, management and many other aspects. Meanwhile, it shall enhance the scientific, accurate and normative contents and recording of the accident casualties. ② The establishment of the database of the road traffic injury of the

Ministry of Health: The national CDC shall expand the injury (traffic injury) monitoring and reporting station and the representativeness of the area covered, avoid the deviation of the data, form a sound monitoring system and mechanism and regularly publish the relevant data information of the road traffic injury. Meanwhile, a national reporting system of the medical records of the trauma/traffic injury inpatients shall be established to trace and study the treatment and results of the serious traffic injuries, promoting the decrease of the rates of the traffic casualties and injuries. ③ The Insurance Regulatory Commission shall promote the summary and sharing of the traffic injury data among insurance companies, open to the traffic researchers, promote the economics study of the prevention and control of the traffic injuries and more scientific and efficient insurance and claims of the traffic injuries.

References

[1] Traffic Administrative Bureau of the Ministry of Public Security. Annual Statistics Report of the Road Traffic Accidents of the People's Republic of China (2010). Research Institutes of Traffic Management Science of the Ministry of Public Security, 2011.

[2] Wang S Y, Li Y H, Chi G B, et al. Injury-related fatalities in China: an under-recognised public-health problem. Lancet, 2008, 372(9651): 1765 - 1773.

[3] Hu G Q, Baker T, Baker S P. Comparing road traffic mortality rates from police-reported data and death registration data in China. Bulletin of the World Health Organization, 2011, 89: 41 - 45.

[4] Alcorn T. Uncertainty clouds China's road-traffic fatality data. Lancet, 2011, 378(9788): 305 - 306.

Jihong Zhou, MD. PhD, Professor. Director, Institute for Traffic Medicine of PLA/ Chongqing.

His research areas include: mechanism and treatment of trauma, prevention and treatment of traffic injury, clinical epidemiology of trauma, trauma database, etc.

He successively published more than 200 papers in academic journals. Monographs: Trauma Database and Clinical Research. As deputy editor, published *Modern Traffic Medicine* and *The Trauma Care in Disaster and Accident*, and with 38 monographs as editor.

He successively won one second award of the national scientific and technological progress, five second award of scientific and technological progress of PLA, three second award of scientific and technological achievements in Chongqing, second prize of "GM Foundation Science & Technology Achievement Award".

Fallible Behaviour Traits of Accident-prone Drivers in China—a Genomic Study

Shulin Zhang, et al.

National Center of Engineering and Technology for Vehicle Driving Safety, Anhui Sanlian Accident Prevention Institute, PR China

Abstract: Driving behavior of a driver is closely related to traffic accidents which have brought a huge disaster to the human. Some people are easier to cause accidents than others due to their physiological and psychological reasons, of which the individual idiosyncrasy is named as accident proneness. The accident-prone driver is the most prominent cause of nowadays traffic accidents, accident-prone driver has some fallible behavior traits. Studies have shown that human behavior is closely association with heredity. We tentatively analyzed genetic factors of fallible behavior traits of accident proneness by the GWAS method, and found SNPs loci in linked genes (SMAD5, TRPC7 and CBLN4) are associated with fallible behavior traits of drivers ($p < 10^{-4}$) with 179 pairs of 1:1 matched case-control samples selected, the CNV loci in the SIRPB gene variant region is strongly associated with fallible behavior traits of drivers ($q < 10^{-15}$). It suggested that fallible behavior traits of accident-prone drivers maybe have potential susceptible genes.

Key words: traffic accident; accident proneness; Genome-wide association study (GWAS); single nucleotide polymorphism (SNP); susceptible gene; behavioral gene; behavioral genetics

1 Introduction

The driving behaviors of a driver play an important role in traffic safety[1,2], which means that drivers respond to a variety of internal and extrinsic environment for safe and fast moving while steering vehicle, including visible overt behavior and invisible covert behavior. Fallible behavior refers to bad driving characterized by that the probability of accident is higher arising from far deviation of operation between actual and normal. Some people are easier to cause accidents than others due to their physiological and psychological reasons, which the individual idiosyncrasy named as accident proneness[3-5]. The rate of accident caused by accident-prone drivers accounted for 30% ~ 40% of total accidents, and accident-prone drivers have become the most prominent cause of nowadays traffic accidents. Studies proved that accident-prone driver has some fallible behavior characteristics, such as low motion perception, error response, attention defect, bad dynamic vision, extraversion, neuroticism, low performance and so on[6-10]. However, the immanent causes of recidivism accident behaviors of accident-prone driver have not been fully understood, and researches showed that Human behaviors have a genetic basis[11,12], if the immanent causes of drivers' fallible behavior and its genetics track can be revealed, it is hopeful to reduce traffic accidents by a large margin from sources, and to provide a new pattern for the selection, safety training and behavior modification of occupational drivers, e. g. , The Health Behaviour Research Centre of University College London in UK launched a BCW (behaviour change wheel) trial of "frameworks of behaviour change interventions" at 2010[13]; The Carolina Center for Genome Sciences of University of North Carolina in America attempted on the 9R/9R genotype in the VNTR of the dopamine transporter gene (DAT1) exerts a general protective effect against a spectrum of risky behaviors in comparison to the 10R/9R and 10R/10R genotypes[14]; The Department of Psychiatric Medicine of University of Virginia in America implemented a experiment that taking controlled-release methylphenidate improves attention during on-road driving by adolescents with attention-deficit/hyperactivity disorder (ADHD)[15]; because accident-prone drivers have become high risk population to traffic accidents, and traffic accident has become the largest social disaster world wide, exploration on fallible behaviors and their genetics basis of accident proneness will be of great social contribution and scientific significance undoubtedly.

2 Subjects and methods

2.1 Subjects

Bus drivers from a Public Transportation Incorporation of some city in China were chosen as the object population, Case-control method was conducted, and fallible behavior drivers with accident proneness were selected as cases, normative safe behavior drivers were selected as controls, all of the drivers selected live stably in the city and have 5 years driving exposure at least.

1) Case-control screening

Screening standard of fallible behavior drivers is in accordance with the Chinese national standard "motor vehicle drivers body condition and assessment requirements" (GB18463-2001) (Table1). The drivers whose testing indexes were all abnormal were candidate into cases group, and those whose testing index were all normal were candidate of control group. There are 232 pairs of case-control to be screened from 3180 drivers in a subcompany of the Public Transportation Incorporation.

Table 1 Conditions of case-control candidates

Index	Case candidate	Control	Candidate
Speed anticipation/ms	<800 or >2500	800 ~ 2500	
Discrimination reaction judgment/time	>5	≤5	
Action judgment/time	>110	≤110	
Depth perception/mm	< -22 or >22	±22	
Dynamic acuity	≥0.2	≥0.2	
Night acuity/s	>35	≤35	

Source: GB 18463-2001.

2) Identification of cases and controls

According to the "golden standard" of accident-prone driver, the drivers who had three or more accidents at the level of more than equal-responsibility within 5 consecutive years (2005-2009) are assigned to case group[10]. The drivers who have no accident over the same years (2005-2009) are assigned to the control group. There are179 pairs to be selected from 232. pairs of candidates.

3) Analysis and quality control

The number of the accidents is accounted by the original traffic accident records from 2005 to 2009 in the primary safety division of the sampling bus companies. Responsibility for the accident is defined by the five grades issued by the Chinese government, namely full responsibility, main responsibility; equal responsibility; secondary responsibility; no responsibility[16]. All the accidents counted in this study are those that caused the injuries requiring medical care, and the non-human factors accidents are excluded from this study such as calamity accidents (e.g., earthquakes, landslides, etc.) and other accidents caused by paroxysmal diseases of drivers etc.

4) Sample matching conditions

To eliminate the bias of confounding factors including age, gender, driving experiences, this study used matched case-control samples: The matching conditions include similar age, driving duration (difference less than 2 years), same nationality, gender, residence, education and marital status, similar driving route and driving training, etc. Subjects are all healthy drivers, and those drivers who have the history of genetic diseases, psychiatric disorders, cardiovascular diseases and driving contraindications were excluded (Table 2).

Table 2 Matching conditions of the cases and controls

Matching conditions	Case group	Control group
Age	+	Similar(difference less than 2 years)
Gender	+	Same
Nationality	+	Same(Han Chinese)
Residence	+	Same
Education	+	Same
Driving duration	+	Similar(difference less than 2 years)
Driving training	+	Same
Driving route	+	Same
Marital status	+	Same
Accident records	Three times or more accidents in 5 years	Zero accidents during the same period
ethological test	Abnormal	normal

2.2 Methods

1) Ethological test for case-control screening

3180 bus drivers by cluster sampling from a bus company were conducted ethological test for Case-control Screening in accordance with the Chinese national standard (GB18463-2001). The ethological test indices including Motion perception, Discrimination reaction, Action judgment, Depth perception, Dynamic vision, Night vision and other testing. Testing instruments are shown in Table 3 and the test methods are as follows.

Table 3 Ethological test

Ethological index	Testing instrument	Manufacturer
Motion perception	LJ9101 speed anticipation tester	Shenqing industry Co., Ltd., Shanghai, China
Discrimination reaction judgment	LJ9102 discrimination reaction judgment tester	Shenqing industry Co., Ltd., Shanghai, China
Action judgment	LJ9103 action judgment tester	Shenqing industry Co., Ltd., Shanghai, China
Depth perception	LJ9204 depth perception tester	Shenqing industry Co., Ltd., Shanghai, China
Dynamic perception	LJ9205 dynamic perception ester	Shenqing industry Co., Ltd., Shanghai, China
Night perception	LJ9206 night perception tester	Shenqing industry Co., Ltd., Shanghai, China

(1) Motion perception. Use LJ9101 type Speed anticipation tester. The instrument of the cursor moves at a constant speed in the slot, when the cursor into the damper (blind spots), asked to assume that the cursor is at the same speed, estimates that the cursor reaches the baffle on the other side, with the hand keys, instrument displays estimated time. Each person tests 5 times and takes the average as the motion perception judgment time.

(2) Discrimination reaction judgment. Use LJ9102 discrimination reaction judgment tester. This instrument has one red, one yellow, and one green lamp. After the testees pressed all the key, they are asked to follow the order: while the red light is on, release the right foot button red light, while the green light is on, release right hand button and while the yellow light hits, release the left hand button. When the buzzer is ringing at the same time some lights turn on or just the buzzer is ringing, do nothing. Each testee is tested 16 times and the average false alarm reaction times and reaction time are recorded.

(3) Action judgment. Use LJ9103 action judgment tester. The wheel of the equipment has 16 identifier and rotates at a constant speed. Testee tries to manipulate the steering wheel, so that the left pointer and the right pointer can pass behind the identifier and cannot touch turntable around the red line. If the pointer passes the

identifier by ahead or touch the identifier and the red line, the buzzer rings and counter works to record the mistakes of reaction times of left and right pointers within 3 minute 30 seconds.

(4) Depth perception using LJ9204 deep vision tester. The instrument in a test box is equipped with three poles on the same horizontal line, and the middle pole can move back and forth in the mobile channel, and the others are fixed on two sides of the groove. Testees sit to test case 2.5 meters away, and look at the center hole horizontally. When the moving pole moves to a horizontal line with the both sides of the stem, the testee is asked to, press the reply button. The instrument displays the deviation of three pole distance. Each testee is tested five times and the average is recorded.

(5) The dynamic vision detection. Dynamic visual acuity meter box body with a rand's ring according to the standard, through the optical system makes marked "C" shape depending on the measured eye 50 cm distance from now, depending on the simulation of 30 km/h speed to move in front of him, when the examiner to see according to the standard after the reply button, in the instrument side shows a dynamic vision value automatically, dynamic visual acuity test three times, take its maximum value

(6) Night perception. In the test the night vision instrument shows an "E" mark at the beginning under the strong light, the testee looks at the mark on the first 30 seconds. Then shut down the light source and ask the subjects in the dark environment just can distinguish light when pressing the button reply depending on the direction. The test was based on the subjects of dark adaptation time of test indicators, dark adaptation ability evaluation based on dark adaptation time.

2) Genome-wide association study

2 mL blood of 179 pairs of cases and controls were collected with EDTA anticoagulant tube packaging, −80℃ refrigerator, then extract DNA after defrosting whole blood. Genome-wide scan analysis was carried out of 179 pairs of matched samples. The genome-wide scanning (SNPs and CNV) use U.S. Affymetrix USES SNP6.0 chip and experimental biochip in Chinese National Engineering Research Center of Shanghai.

The selected samples were organized by the unit voluntary according to familiar information. Driver's personal information and accident information were selected from original data provided by the security department of the bus company through the unified training investigators using unified questionnaire. This study has been approved by the local research ethics committee. Sample information is shown in Table 4.

Table 4 Sample information

	Case	Control
Sample	179	179
Nationality	Chinese	Chinese
Average age(year)	37. 69	37. 66
18 –	28	27
30 –	144	145
50 –	7	7
Average driving experience(year)	9. 79	10. 25
Male/Female	161/18	161/18

2. 3 Statistical analyses

(1) Genome-wide SNP correlation analysis, minimum allele frequency (MAF) analysis and Hardy-weinberg equilibrium-inspection are carried by Genespring software for each SNP. Genotype-phenotype correlation research used Cochran-Armitage trend test, Pearson's χ^2 test, Fisher's exact test three kinds of analysis.

(2) A control sample copy of the database is created using the control sample in Genespring software. Execute the copy number analysis between the cases and the previous samples to get the copy number of each sample, then find the experimental sample of copy number changes common area, SNP chip testing and data analysis are executed in Shanghai biochip China national engineering research center.

3 Result

3. 1 SNPs genomewide association analysis

We carried out GWAS on 179 pairs of matched samples, and found that there are significant associated SNPs loci ($p < 10^{-4}$) located at genome variant regions by comparing fallible behavior drivers (case group) with safe behavior drivers (control group), as shown in Table 5.

Table 5 SNPs significant information site genotype and gene locus information table

dbSNP RS ID	Chr	Physical position	Allele A/B	Association gene	*p*-value	OR	OR(95% CL)
rs2033581	chr8	69264902	A/G	DEPDC2	2E−06	0. 462 9	0. 336 5 ~0. 636 8
rs6978138	chr7	16856893	A/G	AGR2	5E−05	0. 544 3	0. 401 1 ~0. 738 5
rs1019621	chr7	135000000	A/G	CNOT4///STRA8	1E−05	0. 448 5	0. 304 7 ~0. 660 3
rs292661	chr7	135000000	C/T	CNOT4///STRA8	9E−05	0. 497 2	0. 331 7 ~0. 745 2
rs2972106	chr7	148000000	C/T	CNTNAP2	9E−05	0. 527 2	0. 374 8 ~0. 741 4
rs2717741	chr8	18490786	C/G	PSD3	2E−05	3. 269 6	1. 779 4 ~6. 007 8
rs2634449	chr8	18488730	A/G	PSD3	2E−05	0. 277 2	0. 148 9 ~0. 516 1
rs6069499	chr20	53973735	A/G	CBLN4	9E−05	0. 285 7	0. 147 8 ~0. 552 1
rs6035200	chr20	18970894	A/T	C20orf79///SLC24A3	1E−04	0. 588 4	0. 439 5 ~0. 787 9
rs7732110	chr5	135547908	C/T	TRPC7	6E−04	0. 605 8	0. 450 5 ~0. 814 8
rs11242316	chr5	135547747	C/G	TRPC7	5E−04	1. 686 6	1. 256 ~2. 264 8
rs3734125	chr5	135551643	C/T	TRPC7	4E−04	1. 73	1. 287 3 ~2. 325
rs10045073	chr5	135557803	C/T	TRPC7	6E−04	1. 712	1. 274 ~2. 300 6
rs10041689	chr5	135565676	A/G	TRPC7	2E−04	1. 767 6	1. 314 1 ~2. 377 6
rs171101	chr5	135646103	C/G	TRPC7	3E−04	0. 569 6	0. 415 5 ~0. 780 9
rs7701815	chr5	135649997	A/C	TRPC7	4E−04	1. 755 5	1. 280 5 ~2. 406 7
rs1392170	chr5	135659201	A/C	TRPC7	4E−04	0. 580 6	0. 422 9 ~0. 797
rs950715	chr5	135708138	C/T	TRPC7	2E−04	0. 531 7	0. 378 4 ~0. 747 1
rs3777150	chr5	135705746	A/C	TRPC7	3E−04	0. 524	0. 365 5 ~0. 751 3
rs12515628	chr5	135712924	C/T	TRPC7	1E−04	1. 891 9	1. 344 3 ~2. 662 4
rs346644	chr5	135746033	A/G	TRPC7	3E−04	0. 553 8	0. 395 5 ~0. 775 5
rs2548979	chr5	135481392	C/T	SMAD5	5E−04	0. 592 4	0. 440 8 ~0. 796 2
rs2906830	chr5	135481829	C/T	SMAD5	9E−04	1. 648 7	1. 228 4 ~2. 212 8
rs2548978	chr5	135492030	C/T	SMAD5	4E−04	1. 706 5	1. 270 1 ~2. 292 8
rs9327743	chr5	135495208	C/G	SMAD5OS	3E−04	0. 571 4	0. 424 3 ~0. 769 5
rs13187638	chr5	135500093	C/G	SMAD5	9E−04	1. 632 4	1. 214 6 ~2. 194
rs6596288	chr5	135512462	C/T	SMAD5	4E−04	1. 706	1. 270 2 ~2. 291 5
rs10056474	chr5	135519295	C/G	SMAD5	4E−04	1. 706 1	1. 270 2 ~2. 291 5
rs10064147	chr5	135533740	A/G	SMAD5	2E−04	1. 782 3	1. 324 9 ~2. 397 6
rs6886699	chr5	135543637	C/T	SMAD5	2E−04	1. 754 6	1. 303 7 ~2. 361 4
rs7719008	chr5	164000000	A/G		1E−04	0. 548	0. 408 6 ~0. 734 8

The potential association signals between case group and control group were determined by using Cochran-Armitage trend test. Significant SNPs loci concentrate on position of $10^{-5} \sim 10^{-3}$ of the genome wide p values of the Cochran-Armitage trend test, and SNP peak locus reached to 10^{-6} (see Table 5, Fig. 1).

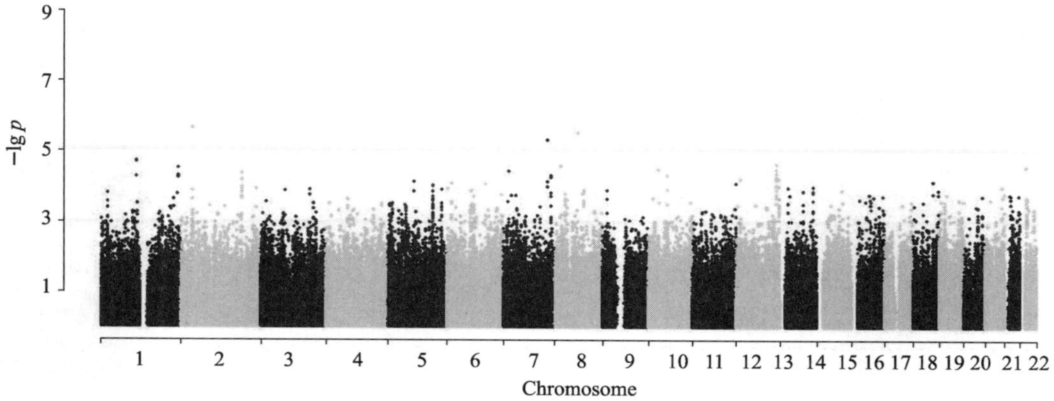

Fig. 1 p value of all SNPs loci distribution on each chromosome

We found two blocks of linkage illequilibrium through haploid analysis of associated SNPs loci (red block A and red block B of Fig. 2). which indicated combination of allele genes each SNP locus is non-random.

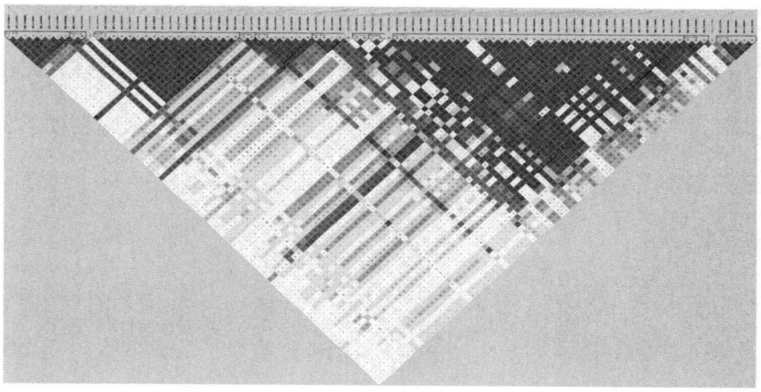

Fig. 2 LD-plot linkage illequilibrium distribution

The SNPs of GWAS showed that genome variation frequency of the SNPs in case group is higher than that in control group, and three genes SMAD5 (rs6886699) on chromosome 5, TRPC7 (rs10041689, rs3777150) on chromosome 5, CBLN4 (rs6069499) on chromosome 20 are strongly associated with fallible behavior of accident proneness ($p < 10^{-4}$).

3.2 CNV genomewide association analysis

We conducted CNV analysis through GWAS, and found that there are common genome variation region on chromosome 20 of accident-prone drivers by comparing fallible behavior of drivers (case group) with normative behavior of drivers (control group), the q value in 45 probes of CNV located at variation region are less than 10^{-15} (Table 6). It suggests that CNV gene variation region located at SIRPB may be related to fallible behavior of drivers.

Table 6 CNV significant locus location

Probe set ID	Chromosome	Physical position	Associated gene gene Id	Cytoband	Peak *q* value
CN_891770	chr20	1508999	SIRPB1	p13	10^{-15}
CN_891773	chr20	1509580	SIRPB1	p13	10^{-15}
CN_891774	chr20	1509653	SIRPB1	p13	10^{-15}
CN_891775	chr20	1509667	SIRPB1	p13	10^{-15}
CN_891796	chr20	1515454	SIRPB1	p13	10^{-15}
CN_891797	chr20	1515653	SIRPB1	p13	10^{-15}
CN_891798	chr20	1515721	SIRPB1	p13	10^{-15}
CN_891799	chr20	1515744	SIRPB1	p13	10^{-15}
CN_891800	chr20	1516006	SIRPB1	p13	10^{-15}
CN_891801	chr20	1516083	SIRPB1	p13	10^{-15}
CN_891814	chr20	1518737	SIRPB1	p13	10^{-15}
CN_891815	chr20	1518752	SIRPB1	p13	10^{-15}
CN_891816	chr20	1518774	SIRPB1	p13	10^{-15}
CN_891817	chr20	1518786	SIRPB1	p13	10^{-15}
CN_891818	chr20	1518804	SIRPB1	p13	10^{-15}
CN_891820	chr20	1519103	SIRPB1	p13	10^{-15}
CN_891821	chr20	1519272	SIRPB1	p13	10^{-15}
CN_891822	chr20	1519325	SIRPB1	p13	10^{-15}
CN_891823	chr20	1519363	SIRPB1	p13	10^{-15}
CN_891824	chr20	1519378	SIRPB1	p13	10^{-15}
CN_891825	chr20	1519416	SIRPB1	p13	10^{-15}
CN_891832	chr20	1519724	SIRPB1	p13	10^{-15}

Continued

Probe set ID	Chromosome	Physical position	Associated gene gene Id	Cytoband	Peak q value
CN_891833	chr20	1519783	SIRPB1	p13	10^{-15}
CN_891830	chr20	1519889	SIRPB1	p13	10^{-15}
CN_891831	chr20	1519903	SIRPB1	p13	10^{-15}
CN_891836	chr20	1520135	SIRPB1	p13	10^{-15}
CN_891837	chr20	1520203	SIRPB1	p13	10^{-15}
CN_891838	chr20	1520218	SIRPB1	p13	10^{-15}
CN_891839	chr20	1520243	SIRPB1	p13	10^{-15}
CN_891840	chr20	1520412	SIRPB1	p13	10^{-15}
CN_891841	chr20	1520451	SIRPB1	p13	10^{-15}
CN_891882	chr20	1526962	LOC654056	p13	10^{-15}
CN_893932	chr20	1527121	LOC654056	p13	10^{-15}
CN_893947	chr20	1528388	LOC654056	p13	10^{-15}
CN_893946	chr20	1528537	LOC654056	p13	10^{-15}
CN_893948	chr20	1528618	LOC654056	p13	10^{-15}
CN_893953	chr20	1529768	LOC654056	p13	10^{-15}
CN_893954	chr20	1530092	LOC654056	p13	10^{-15}
CN_893955	chr20	1530207	LOC654056	p13	10^{-15}
SNP_A -8422362	chr20	1533109	SIRPD///SIRPB1	p13	10^{-15}
CN_893984	chr20	1538257	SIRPB1	p13	10^{-15}
CN_893985	chr20	1538455	SIRPB1	p13	10^{-15}
CN_893986	chr20	1538534	SIRPB1	p13	10^{-15}
CN_893999	chr20	1541849	SIRPB	p13	10^{-15}
CN_894000	chr20	1541893	SIRPB	p13	10^{-15}

4 Discussion

4.1 Fallible behavior traits

The fallible behaviors of drivers have a tendency to induce more traffic accidents than the general population. Previous studies showed that accident-prone drivers have some fallible behavior characteristics, such as low motion perception, discrimination reaction judgement, attention deficit、depth perception deviation[17]. These results suggests that processing capability of accident-prone drivers on driving information is lower than that of safe drivers in general, consequently, more accidents are caused by bad driving behavior of these drivers, which may be idiosyncrasy caused accidents. This implies that drivers should require certain psychological and behavioral quality of cognition and processing capability on information, especially for motion perception, reaction, attention, performance on dynamic objects. Ergun Y. Uc and Matthew Rizzo compared older drivers who suffered from neurodegenerative disorders with control drivers. They found that driving errors of the drivers with neurodegenerative disorders were more than that of control drivers in driving task experiment, because the behavior function of the drivers with neurodegenerative disorders was impaired in their cognition, visual perception, attention and motor function etc[18]. The experiments showed that drivers with low motion perception prone to anticipate judgement on moving object, and their error judgement lead to error operation, and their attention deficit (i. e. to care for the left but lose the right) easily neglect the potential risk, therefore, any fault or error on a chain of driving processing behavior could cause accident (Fig. 3).

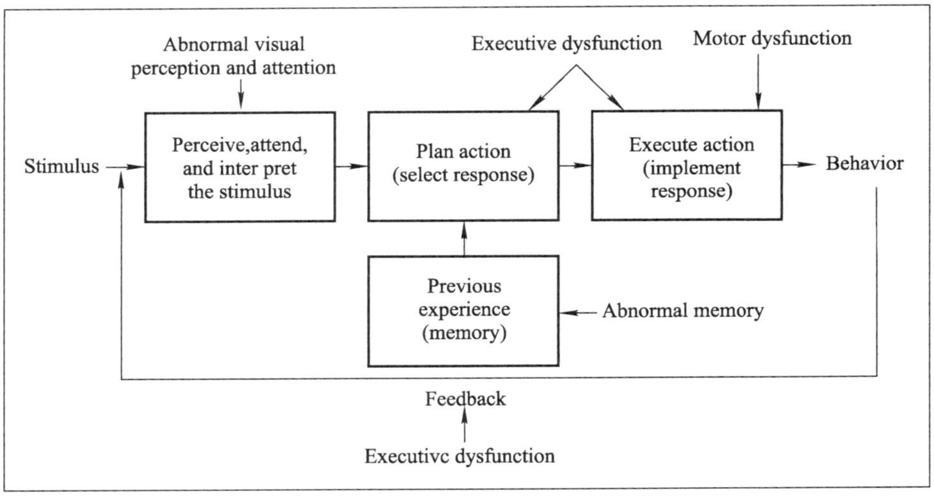

Fig. 3 Information processing model for driver error

Previous studies have dispersedly reported the fallible behavior traits or clues of drivers from different districts[7,19,20], which were basically identical with the present study, it showed that fallible behavior of accident-prone drivers may have certain common individual idiosyncracy. However, this potential biological rationale for internal traits needs further exploration and validation.

4.2 Linked genes of fallible behavior

Based on fallible behavior traits of accident-prone drivers, result in this GWAS showed that there is significant difference in SNPs genome variation frequency between case group (fallible behavior of drivers) and control group (normative behavior of drivers)., there are three genes (SMAD5, TRPC7 and CBLN4) located in significant SNPs genome variant region that are particularly associated with fallible behavior of drivers($p < 10^{-4}$). CNV gene variation region located at SIRPB is strongly related to fallible behavior of drivers($q < 10^{-15}$), which indicated that fallible behavior of accident-prone drivers may exist genetic susceptibility.

Behavioral genetics has demonstrated that human behavior has a genetic basis, behavior is the combination of heredity and environment and has genetic polymorphisms[21]. M Nelen and XO Breakefield found that a point mutation was identified in a termination codon of the eighth exon of the MAOA structural gene, which is intimately associated with a recognizable abnormal behavior, including impulsive aggression, arson, attempted rape, and exhibitionism[22] A recent study in British Medical Council (BMC) showed the genetic contribution to aggressive behavior in Drosophila animal model[23]. Studies on the relationship of genes and behavior have just sprung up, there exists some directly or indirectly association between intricate behavior traits and genes[24]. Driving behavior is one of the human special occupational behaviors involving complicated information processing including information cognition, judgment, decision and operation etc., and also has genetic foundation. Fallible behaviors of drivers are mainly revealed in information cognition and processing, once genome variation/gene function abnormity involved in driving information cognition pathway (e.g. signal translation) or processing take place, driving behavior of drivers would be out of control.

Based on GeneBank database, SMAD5 is a kind of cytoplasm protein gene, mainly plays a certain regulating role in tissue dynamic development through the signal transduction pathways. It is reported that, 2/3 of the SMAD protein signal directly promote expression of Nanog, moderate repression of SMAD5 may inhibit expression of Sox2[25]. However, Sox2 plays a primary regulating role in the potential ability and self-refreshing by adjusting transcription of embryo stem cells, such as the reaction to environmental stimuli[26]. It is for the first time that we found that SMAD5 has certain association with the behaviors of accident prone drivers, however further studies are warranted. SIRPs (signal regulatory protein) family mainly involved in regulation of signal transduction pathways to tyrosine kinase[27], scientists found that SIRPs play a role in clearing nerve cell debris and neurotransmitters. Their functions in degradation or gene knocking out will lead to the nervous system degradation, such as slow response, memory decline and so on. In our study, significant associations of the CNV in genome variation region located at SIRPB gene probably associated with alteration of nervous signal transduction, action, nerve function in driving information processes for drivers. TRPC7 gene is mainly involved in cell calcium and magnesium ion channel regulation, and highly expressed in peripheral organs such as heart, lung, eye etc, and sensitivity to cognition from visual and tactual information, TRPC7 plays important roles in regulating balance of intracellular Ca^{2+} and transferring extracellular signal[28,29]. We consider that significant linked SNPs located at TRPC7 gene probably associated with functional modulation of visual cognitive channel for drivers, in case its function would be abnormal, the omen of accident as "brain blank" likely appear due to interrupt cognitive channel. In the current GWAS, above 3 associated genes all involve in neural signal transduction, cell differentiation and nervous function regulation, therefore, there is a strong functional coherence between their biological understanding and molecular mechanism of fallible behavior of drivers.

In the GWAS, we found that there exists stronger SNP signal located at CBLN4 gene($p < 10^{-5}$). CBLN4 genes mainly involve in adrenal development and regulation of secretion[30,31], which plays important roles in the regulation of main hormone and neurotransmitter of the stress system. Previous studies showed that the neurotransmitter levels of dopamine (DA), 5-hydroxytryptamine (5-HT) of the accident-prone drivers are lower than that of the safe drivers. Bergomi M et al in Italy investigated the relationships between young driver behaviour and personality factors as well as to assess the neuroendocrine correlation of psychological and behavioural factors, and found that the subjects are prone to adopt safe driving behaviour, a positive correlation was observed between DA levels and the frequency of driving violations while a negative relationship was found between adrenaline (NE) levels and frequency of driving errors[32]. which accordance between these changes in these neurotransmitters and regulating function of CBLN4 gene still needs further study.

This study is only a trial, clues of linked genes above-mentioned need to further validation, which provided a good foundation for validation in future.

5 Conclusion

Fallible behavior of the accident-prone drivers have individual idiosyncrasy and typical behavioral traits in motion perception, reaction, attention, depth perception, etc. These traits and behavior may be associated with genome structure variations involved in cell signal translation pathway. The study suggests that fallible behavior of accident-prone drivers may exist genetic susceptibility.

References

[1] Leonard Evans. The dominant role of driver behavior in traffic safety. Am J Pub Health, 1996,86: 784 - 786.

[2] John D Lee. Driving Safety. Reviews Human Factors Ergonomics,2005,1:172 - 218.

[3] Froggatt F,Smiley J A. The concept of accident proneness: A Review. British J Industry Med,1964,21: 1.

[4] Frank P M. Accident proneness: a conceptual analysis. Accid Anal Prev,1983,15(1): 65.

[5] Mintz A,Blum M L. A re-examination of the accident proneness concept. J Appl Psychol, 1949,33:195.

[6] Curry A E,Hafetz J,Kallan M J,et al. Prevalence of teen driver errors leading to serious motor vehicle crashes. Accid Anal Prev,2011,43:1285 - 1290.

[7] Pauline G,Dorothy B. Personality factors as predictors of persistent risky driving behavior and crash involvement among young adults. Inj Prev,2007,13: 376 - 381.

[8] Nabi H, Louis Rachid Salmi, Sylviane Lafont, et al. Attitudes associated with behavioral predictors of serious road traffic crashes: results from the GAZEL cohort. Inj Prev,2007, 13: 26 - 31.

[9] Parker D,West R,Stradling S,et al. Behavioral characteristics and involvement in different types of traffic accident. Accid Anal Prev,1995,27:571 - 581.

[10] Jin H Q,Araki S,Wu X K,et al. Psychological performance of accident-prone automobile drivers in China: a case-control study. Int J Epidemiol,1991,20: 230.

[11] Plomin R, Owen M J, Guffin P M. The genetic basis of complex human behaviors. Science,1994,5166: 1733 - 1739.

[12] Mann C C. Behavioral genetics in transition. Science,1994,5166: 1686 - 1689.

[13] Michie S, van Stralen M M, West R. The behaviour change wheel: a new method for characterising and designing behaviour change interventions. Implement Sci, 2011, 6: 42.

[14] Guo G, Cai T, Guo R, et al. The dopamine transporter gene, a spectrum of most common risky behaviors, and the legal status of the behaviors. PLoS One, 2010, 5: e9352.

[15] Cox D J, Humphrey J W, Merkel R L, et al. Controlled-release methylphenidate improves attention during on-road driving by adolescents with attention-deficit/hyperactivity disorder. J Am Board Fam Pract, 2004, 17: 235 – 239.

[16] People's Republic of China. The Law of Road Traffic Safety, China, 2003.

[17] Vita K. Personality characteristics of accident repeating children. J Abnor Social Psychol, 1953, 48(1): 17.

[18] Ergun Y U, Matthew R. Driving and neurodegenerative diseases. Curr Neurol Neurosci Rep, 2008, 8: 377 – 383.

[19] Ulleberg P, Rundmo T. Personality, attitudes and risk perception as predictors of risky driving behaviour among young drivers. Safety Sci, 2003, 41: 427 – 443.

[20] Schwebel D C, Severson J, Ball K K, et al. Individual difference factors in risky driving: the roles of anger/hostility, conscientiousness, and sensation-seeking. Accid Anal Prev, 2006, 38: 801 – 810.

[21] Plomin R, John C, DeFries Gerald E, et al. Behavioral Genetics (4th Edition). New York: Worth Publisher, 2007: 63 – 80.

[22] Brunner H G, Nelen M, Breakefield X O, et al. Abnormal behavior associated with a point mutation in the structural gene for monoamine oxidase A. Science, 1993, 5133: 578 – 580.

[23] Jasinska A J, Freimer N B. The complex genetic basis of simple behavior. J Biol, 2009, 8: 71.

[24] Genes and behavior. Science, 1994, 264: 1685 – 1739. ISSUE 5166.

[25] Domyan E T, Ferretti E, Throckmorton K, et al. Signaling through BMP receptors promotes respiratory identity in the foregut via repression of Sox2. Development, 2011, 138: 971 – 981.

[26] Boyer L A, Lee T I, Cole M F, et al. Core transcriptional regulatory circuitry in human embryonic stem cells. Cell, 2005, 122: 947 – 956.

[27] Lee W Y, Weber D A, Laur O, et al. The role of cis dimerization of signal regulatory protein alpha (SIRPalpha) in binding to CD47. J Biol Chem, 2010, 285: 37953 – 37963.

[28] Miyagi K, Kiyonaka S, Yamada K, et al. A pathogenic C terminus-truncated polycystin-2

mutant enhances receptor-activated Ca2 + entry via association with TRPC3 and TRPC7. J Biol Chem,2009,284: 34400 - 34412.

[29] Abed E, Moreau R. Importance of melastatin-like transient receptor potential 7 and cations (magnesium, calcium) in human osteoblast-like cell proliferation. Cell Prolif, 2007, 40: 849 - 865.

[30] Rucinski M, Ziolkowska A, Szyszka M, et al. Precerebellin-related genes and precerebellin 1 peptide in the adrenal gland of the rat: expression pattern, localization, developmental regulation and effects on corticosteroidogenesis. Int J Mol Med, 2009, 23: 363 - 371.

[31] Rucinski M, Malendowicz L K. Precerebellin-related genes and precerebellin 1 peptide in endocrine glands of the rat-pattern of their expression. Int J Mol Med, 2009, 23: 113 - 119.

[32] Bergomi M, Vivoli G, Rovesti S, et al. Role of some psycho-physiological factors on driving safety. Ann Ig, 2010, 22: 387 - 400.

Shulin Zhang, Master of Prevention Medicine of Anhui Medical University. He is now the vice president of Anhui Sanlian University, vice director of National Center of Engineering and Technology for Vehicle Driving Safety, director of editorial department of the journal of Human Ergonomics, vice director of the Center. He has made more than ten research achievements, published 13 research papers and 3 academic books. He presided in the project " Research in and Application of Traffic Accidents Prevention Technology" and "Standardization and Development of Drivers" Training Based on the Individuals: " and provided technological support. He was presented the silver medal of Contribution Award of Anhui Province and Model Worker of Anhui Province. In 2004, he was selected as "Top-notch Young Professional Talent of Hefei".

Commonality and Individuality of Adaptive Detection on High-speed Train Drivers and Vehicle Drivers

Lai Jin, et al.

National Center of Engineering and Technology for Vehicle Driving Safety, PR China

Abstract: The drivers' physical and mental qualities have something to do with traffic accidents, so the driver's adaptive detection plays an important role in reducing traffic accidents. Despite that high-speed train driver and vehicle driver have special nature in respective working environment, there is certain similarity between them. Based on multiple studies on driving adaptability, the paper systematically analyzes both of the similarities and differences according to features of high speed, long operation hours, single scenery, and easy fatigue, as well as develops a general driving adaptive detector by combining relevant ergonomics theory to popularize day-to-day driving adaptive detection, thus reducing traffic accidents and casualties, and further contributing to creating a harmonious society.

Key words: high-speed train driver; vehicle driver; driving adaptability; testing indicator; similarity; difference

1 Introduction

With the improvement of living standards, accelerated pace and expanded communication, people travel more frequently for different purposes, thus leading to further traffic development. Fast, convenient and comfortable transport has become an important requirement for people's traveling. However, safety is a higher requirement for the traveling, which does not only propose high-tech standards for hardware, but also stricter requirements for human factors, such as training and appraisal during high-speed development.

Safe driving must be achieved by complete and normal-running system based on effective combination of human, vehicle, environment and management, among which the physiology and psychology of driver is the most significant factor. A variety of researches have demonstrated that traffic accident is closely related to psychological quality of the driver. It is found in traffic accident cause analysis that there are about 90% traffic accidents caused by drivers. Among various traffic accidents there are 70% to 80% of cases that drivers should take full responsibility or major responsibility. Some studies even show that accident-prone drivers bear significant differences in certain physiological and psychological indicators. Therefore, it plays a very important role to train qualified drivers to reduce traffic accidents.

Driving adaptive detection comes into being in such demand, which is developed basing on accident-prone theory. It can detect physiological and psychological quality of driver and identify high and frequent accident-prone drivers with scientific instrument, as well as carry out re-education and training to drivers. Moreover, it will persuade people who are not qualified to be a driver to quit, so that overall quality of drivers can be improved and accidents can be prevented from fundamental. It reduces traffic accidents significantly.

2 Background and significance of the study

Traffic accident is a serious problem for all countries. The traffic accident researches in China show that there were over 90 000 people died from traffic accident and 430 000 people got injury every year since 2002. One person died from traffic accident in every 5. 5minutes and one person injured or disabled in every 1. 2minutes. The loss of life and property caused by traffic accident every year is so huge that it is very necessary to carry out research of driving adaptability.

High-speed railway and road transport are two most important and commonly used traffic modes for China, drivers of both have to work in long hours with faster speed, single working environment, narrow range of vision, and easy fatigue, etc.. Based on a large number of theoretical literatures, the research has provided theoretical basis for further development of safety adaptive detection technology, complete adaptive detection research, and provide more accurate information for traffic safety management administration through similarity and difference research on adaptability of high-speed train driver and vehicle driver, thus providing valuable research data for normal transport and accident rate reduction.

3 Status quo of research

3.1 Status quo in foreign countries

Driving adaptive detection is a detection technology for physiology and psychology of drivers that is developed basing on accident-prone theory. Accident Prone Theory, which was proposed by Greenwood in 1919, is the most influential one to discuss cause of accident. He believed that there was difference in age, gender, physical condition and other physiological features among individuals, as well as personality, IQ, cognitive ability and other psychological differences. Some people have certain feature to induce accident, which is the accident proneness. People apply accident-prone theory to accident study of vehicle drivers because traffic accidents increased sharply since 1940s.

The United States is the first country carrying out adaptive research based on accident-prone theory. In 1930, the United States had developed scales and questionnaires for driving adaptability test. In 1936, there was a required course for high school students that students had to attend driving simulator training. In 1947, HR Bureau of Labor Department of the United States officially adopted GATB (General Aptitude Test Battery) as important evidence for career counseling, guidance and selection. However, it tackled the technological bottleneck in driving adaptive theory and test till the mid 1970s and resumed study on relationship between personality of driver and traffic accident. However, the special economic and social environment in the United States made Americans attach importance to road safety facilities and vehicle safety, but seldom carry out driving adaptive research.

Japan National Police Agency and Japan Institute of Science Police have made a huge effort for driving adaptive research. Japan has started driving adaptive test since 1950s. In 1957, Tokyo Metropolitan Police Department had studied and developed various scales for driving adaptive detection technology based on in-depth psychological features of accident drivers. In 1973, Japan published "Automatic Vehicle Accident Countermeasure Center Act" and established "Automatic Vehicle Accident Countermeasure Center" at the same year. It has set up a complete detection system that has been recognized by the society and formed 50 branches nationwide in 1976. in 1988, Japan National Police Agency developed a more accurate and practical technology to detect driving adaptability, namely, GRT driving adaptive detector. At the same year, Japan Vehicle Accident Countermeasure Center developed NATS (New Aptitude Testing System) by computing technology. At present, Japan studies more sensitive detection indicators and more accurate detectors to improve reliance of diagnosis.

3.2 Status quo in China

China started driver career adaptive study in 1960s, which was simply used for driver selection. Driving adaptive study was officially started in 1980s. For instance, Anshan Psychological Measurement Science Institute, Jilin University of Technology, Anhui Sanlian Accident Prevention Institute, Xi'an Highway University, Fujian Institute of Transportation Science have carried out studies and made a lot of achievements, such as "driving adaptability testing system" of Jilin University, "driver vocational ability detection system" of China Vehicle Detection Center, "JS-driving adaptability testing system" of Fujian Institute of Transportation Science, driving adaptive detector of Traffic Management Department of Ministry of Public Security, etc., all of which promoted the development of driving adaptive detection in China. Anhui Sanlian Accident Prevention Research Institute, taking Jin Huiqing as the representative, made a huge contribution to promotion and development of driving adaptive detection in China. It started large number of studies in drivers' accidents in 1989 and found that accident-prone drivers were more easy to be distracted with worse reaction, lower IQ in operation, large error in speed perception, blurred judgment on moving object, incorrect identification on distance, unstable emotion, insufficient understanding of potential danger, and less careful in driving than safe drivers, based on which it established index system for China vehicle accident-prone driver selection system, including speed estimation, complicated reaction judgment, operating performance, depth vision, night vision, dynamic vision, personality, attitude to safety, perception to danger and so on. It has established trial standards for driving adaptive detection for new drivers and full-time drivers according to national situations of China and various detection indexes. Moreover, it has developed the first brand-new driving adaptive detection system in China. At present, the technology has been applied in Hangzhou, Xi'an, Jinan and other dozens of cities with remarkable social and economic benefits.

In addition, related departments have attached more importance to driving adaptability.

In August 1992, Hangzhou Traffic Management Department of Public Security established the first driving adaptive detection center in China.

On October 22, 2001, the State Administration of Quality Supervision, Inspection and Quarantine issued a national standard-"Physical qualifications for automobile drivers and their test protocol" (GB18463-2001).

On September 6, 2008, the Ministry of Railways of the People's Republic of China issued standard for railway industry-"Standard of evaluation for occupational health test of train divers" (TB/T3091 - 2008), which provided basis to standardize driving adaptive detection methods in China and promote its development.

3.3 Driver's psychological factor's impact on driving behavior

The foreign scholar Venables[1] tested drivers with high accident rate and low accident rate through EPT and discovered that there was obvious N-point difference between two groups. Drivers with high accident rate got E points and were extremely introverted or outward. Deery[2], etc., had carried out analysis on 198 persons (including 55% of men) and believed that drivers with high accident rate were offensive and aggressive with bad emotion adaptability and high repression. They loved drag racing and seeking stimulations and irritability and they were easy to get angry. Brown[3] tested illegal drivers and safe drivers with the scale respectively and found that safe drivers were sensitive and calm with high degree of tension and love in thinking while illegal drivers were more impulsive and nervous who would suspect everything and love fantasy. Erdo and Frederic[4], etc., had discovered from clinical psychotic symptoms of accident drivers and safe drivers that accident drivers were moody, paranoia, easy to get tension, extreme, fantasy, selfish, and suspicious with criminal tendency, repression, and over confidence. Bose, Roy and Gupta[5] discovered from their research that reverse psychology of drivers was remarkably related to accident occurrence. The potential, stable and accident tendentious of accident-prone drivers would be induced easily in stressful environment.

Chinese scholar Zhao Zhongli[6] has shown in his questionnaire test in 310 vehicle drivers that the psychological difference between accident drivers and safe drivers lied in observation, judgment, reasoning capability, identification, flexibility of thinking, breadth and stability of attention, personality, safe driving attitude, emotion stability and confidence, etc., which has proved indirectly that speed estimation, complicated reaction, operating performance, personality had greatly affect on safety in driving. Zhang Qian[7] found in dangerous feeling research on new and skilled drivers that skilled drivers were more perceptive to potential danger than new drivers. Japanese psychologist Fukazawa[8] discovered in the research on dangerous awareness of Japanese drivers that it was not obvious between accident and safe drivers in items with remarkable traffic conditions, but the difference became significant when there was potential danger. Safe drivers have higher perception to potential danger than accident drivers. Later, Fukazawa tested full-time drivers of one Japan taxi company with "Risk perception test" technology and carried out corresponding courses. Accident rate reduced 46% within one year. Jin Huiqing[9], etc., had carried out field tests for a large number of drivers in speed estimation, complicated reaction judgment, and operating performance, which result showed that abnormal speed estimation, complicated reaction judgment and operating performance is one of the reasons for frequent accidents caused by accident-prone drivers. Jin recommended these tree indicators to be tested items in accident-prone driver test.

Many studies have shown that personality is greatly related to traffic accident. Li Yanzhang and Yin Zhiyong have pointed out in their theoretical review that outward, moody and neurotic people are easy to cause traffic accident. Shen Wei and He Cundao[10] have carried out personality measurement on 60 bus drivers according to new personality inspection questionnaire developed by Haruo Yanai. The result showed that there are significant differences on five personalities between accident drivers and safe drivers. Accident drivers are more offensive with stronger neurotic tendency but worse duration, coordination and sympathy. Meng Xianghong and Lian Ke[11] adopted 16PF (the Chinese version revised by Dai Zhongheng, etc.) to carry out research on 600 drivers in Handan and discovered that accident drivers were strongly different from safe drivers in personality. Accident drivers got lower scores in warmth, stability, excitement, and bravery. But they got higher scores in suspicion, fulfillment and independence with remarkable difference. All of these prove that accident drivers are more introverted, shy, cautious, unnatural, indecisive, and strongly dependent. Jin Huiqing[1], etc., adopted driver personality scale (DPS) to study the personalities of accident drivers thoroughly and discovered that accident drivers are strongly different from safe drivers in stability, aggressiveness, bravery, persistence, and sociality, which further proves that personality of accident proneness indeed exists.

3.4 Driver's physiological factor's impact on driving behavior

The first condition for people engaging in driving is the good health. Therefore, drivers shall meet certain physiological standards, which become one of the necessary indicators for driver test. Driver physiological indicator is the most direct and significant component to measure driving adaptability. In accordance to related national standards, there are plenty of physiological standards related to safe adaptability, such as body temperature, blood pressure, heartbeat, lung function, brain waves, color vision, hearing, drinking and so on. Moreover, there are researches both at home and abroad prove that these physiological indicators are closely related to safe adaptability.

Xin Peng, etc., has carried out survey on 249 long-, medium-and short-haul train drivers and discovered that the vision renewable measure value of fatigue and not fatigue drivers is remarkably different. Wu Chaozhong[12], etc., established driving operation and driver physiological indicators through large number of simulator driving experiments, such as brain waves, muscle waves, skin waves, heart rate, skin temperature and so on to find out relationship between driving operation and driving status. Jin Huiqing and Yu Wansheng[13] etc., screened out necessary conditions of a driver through 28 indicators, namely, height, vision, hearing, blood pressure and lung capacity, while complicated reaction, speed estimation, operating performance, dynamic vision, night vision, and deep vision are highly linked to safe driving ($OR > 3$). Wang Lei[14] carried out research on application of driving adaptive indicators to train crew and pointed out that they have attached greater importance to height, weight, sitting height, blood pressure, lung capacity, and other driver detection indicators in 20-year development in China. Chen Xuemei[15], etc., used electrocardiogram equipment. Sensor, data acquisition instrument and other devices to test and record the discovery of driver to emergency and driver's physiological change when emergency occurred, such as faster heartbeat, increased blood pressure, relaxed and contracted vessel, increased skin resistance and so on. Moreover, they found that the change of physiological indicators will be greater if the situation is more urgent. Lal[16,17] etc., found the relationship between signal in EEG and fatigue through EEG experiment. Delta wave and theta wave change in small range in early fatigue stage. Delta wave increases its range along with serious and serious fatigue. When one is most fatigued, his delta, theta and alpha waves will increase. Song Guoping[18] etc. explored the affect of fatigue driving to auditory attention through control group and experimental group and the research showed that auditory attention decreased when driver was fatigued, which has been reflected in EEG data. Lv Xuanwei[19] etc. described the factors affecting night vision of driver through night vision formation mechanism. Defect of night vision would seriously affect safety on the road. Zhang Fang, and He Cundao[20] etc. tested dark adaptability period and night vision of 238 truck drivers by YJS-II night visual detector, which results show that there is significant difference ($p < 0.05$) between dark adaptability period of accident group and safe group. Accident truck drivers require longer period to be adapted to darkness. Peng Chuchi[21] etc. compared simple reaction period for vision and hearing, selection reaction and decision-making period of 18 accident-prone truck drivers and 18 safe drivers and found that accident-prone truck drivers did not have significant difference in simple vision and hearing reaction with safe drivers, but the reaction and decision-making for complicated situation is strongly different. The research describes that complicated reaction period of drivers can effectively distinguish accident-prone group from safe group.

4 Similarity and dissimilarity in adaptive detection between high-speed train driver and vehicle driver

4.1 Similarity

We discover through current researches, data, detection standards and actual situation of China that there is certain similarity in driving adaptive detection between high-speed train drivers and vehicle drivers, both of which require general physical quality test, such as height, vision, hearing, color vision, blood pressure, ECG, lung function and so on, as well as speed estimation, complicated reaction, operating performance, deep vision, night vision, dynamic vision, driver's personality scale, safety attitude scale, danger perception scale and other professional driving adaptive detections.

4.2 Dissimilarity

Both high-speed train driver and vehicle driver have their own particularity in their respective working environment. Detection of vehicle driver can be divided into new driver and full-time driver. All high-speed train drivers have been trained professionally because the speed, time, distance, and traffic tool operation of high-speed train is much more difficult than other vehicles. Therefore, all adaptive standards (except lung function and blood pressure) of high-speed train driver shall be higher than that of vehicle driver after professional data and standards comparison. For instance:

Vehicle drivers shall be taller than 155cm while high-speed train drivers shall be taller than 160cm; the corrected eyesight of vehicle drivers shall be higher than 4.9 and high-speed train driver higher than 5.1 without wearing any auxiliary equipment; both types of drivers shall not have daltonism and high-speed train drivers shall be able to identify 9 groups of optical signals, etc.. In addition, in view of many special conditions, it has extra brain wave and alcohol evaluation items than road adaptive detection.

China carried out road adaptability earlier since road transport developed faster. Though there are many shortcomings, we have a set of comparatively complete detection system and indicator-"Physical qualifications for automobile drivers and their test protocol" (GB18463 - 2001), which regulates indicator system and supervision standards for driving adaptability.

However, high-speed train only runs in a few years in China. We have extremely few researches on its adaptability, leading to incomplete adaptive detection standards. At present, in addition to physiological detection indicators, dynamic vision, night vision and deep vision, there isn't any standard for 6 indicators such as safety awareness, danger perception, personality test, speed estimation, complicated reaction, and operating performance. At present, National Center of Engineering and Technology for Vehicle Driving Safety, Shanghai Railway Bureau Hefei Section, Shanghai Zhuke Traffic Intellectual Science and Technology Co., Ltd. have established partnership to research on safe adaptability and detection technology for high-speed train crew. Based on current national standards, they have identified comprehensive evaluations for five types of groups for those 6 indicators: ① enhance action control and coordination and improve their safety awareness and estimation through education; ② reinforce action coordination and inhibition, improve safety awareness by safety awareness education and mind that whether this type of people is impulsive; ③ need reinforced training in action inhibition and coordination most, reinforce safety awareness education and mind whether they have aggressive personality, and reinforce personality independence guidance; ④ reinforce reaction to dangerous occasions, mind that whether they have aggressive personality, whether they are easy to be impulsive and their emotion before setting off; ⑤ pay attention to safety awareness training, whether their speed estimation is too slow, and reinforce interpersonal relationship management. However, these five types are developed based on data analysis, which leads to certain limitation. Moreover, there aren't absolute good or bad varieties in personality since each personality has its own feature, but the severity is different. Therefore, we can't tell a person is good or not with the scores. Such classification and description only has certain reference value for identifying the driving suitability of high-speed train crew. However, it can't be the standard for judgment.

5 General driving adaptive detector

We found that driving adaptive detector was single, which is not suitable for high-speed train driver and vehicle driver adaptive detection. We developed a set of general equipment for detection of both high-speed train driver and vehicle driver at the same time independently with an aim to improve efficiency, save resource and make progress.

The equipment is developed by Anhui Sanlian Group based on original detector, which main system is composed of testing cabinet and control cabinet, including temperature tester, hearing tester, blood pressure and pulse tester, deep vision tester, dynamic vision tester, night vision tester, lung function tester, alcohol tester, and brain wave tester to test the body temperature, alcohol, blood pressure, pulse, hearing, deep vision, night vision, dynamic vision, brain wave, safety awareness, danger perception, personality, operating performance, speed estimation, color vision, totally 16 safety adaptive detection items. Meanwhile, it is suitable for safety adaptive detection for high-speed train driver and vehicle driver.

6 Conclusion

Taking high-speed train driver and vehicle driver's driving adaptive detection as the background, the paper has made conclusion on similarity of two detection programs and great dissimilarity in standardization and specific details through systematic comparison and analysis of large quantity of literatures and data. The driving adaptive detection system for new high-speed rail and road vehicles complies with ergonomics better than conventional equipment. It is more user-friendly and brings more conveniences to both subject and object of the experiment with multiple functions. It saves time and makes detection faster, more convenient and accurate.

The research regards high-speed rail adaptive detection as the single individual to compare with other driving adaptive detections for the first time. However, the limited data for high-speed rail driving adaptability leads to shortcomings in the research. Therefore, we shall accelerate research on high-speed rail adaptability to accelerate standardization process, consolidate driving adaptive research in China and complete driving adaptive detection system from different aspects, thus identifying safety risks in the source, educating and curing them with corresponding courses, so as to play a role in ensuring safe transport and rapid development in road, railway, subway and other transport network in China.

References

[1] 金会庆,陈嵘.驾驶员个性与事故倾向研究概况.应用心理学,1994(1):47 – 50.

[2] Deery H A, Fildes B N. Young novice driver subtypes: Relationship high-risk behavior, traffic accident, and simulator driving performance. Hum Factors, 1999 (5): 628 – 641.

[3] Brown I D, Groeer J A. Risk perception and decision taking during the transition between novice and experienced driver status. Ergonomic, 1988, 4 (4): 585 – 597.

[4] Signor Bowman. On the study of personality factors in research on driving behavior. Perceptual Motor Skills, 1974, 38(3): 1067 – 1076

[5] Bose S, Roy K P, Das Gupta S C. An attitude study of multi accident omnibu drivers. Appl Psychol, 1969, 6(1): 3 – 12.

[6] 赵中利.对安全驾驶适应性测验的可行性研究.中国安全科学学报,1999,9(2): 26 – 32.

[7] 张茜.驾驶经验与人格特征对驾驶员危险感受影响的研究.2010.

[8] 深沢伸幸.危険感受性と視覚探索行動、適性診断ラストの改良開発に開する研究報告書.1989:39 – 62.

[9] 金会庆,陈嵘,张树林.机动车驾驶员的速度估计、复杂反应判断和操纵机能特征研究.

人类工效学,1995(1):13－18.

[10] 沈玮,何存道.事故驾驶员与安全驾驶员人格特征的比较研究.心理科学,1994(5):282－286.

[11] 孟祥红,连珂.机动车驾驶员人格特征研究.统计研究,2004(6):16－20.

[12] 吴超仲,张晖,毛喆,等.基于驾驶操作行为的驾驶员疲劳状态识别模型研究.中国安全科学学报,2007,17(4):162－165.

[13] 金会庆,余皖生,张树林,等.机动车驾驶人身体素质条件及测评指标的研究.人类工效学,2001,7(3):1－6.

[14] 王雷.驾驶适应性指标在铁路机车乘务员中应用的研究进展.环境与职业医学,2008,25(5):504－508.

[15] 陈雪梅,魏中华,高利.紧急情况下驾驶员行为研究.北京工业大学学报,2007,33(5):449－545.

[16] Lal S K L, Craig A. Electroence phalography activity associated with driver fatigue: implications for a fatigue: implications for a fatigue counter measure device. J Psychophysiol,2001,15(3):183－189.

[17] Lal S K L,Craig A,Boord P,et al. Development of an algorithm for an EEG-based driver fatigue countermeasure. J Safety Res,2003,34(3):321－328.

[18] 宋国萍,张侃.驾驶疲劳对听觉注意影响的ERP研究.心理科学,2009,32(3):517－520.

[19] 吕宣伟,张志刚,谷欣.夜视力与驾驶适应性.人类工效学,2000,6(3):60－63.

[20] 张芳,何存道,汤震东等.卡车驾驶员的夜间视力研究.心理科学,1996(1).

[21] 彭楚翘,何存道,陈斌,等.事故多发驾驶员与安全驾驶员反应时的比较研究.心理科学,2000,23(2):203－206.

Lai Jin, got his bachelor ' s degree from Shanghai Jiaotong University, master ' s and PhD degree from Osaka University. He was vice director of IBM Tokyo based research institute, then director of IBM GBS department. When in Japan, he involved himself in the research of core technology in electronic business and participated in the projects like Nissan auto. NICOS, Panasonic. Sharp and so on. In 2008, he returned from overseas and headed two of the National "863" Projects. He is now vice director of National Center of Engineering and Technology for Vehicle Driving Safety.